她眼里的中国，很多相当真实，一点也不离谱。
只不过这样那样的原因，大家都不愿意接受。——叶兆言

拍摄于 1938 年的赛珍珠，其时她获得了诺贝尔文学奖

shiwenbooks

BURYING THE BONES
PEARL BUCK IN CHINA

赛珍珠在中国

[英] 希拉里·斯波林 /著　张秀旭　靳晓莲 /译

重庆出版集团　重庆出版社

□中国大陆中文简体字版出版 ⓒ 2011 重庆出版社
□全球中文简体字版版权为世文出版(中国)有限公司所有

版贸核渝字(2010)第 220 号

图书在版编目(CIP)数据

赛珍珠在中国/(英)斯波林(Spurling,H.)著;张秀旭,靳晓莲译. —重庆：
重庆出版社,2011.1
　ISBN 978-7-229-01270-0

　Ⅰ.①赛…　Ⅱ.①斯…　②张…　③靳…　Ⅲ.① 赛珍珠(1892~1973)–生平
事迹　Ⅳ.①K837.125.6

中国版本图书馆 CIP 数据核字(2010)第 226898 号

赛珍珠在中国

SAI ZHEN ZHU ZAI ZHONG GUO

[英] 希拉里·斯波林 / 著

张秀旭　靳晓莲 / 译

出　版　人：罗小卫
策　　　划：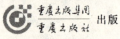华章同人
特约策划：百世文库 shiwenbooks
责任编辑：王　水
特约编辑：李明辉　王　瑜
封面设计：阿　元

重庆出版集团
重庆出版社　出版
(重庆长江二路 205 号)

三 河 市 祥 达 印 装 厂　　印刷
重庆出版集团图书发行有限公司　　发行
邮购电话：010-65584936　010-84831086
E-MAIL：haiwaibu007@163.com
全国新华书店经销

开本：710mm×1000mm　1/16　印张：13.5　字数：200 千
2011 年 1 月第 1 版　　2011 年 1 月第 1 次印刷
定价：29.80 元

如有印装质量问题，请致电023-68706683

目 录

前　言

我记得小时候看过的第一本书是《邻家的中国儿童》(*The Chinese Children Next Door*)。这部小说讲了一户人家有六个小女孩,她们扎着小辫子,脸蛋红扑扑的。这家人曾经盼着生一个男孩,后来也不抱什么希望了。然而有一天他们的愿望实现了:老天爷显灵,第七个孩子是男孩儿——一个需要他的姐姐们精心服侍的小宝贝。很多年以后,我又一次在赛珍珠的自传中读到这个故事。原来赛珍珠从她童年的记忆中,抽出这段真实的经历,编写成一则儿童寓言。这则故事非常荒诞可笑,以至于当贾瓦哈拉尔·尼赫鲁把它读给病床上的圣雄甘地时,甘地听得哈哈大笑。作为寓言,它的魅力在于夸张地表现了故事背后隐藏着的贫穷、厌女症和溺杀女婴的事实。第一次用成年人的眼光来品味这个故事,我意识到它简直就是我的母亲童年生活的写照。母亲对我说,她是不受待见的六姐妹中最小的一个。她出生后,她的母亲——我的外祖母——气得背过身去直看墙。两年后外祖母生了儿子,在外祖父母眼中这才算作是后继有人。我从小就在心里记住了《邻家的中国儿童》,可能是因为故事中的温暖和乐观的氛围令人感到欣慰,使母亲的过去更容易让人接受。

我那时候还不知道故事的作者对我来说有多么重要。现在我了解到赛珍珠根据年长她很多岁的姐姐写了那个故事。赛珍珠的父母收养了一个中国女孩并视若己出,这个女孩是赛珍珠的义姐,她的两个大女儿和赛珍珠年纪相仿,但是她们在家中不受欢迎。更糟糕的是,这两个女孩的母亲因为连生了六个女孩而在众人面前抬不起头。然而,在赛珍珠的描写中丝毫看不出这种苦痛的积淀。她小时候在中国的小城镇上跑来跑去,常常看到野狗以荒地上的婴孩尸体为食,也经常在她家附近的山脚

下遇见被吃了一半的尸体残骸。她尽力掩埋这些残骸,正如她要掩埋在大街上被人骂作"小洋鬼子"的记忆,生命中躲避兵灾的记忆,邻居中不时有新媳妇不堪卖身为奴而上吊自尽的记忆。这种表达上的矛盾性——言明的部分和需要揣摩才能理解的部分之间的"真空"——是本书要解决的问题。

第一章

鬼魂家庭

赛珍珠(Pearl Sydenstricker)出生在一个"鬼魂出没的家庭",在七个孩子中,她排行老五。当她回忆起童年时,脑中浮现的情形是家中一大群孩子尾随着母亲,听她唱歌,求她讲故事。赛珍珠这样描写坐在位于长江边上的家中的游廊上听故事的美好日子:"我们望着稻田和农家的茅草屋顶,远处的小塔和山脚下的竹子似乎长在了一起。但是呈现在我们的眼中的是另外的东西。"她们看见的是美国,那儿有她们的故乡,新奇的、像梦境一般的、从没有涉足过的故乡。在赛珍珠的童年记忆里,她的兄弟姐妹的形象是模糊不清的。她的两个姐姐莫德和伊迪丝,还有哥哥阿瑟,在六年之内相继死于痢疾、霍乱和疟疾。赛珍珠出生时大哥埃德加十岁,他教赛珍珠学走路,但是一两年之后他也离开了(被送回美国读书,兄妹再见面时埃德加已经是二十岁的小伙子了)。埃德加走后,刚出生的弟弟克莱德取代了他的位置,但是赛珍珠需要一个年龄相仿的玩伴。早夭的兄弟姐妹们和她一起生活在房子里,她说,"他们三个在我出生前就夭折了,真的是走得太早了,但是我感觉他们从来没有离开过我。"

所有中国人都相信家中可能有充满恶意的冤魂怨鬼出没。要想消灾解难,需要给这些鬼魂烧些纸人或者其他纸做的物件。小时候,每当赛珍珠晚上躺在床上时,总听见一些妇女在大街上为她们死去的或将死的孩子叫魂。从某种意义上来说,她更像是一个中国人而不是美国人。"我先学会说中国话,而且说得更流利,"她说,"如果说美国是梦中的国度,那么现实中我生活在亚洲……那段时期我并不认为自己是白种人。"她的伙伴管她叫"赛珍珠"(Pearl 的中文意思是珍珠),把她看做是他们中的一员。她随意出入伙伴的家里,从而可以听到他们的母亲和阿姨坦率而详细地谈论她们的困境,以至于她有时候认为应该是她的传教士父母而不是她,在面对死亡、性别和暴力的威胁时应受到保护,因为父母们要面对的更多。

赛珍珠热衷于参加当地人的葬礼。在她家围墙外面的山上,送葬的人很多,人声鼎沸,每个人都很兴奋。杀鸡,烧纸人,赛珍珠很快投入到这种仪式中。葬礼上有人造谣说洋人用小孩子的眼睛做治疗疟疾的药片,"'你说的不是真的。'我善意地纠正他的话……这时候总是安静得令人不知所措。他们能不能理解我说的话?人们议论纷纷。他们听得懂,但是他们不相信自己听懂了。"这个美国小女孩就像突然出现的幽灵。她蹲在草丛中,说地道的中国话,跟其他外国人完全不同,与其说邪性倒不如说是神奇。曾经有一个老妇人大喊大叫,她坚称自己将不久于人世,因为她听懂了西洋魔鬼的语言。赛珍珠尽最大的努力消除人们的误会,一旦送葬的人从惊恐中恢复过来,她还要尽可能回答无休无止的——有关她的衣服、外貌、父母、他们的生活方式和饮食习惯等问题。她说她第一次意识到自己同别人有些不同是在 1897 年的新年。那时候她四岁半,长着一双蓝色的眼睛,一头浓密的金发很长,连崭新的饰有金佛的红帽子也戴不上了。"我们为什么要把头发包起来?"她问她的中国奶妈。奶妈解释说黑色的头发和眼睛才是正常的。("看起来没有人样,这头发。")

赛珍珠从后门溜出去,在房子后面的草地上跑来跑去。草地上到处是高高隆起的坟堆。她有时候一个人,有时候和伙伴们一起爬上坟头再滑下来,或者站在坟头上放风筝。"我们在绿荫下荡秋千,玩过家家。"赛珍珠父母的一位美国朋友来她家做客时,抱怨说赛家住在坟地里,这让赛珍珠很困惑。(马克·吐温在评论中国时写道:"中华帝国是一块蕴含极大能量的巨大墓地,从帝国的中心到边疆,层峦叠嶂里筑满了坟茔。")在赛珍珠童年生活的这个国度里,祖宗和棺材是人们生命中重要的组成部分。她伙伴的家中停放着厚重的寿棺,它们已经打好,只等主人享用。在田地里或者运河岸边,等待下葬的棺材被放置几个星期或者几个月的时间。对农家小户来说,这

些是值得骄傲和满足的事情。他们世世代代在同一块土地上挥洒他们的汗水,浇施他们的粪便,最后埋葬他们的躯体。

赛珍珠有时候会在草丛中发现一些残缺的四肢和手掌的骨头……骨骸看起来很小,她知道这些都是死婴的尸骨……她从来没想过要给别人说什么。相反,她强压心中的厌恶,用自己想象的仪式掩埋见到的尸骨。她把阴森可怕的骨头插到坟墓的裂缝中,或者在地上挖一个小坑把骨头埋掉。当别的小女孩玩泥巴的时候,赛珍珠在修筑微型的坟墓。她把坟堆夯实,用鲜花和卵石装饰她的"杰作"。为了便于收集尸骨,她随身带着网兜、尖头棒子或者中间夹着石子的开叉的竹棍,为的是驱赶半路上的野狗。她从来没有告诉母亲她为什么讨厌一大群觅食的野狗,也不能解释为什么她要模仿中国伙伴的强迫性动作——无论什么时候看到当兵的走过来都跑得远远的躲起来。但是无论如何,前者的原因更加无从得知。

士兵驻扎在城外山上围着土墙的堡垒里。他们烧杀抢掠,跟土匪没有区别。中央政府软弱无能,各地军阀尾大不掉,都忙着巩固、扩大自己的势力范围。被斩的首级高高地悬挂在城门上,譬如说赛家所住的镇江城。赛珍珠在庙会上看戏班子演出的中国历朝旧事,或者听说书人说书,此外她还央求别人给她讲故事,所有的故事都跟农村的生活没有本质的不同。赛家的厨师行动灵巧,肢体语言很丰富,就像是中国的弗雷德·阿斯泰尔(美国舞蹈家,电影明星——译者注)。为了让大家闲暇时有所消遣,这位厨师从一家私人图书馆拿来故事书给守门人、王阿妈和赛珍珠看,当然这些书只有他自己看得懂。这是赛珍珠第一次接触中国古代小说,有《白蛇传》、《红楼梦》和《水浒传》。这些小说高超的叙事技巧、精彩的故事情节和鲜明的人物形象使她后来的小说创作获益良多。

赛珍珠的保姆王阿妈似乎有讲不完的神话故事。故事中的神仙或者鬼怪住在树上、石头中和云彩里;故事中有海龙王、河龙王,还有当地的龙王被压在远处山上的塔下面。塔下的龙王蠢蠢欲动,总想找机会逃出来祸害百姓。他们住在神仙住的地方,能施法术、念咒语、打仗惊天动地。他们的兵器是"精巧的宝剑,小到能够藏在耳朵里或者眼角,拿出来能够变长而且锋利无比"。然而,尽管赛珍珠那时候还很小,她也喜欢王阿妈讲一些更接近事实的故事。她缠住王阿妈讲她自己小时候的事,讲她如何出落得完美无瑕,瓷白色的肌肤、修长的眉毛、长及膝盖的乌亮的辫子和三寸金莲。为了防备掳掠成性的士兵,她很早就出嫁了。三四十年后赛珍珠再一次见到王阿妈,她眼前的老太太满脸皱纹,牙齿几乎掉光了(王阿妈有一回从地窖的楼梯跌下来,摔得只剩两颗牙齿,赛家的孩子们还幸灾乐祸地笑),头发稀疏,眼袋下垂,下嘴唇向外凸出。她很严厉,但是心地善良,值得信赖。她让人感到温暖和安全,是家里唯一给赛珍珠拥抱的人,哄孩子时,她是唯一把孩子们抱到她的腿上和床上的人。

王阿妈原是扬州一个家境殷实的小商人的女儿。席卷大半个中国的太平天国运动导致至少两千万中国人死亡,王阿妈的家人也没能幸免。因为她的父母、公婆、丈夫惨遭杀戮,她也随之失去了生活的依靠,被迫沦落风尘,直到赛珍珠的母亲雇佣她照看小孩(在其他传教士家庭,这是一份报酬很低的工作)。年轻时候九死一生的经历造成的创伤常常隐隐作痛,她记得太平军杀过来时,她被别人用绳子系起来放到一个干涸的井里从而逃过一劫。后来她到附近的佛塔避难,佛塔被烧,塔里的和尚全被烧死。赛珍珠反复询问人被烧时是什么味道,中国人和白人的味道是不是不一样,王阿妈很肯定地回答说白人的肉更粗糙,更没味道,但是水分更多,"因为你们洗漱太勤了"。

就连当时痛苦的缠脚经历,经过她的描述听起来也有点悲壮的味道。据王阿妈讲,她从三岁开始缠脚,她的父亲让她一个人睡在灶房里,以免她晚上的哭声搅扰大家睡觉。赛珍珠吵着要看她的小脚,她经不住央求,就脱掉布鞋和白袜子,解去裹脚布(女人就是在床上也要缠着裹脚布),露出无数男人梦寐以求的"三寸金莲"。就像是系有铁球的脚链,裹脚强化了女人被支配的地位。赛珍珠看到的是畸形的骨头和乌青色的肉,脚跟和脚趾被挤向脚背,只有大脚拇趾没有变形。当赛珍珠亲眼目睹了很多像她母亲那一辈的人强迫自己的女儿缠脚之后,她一度怀疑要是自己受不了缠脚的苦就会找不到婆家。她看着王阿妈把裹脚布缠上,没有说一句话。用想象的力量掩饰、包容或者承受那些丑陋得无法直接面对的事物,这是赛珍珠受到的最早的训练之一,而她在山脚下发现尸骨残骸是同样性质的训练。赛珍珠后来成为一位非常成功的浪漫主义畅销书作家,很大程度上是因为她感触到苦难的、不被人察觉的现实;她的作品那么深入人心,是因为她的笔端经常暗自流露出痛苦和忧伤而丝毫不显矫揉造作。

另一位经常给小赛珍珠讲故事的人是她的母亲。母亲常常给她的孩子们描述她在西弗吉尼亚州度过的迷人的、田园诗般的童年生活:"有一个地方叫家乡,那儿整洁的草地上满是苹果,鲜红的浆果挂满枝头,院子没有围墙,水很干净,可以直接喝,不用烧开和过滤。"在母亲的回忆中,赛珍珠在头脑中形成了最初的美国形象:自由、开放,没有疾病、腐败、不公和贪欲。(赛珍珠干巴巴地写道:"有些描述是不可靠的,历经了幻想的破灭后,我成熟了。")赛珍珠的母族从荷兰移民到弗吉尼亚州,在美国内战前一直居住在谢南多厄河谷(Shenandoah Valley)西六十英里的村庄里。谢南多厄河谷是南北交通要道,南方军无论是袭击华盛顿还是向里士满运送物资都需要通过这个"走廊"。残酷的战争打了四年,直到北方军胜利,但河谷早变成了一片荒野,房屋、牲畜、庄稼全被毁了。战争开始的时候,赛珍珠的母亲只有五岁。她的家乡处在战争前沿,被南北军交替占领,所以不时有饿着肚子的双方士兵在扫荡。她像王阿妈一样粗略地讲述了自己九死一生的经历,蓝灰色的骑兵纵马驰骋,让她的小听众们在走廊尽头的小塔和竹园外又多了几分想象。

赛珍珠的母亲凯丽·赛登斯特里克(Caroline Sydenstricker)曾经讲过初到中国时经受过的挫折和危险。她和新婚的丈夫踏上了开往东方的轮船,她对未来充满了期望,至于成为传教士将意味着什么,她并不是很清楚。对她来说,未来意味着操持家务,抚养越来越多的孩子。家里空间很小,生活很不方便。他们的邻居都是穷人,而且整个城市的人对他们不是很友善。丈夫忙着到新的地区发展教徒,他终生受到一种使命的召唤与驱使,那就是拯救众多的异教徒。他认为这些异教徒和他一样,所处的位置和地狱之间的界限并不明显, 这种想法就像是无解方程一样占据着他的大脑,让他为之疯狂、恐惧。赛登斯特里克夫妇 1880 年秋天第一次抵达上海。他们加入南长老会,使南长老会的传教士达到了十二名。在主要通商口岸及其附近地区有少量的传教点, 广大的内陆地区似乎有待他们去传播福音。七年之后, 赛兆祥(Absalom Sydenstricker)成功说服对外传教委员会(全美长老会对外传教委员会)同意他一个人去人口稠密的苏北地区传教。他把传教点设在上海北部约三百英里的清江浦(今淮安地区——译者注)。清江浦靠近京杭大运河,之前还没有传教士到过那里。 赛珍珠后来回忆说,"他来到一个足有得克萨斯州那么大的地方, 那里的人从没有听过福音。对于这个千载难逢的机会,他很兴奋。"当地人对他的传教消极抵抗,但更多的时候是明确的反对。他到乡间去布道,人们在他经过的时候用棍子和石头攻击他,所以回到家时赛兆祥的衣服早被撕破,浑身上下都是淤青。后来一位年轻的同事被派来协助他工作,据说是因为三年来他没有成功地说服一个当地人入教。赛兆祥被发展教徒的数字任务压着,所以花在传教路上的时间越来越多。

妻子很早就习惯了丈夫不在身边的日子。她后来给孩子们讲过一个惊心动魄的故事。那是在1889年的8月份,清江浦地区酷暑难耐,田里的稻子因为干旱快要枯死了。一伙农夫在半夜的时候闯入赛珍珠家里,他们把前所未有的大旱归咎于外国人的到来触怒了当地的神灵。他们聚集在赛珍珠家的窗户下面,嘀嘀咕咕商量着要杀死他们一家。当时除了凯丽外,家里只有王阿妈和孩子们(三个孩子分别是八岁的埃德加,四岁的伊迪丝和几个月大的阿瑟)。门外被一群愤怒的人围着,距离最近的白人居住点有一百英里,她们无法向别人求助,也没有时间给外出的丈夫报信。凯丽临危不惧,她和佣人一起打扫房间,烤制糕点,拿出最好的茶具和茶叶招待大家。当这些不速之客在深夜闯进来的时候,他们发现大门敞开,灯光照射着这个温馨的美国家庭,三个孩子都醒着,坐在母亲的腿上安静地做游戏。这个离奇的故事因为有着美好的结局从而变成了一段家族的传说:事件的主谋被他眼前的场景感动了,他后悔自己起了害人之心,所以在喝了一杯茶之后就带着人离开了。在当天晚上,好像老天也被感动了,天下起了雨。

诸如此类的经历流传下来,形成了像民间传说一样的家族史诗的一部分。这些故事被糅合、混淆和反复讲述,所以赛珍珠和她妹妹格蕾丝对于故事中的精彩之处了然于胸。后来姐妹两个都写过并发表了这些故事,故事中她们的母亲被形容成机智勇敢、意志力坚强的女性。但是光鲜的形象掩盖着凯丽生活中理想难以实现、希望被扼杀、光阴虚度的现实。凯丽肯定还有其他故事,但是她没有讲过。在清江浦,她开过女子诊所,也教过女孩子识字,还为她们的母亲提供过安慰和切实可行的建议。后来孩子们能听懂他们的谈话,她们听到中国妇女用急促、紧张的语气向凯丽解释她们遇到的问题。赛珍珠说这是小说家成长的最理想的环境。

在赛珍珠的后半生,她作为一名公众人物,全力投入到当时轰轰烈烈的事业中:争取妇女权利、公民权利、黑人权利,并为残疾儿童和被父母抛弃的混血儿童争取权利。作为一名作家,她从不同角度反复讲述着母亲的故事,无论是在她的各种回忆录中,还是在她的父亲和母亲的传记中。赛珍珠在《异邦客》和其他著作中对母亲凯丽的困境做了透彻、坦诚、敏锐的分析。在女儿的小说中,字里行间都回荡着母亲的声音,有时候是温和的、悲伤的、认命的声音,有时候是愤怒和意欲报复的声音。赛珍珠在六十岁的时候发表的小说《家声》讲述了一个骇人听闻的故事:一个很爱幻想的女孩子,很聪明但是早熟,本来能够当上作家,最终却变成了残暴的疯子和杀人犯。这部小说中除了主人公(作者的化身)形象丰满外,其他人物都是扁平的。作者说这本书的"声音"是她的"两个自我"终于合二为一,不仅是她的美国人格和中国人格的融合,而且是外在自我和内在自我、理性与本能的融合。冷静、聪明的旁观者的讲述表达了作者性格中的两个方面,而永不向现实妥协的女主人公最终着了魔。"人们曾经说着魔,但是世间哪有魔鬼……除非将梦中否认的精力倒转过来。"

赛珍珠很清楚她的大多数晚年作品文学价值很低,她理解评论家为什么排斥大众通俗读物,为什么说它们是垃圾。"但是我不能抵制,我经常读通俗小说。大多数人读的正是这些作品。"她一开始是写给自己看的,当她的书在图书市场很畅销的时候,她真的很吃惊。她很快适应了这种情况,不断地为杂志写故事,从而与她的读者保持了密切的关系。"人们不应该排斥一份拥有三百万读者群的杂志……如果一部文学作品有三百万人读过,那是很不寻常的事情。不是文学品味而是别的东西带给读者满足感。"1931年赛珍珠的《大地》出版后不断再版发行,到今天为止在世界范围内售出数千万本。

事实上赛珍珠在今天被遗忘了。她在女权运动中没有位置,而她的小说在美国文学地图中被抹去了。在中国大陆她的作品很特别,因为它们真实地描述了农村底层劳动人民的苦难生活,而与赛珍珠同时代的中国作家忽视了这种题材。解放后,赛珍珠的书被列为禁书。《纽约时报》最近发表一篇评论文章,其中指出"赛珍珠的作品,在中国受尊崇但读不到,在美国读得到却不被尊崇。"两种观点可以重新融合一下。《大地》改变了西方人对中国的印象,部分原因是它描写的景象,部分原因是它具有大部分同类书籍所没有的可读性。赛珍珠凭借这本书获得普利策奖,并成为首位荣获诺贝尔文学奖的美国女作家,到目前为止,仅有两位美国女作家获此殊荣。在她那个时代,无论是政治领袖还是办公室的清洁工,每个人都读她的小说。罗斯福总统夫人埃莉诺·罗斯福是她的朋友,亨利·马蒂斯说赛珍珠最能了解他的想法,贾瓦哈拉尔·尼赫鲁把她的《邻家的中国儿童》大声地读给圣雄甘地听。本书旨在重新回顾赛珍珠早年的经历是如何孕育出她神奇的想象力(所有真正成功的作家都具有这种

想象力),并探究深藏在这种想象力之中的记忆与梦想。

　　1892 年 6 月 26 日,赛珍珠降生到这个家庭,当时她落生在美国弗吉尼亚州外祖母家。英文名字是 Pearl Comfort Sydenstricker,中文译作珀尔·康福特·赛登斯特里克。当时她的父母从中国返回美国休探亲假,而之前孩子相继夭折几乎毁了他们的家庭。在凯丽接待了村民的深夜造访一年之后,她最小的儿子阿瑟死于霍乱。阿瑟身体一直很虚弱,在他父亲从北方赶回家的前一天去世。阿瑟被装殓在一个密封的棺材里,用船经运河运到上海,葬在姐姐莫德的身边做伴。在上海,凯丽和女儿伊迪丝都被传染上了霍乱,伊迪丝没能挺过去,她于 1890 年 9 月 5 日,也就是哥哥阿瑟死后的两个星期,也夭折了。当医生们在救治凯丽时,赛兆祥负责照看女儿。他之前一直压抑着那种试图将他吞噬的情绪,但是此刻再也控制不住了。他常常回忆说:"我们生活在悲伤之中。"前后加起来,他在《教务杂志》写了二三十年的文章,然而那年秋天的一篇文章是他唯一的一次个人情感的流露:"尽管把药都用遍了,很多家庭还是遭受着丧亲之痛。"凯丽就剩下一口气,躺在床上一动不动。她不能理解、也不能接受刚刚发生的事情。半个世纪之后她的女儿格蕾丝写道:"两个孩子相继夭折,间隔的时间如此之短,这几乎使母亲精神崩溃。"

　　赛兆祥和凯丽慢慢从痛苦的煎熬中走出来,彼此都指责对方的不是。凯丽每年都很害怕过酷热的夏季。每到夏天,城里传染病多起来,池塘边和河边蚊虫横飞,成片的苍蝇聚集在用作肥料的粪堆上。凯丽恳求丈夫带孩子们去海边或者山上避暑,但是赛兆祥不同意。"我原本不该听他的,"凯丽在谈到早前受到的打击时说,"可是我总是服从他。"既然她最担心的事情还是发生了,她唯一要做的事情就是回家。医生警告说凯丽的精神处在崩溃的边缘,她丈夫勉强同意陪她休假。他们绕道欧洲回到美国,不时停下来游览沿途名胜古迹。赛珍珠这样描述踏上漫长归途的父亲:"他像系着铁链的好斗的狮子一样在欧洲闲逛着。"赛兆祥一直坚信他妻子能够把异教徒国度对天启福音的强烈需要,看得比个人的艰难困苦更重要。二十年后他不无沮丧地感叹:"那些天我从没看到过她的态度如此坚决,如此不可理喻。无论我怎么说都没法让她回心转意。"

　　这趟返乡之旅对夫妻双方来说都有点灰头土脸。当年凯丽曾经是一个美丽可爱、追求幸福的女孩子。她嫁给西弗吉尼亚州离家不远的希尔斯伯罗地区一个牧师家的大儿子，那位年轻人很虔诚，当时正准备去中国传教。凯丽说她母亲临终前她在病床边发誓说要把她一生奉献给上帝，尽管遭到父亲的强烈反对，她坚持遵守誓言。她离开的十年中生了四个孩子，只有最大的孩子活了下来。现在她回来了，身心都受到伤害。赛兆祥夫妇回家十八个月后赛珍珠降生了。她中间的名字是康福特（Comfort），表明她的出生对父母来说是莫大的安慰。但是这同样意味着她母亲的失败，因为她最终不得不接受一个事实：婚姻对她来说就是无期徒刑，"如同死亡一样无法逃避"。她不得不返回那个她已经畏惧并且开始憎恨的国度。"难道三个孩子的死都是上帝对她的考验……？"赛珍珠在《异邦客》中用阴郁的笔调写道，"她很伤心，但是她接受上帝的考验。"

　　凯丽怀孕后，赛兆祥已经申请延长了一年的休假，现在他迫不及待地想回去。在中国传教十年，据他自己估算，发展了十名教徒，还有成千上万的人等着他去宣讲福音。但是再过二十年他却没有这么乐观了。"我们根本不可能给这么多人布道，"他失望地写道，"中国人太多了。"人口无限制地增长的问题困扰着他。城里的年轻人迅速增多，就像从外地移居过来一样，"然后他们的位置又被嘻嘻哈哈半大的孩子所取代。"赛兆祥饱含感情地记述了噩梦般的情景，"我们面对着大量的异教徒，他们的人数不断增多……异教主义的恶习依旧存在并且很猖獗……根深蒂固的黑暗和愚昧，以各种丑恶形式存在的罪恶，深入人心的世俗主义和无可救药的偶像崇拜。"

　　1893年1月，赛兆祥全家返回位于清江浦的传教点。此时赛兆祥面临的首要问题不是顽固不化的异教徒，而是与传教士同事间的矛盾。在他回美国休假的前一年，年轻的詹姆斯·格雷厄姆被派来协助他传教。赛兆祥离开的两年里，这位年轻人不仅住在他们的房子里，还把他们的东西堆放在厢房里。赛兆祥回来后发现他的书籍发霉了，连书橱也生了虫。两年中赛兆祥的传教工作也被仔细地审察，而詹姆斯·格雷厄姆牧师此刻看起来很像是一位篡权者。他在传教士会议上指出赛兆祥传教工作的缺点，会后大家决定用委婉的方式暗示赛兆祥离开。赛兆祥却认为这个结果肯定了他的工作，他作为"福音传播者"还是成功的。赛兆祥重新占有他原来的房子，把家人安置进去后立即动身赶往新的传教点。他带领两名新的助手，乘坐骡车来到清江浦西七十五英里的江苏宿迁。宿迁是传教的处女地,属于贫穷的黄泛区。赛兆祥的传教基地是一排用茅草和土坯建造的房子,位于幅员辽阔、人烟稠密的黄泛区的边缘。他打算建立以传教基地为中心、能够辐射周边传教点的传教网络,同时尽可能远离上级传教组织。在赛兆祥眼中,上级组织从不征求他的看法而制定出一些不切实际的计划。

赛兆祥的离开为赛珍珠的童年生活设定了基本模式。对于幼小的赛珍珠来说,父亲无论在情感上还是在现实中都是遥远的。如果不外出拯救别人的灵魂,他也会把自己关在书房里。所以说即使生活在同一幢房子里,父亲似乎从来没有融入家庭。赛珍珠说父亲不在家的日子,大家都感到很轻松:"孩子对我父亲来说仅仅是发生在他身上的意外。"她的妹妹认为这种周期性的分别带给大家的是如释重负的感觉:"父亲开始了北上的旅途,他的心中满是兴奋和希望。"赛珍珠在清江浦度过的岁月里,凯丽是家庭世界的中心,她还在家里开辟出一个花园。当时,体面的中国妇女都不上街,如果传教士的妻子单独外出就有可能被咒骂或者吐口水。很多年后有两对美国夫妇试图在距宿迁西北八十英里的徐州府建立传教点,据说他们的妻子半年都不敢迈出自家大门,尽管两家相距不过几百米,也不敢到对方那里去串门。透过花园的木门下的缝隙,年幼的赛珍珠唯一能够看到的是高高的围墙外来来往往的脚步。

在赛珍珠的印象中这段日子是欢乐、安定的。阳光洒落在花园里,照进凯丽随便收拾过的屋子里(赛珍珠后来也是这样做的)。敞开窗户让阳光和新鲜的空气透进来,墙壁被粉刷一新,地板上面铺着草垫,出门前一定把椭圆形的桌子擦干净,造型简单的藤椅,到处都是鲜花。凯丽种下一株白玫瑰,是从美国家中的门廊上移植过来的。为了不让孩子们偷看不该看到的东西,她在屋里拉起了镶褶边的帘子。埃德加早在七岁时就开始阅读狄更斯、萨克雷和司各特的作品,他此时正在创作小说和编辑周报。周报的文章在一个很小的出版机构发表,读者是散居在各个传教社区的传教士。凯丽在结婚前曾经当过教师,现在她每天早上教授埃德加一些基础课程,譬如说绘画、唱歌、拉小提琴,这对她来说意味着休息和希望。到这一年的岁末,凯丽又一次怀孕了。

王阿妈教赛珍珠学说话,给她喂饭、洗澡、穿衣,哼唱歌曲哄她睡觉,教她猜谜和儿歌。在赛珍珠出生后第二年的夏天,她母亲患了严重的痢疾,在病床上躺了三个月,吃一点儿食物就上吐下泻。凯丽挣扎着给孩子喂奶,但是她太虚弱了,连看一眼孩子们的劲儿都没有。当母亲只能从病床上盯着赛珍珠看时,她还记得每天两次"去别人家玩,去白人的房间里"。王阿妈给她穿上一件洁白色的细洋纱长衫,下身是一件衬裙,脚上穿着皮鞋。她把她的长头发绾成黄色的大卷盘到头顶。但是大多数时候赛珍珠都穿着中式罩衫、裤子和布鞋。与赛兆祥感觉不一样的是,她穿上这些衣服后感觉很舒服(她父亲强迫自己打扮得像个中国人以便于更好地接近他们,但是他一直不习惯穿宽大的马褂。马褂套在他修长的身体上松松垮垮,还只能踱着步子而不是迈开大步走路。)

赛珍珠是幸运的,她没有穿过紧身的衣服,也没有受制于父母严厉的家教,反而得到了家中佣人的宠爱。在厨房里,保姆、厨师、男仆或者任何来串门的人都陪她嬉戏,给她讲故事听。他们从集市上给她买回来风筝、竹哨、糖果。王阿妈怀里揣着鸡蛋,等鸡蛋孵成小鸡后,赛珍珠总把小手伸进王阿妈的怀里抚摸它们。穷人吃的饭菜很简单,但是味道很美。在王阿妈那里,赛珍珠喜欢上中国饮食:糙米粥、咸鱼、腌肉、腌荠菜、酸白菜、豆腐、锅巴和汤。在赛珍珠看来,中国永远像家一般舒适。在人生的暮年她感到孤独和挫折,但是记忆中童年的时光永远是美好的,就像美国留给她母亲的童年美好回忆一样。她甚至喜欢闷热、多雨的夏天,尽管凯丽很讨厌夏天。秋天是收获稻子的季节,阳光不再刺眼,所有的东西都变得朦胧、柔和起来。赛珍珠对此的描写像催眠师口中的咒语一般:"成片的竹林像青纱一样随风舞动,运河的河水在低矮的青山脚下静静地流淌,蜿蜒曲折,水光粼粼。茅草屋顶将小村庄染成棕褐色……打谷场上连枷慢腾腾地敲着刚刚收获的稻谷,连枷声时断时续,让人昏昏欲睡……湛蓝的天空下是金色的稻田,稻子收割后,成群结队的白鹅忙着寻找散落的谷粒……真是甜美的秋收景象。"

在1894年夏季最炎热的一天,赛珍珠的父亲回家宣布说他们又要搬家了。赛兆祥去世后,赛珍珠写道:"当我还是小孩子的时候,我对父亲的印象就是不停地搬来搬去"。每年这段时间凯丽的脾气总是很大,因为漫长的夏季里她失去了三个孩子。此时她已经有八个月的身孕了,而且由于长时间患病,身体也没有恢复,走路摇摇晃晃。她很不情愿地收拾行李,和全家人坐上马车来到一个陌生的城市。这个地方的人强烈反对外国人的到来,以至于赛兆祥几乎用了两年的时间才租到合适的住处。当时甲午中日战争刚刚爆发不久,中国人加深了对洋人的疑惧,他们不分种族和肤色地把西方人和日本人看做一丘之貉。赛兆祥高高瘦瘦,金发碧眼,络腮胡子。中国乡

下人获得信息的主要来源是传统戏剧和评书。在这些戏剧和评书里,金发碧眼是坏人标志性的外表。赛珍珠的父亲带给苏北农民的担忧和恐惧就像《大地》中的王龙第一次看见传教士的感觉一样:"这个人个子高高的,瘦得就像一棵被强风肆虐过的树。他的眼睛是像冰一样清澈的蓝色,胡子很茂密……褐红色的手也是毛茸茸的……他的鼻子很大,像船头一样向外突出。"在白人从没有到过的地方,当地人看传教士在茶馆的布道就像看一个人巡回演出的畸形秀,不友好的人甚至放狗咬他。

　　然而赛兆祥并不把这些放在心上。暂时的困难和危险意味着他正在摸索为公众宣讲福音的方法。唯一可行的办法就是在一个地区经常性地"巡回"布道。他有条不紊地穿行在每一个城镇、村庄,隔一段时间再回访这些地方(他的妻子说他的头脑中有一张中国地图)。发展虔诚的基督徒依然很困难,但是他已经着手建造小礼拜堂了——虽然不过是从当地人家借用的屋子。不仅如此,他还找来业余人员帮助他管理这些小礼拜堂。他奇特、骇人的外表常常引来围观的人,但是慢慢地人们开始听他讲话了。随着忠实的听众越来越多,赛兆祥变得更加自信,他也学习使用专业演员调动听众情绪的技巧。他坦承,中国人因为"像他们崇拜的神一样缺乏精神和心理生活",所以才吸食鸦片以寻求寄托。赛兆祥没有耐心理会那些热衷于调和基督教和佛教的同事。有些传教士认为耶稣基督和佛陀有相似性,但是赛兆祥不无揶揄地说这就像是用哥罗芳(Chloroform,一种容易上瘾的麻醉剂——译者注)来戒除鸦片烟瘾。"当我们治疗鸦片中毒时,我们不会让患者服用镇定剂后昏睡过去;与之相反的是,不管患者反对也好,抗议也罢,我们要强迫他们喝下催吐药并让他来回跑动。"半是演员,半是推销员,赛兆祥开始了雄心勃勃的传教计划:"让他们信奉《圣经》中的耶和华神和救世主。不是自满于他们的善,而要让他们深切地感知到他们的罪与恶。"他要效仿耶稣基督,但是耶稣基督带给人们的是剑而不是和平。"这就是耶稣传教的影响,它确实造成了一定的影响。"

　　赛兆祥的信仰不可动摇,凯丽像往常一样屈服了。但是就连赛兆祥自己也没有十足把握能租到房子,最终有一家把房子租给他们,是因为房东抽鸦片烟要花钱。这是几间摇摇欲坠的破旧的民房,根本没有地方开辟花园。房间里没有家具,全家睡在临时支起来的木板床上。地板很脏,土坯墙,茅草屋顶下面还糊着一层纸。门板和窗户上到处都是窟窿,根本挡不住好奇的人们窥视的眼光。人们聚在一起,神情阴郁,并不欢迎新来的赛珍珠一家,然而他们只是趴在远处的土墙上望着赛家。凯丽9月16日在宿迁生了一个小孩,取名克莱德·赫曼纽斯,以纪念荷兰的祖父,但是克莱德就像当初阿瑟一样没有生命力。

孩子出生后,赛兆祥的外出加深了凯丽的无助感,并且他们离美国或者欧洲在华的军事保护也更远了。她开始担心埃德加缺少父亲的管教而无法与品性善良的同龄人交往,也担心他进入青春期后变得叛逆或者消沉。王阿妈现在把注意力转移到刚出生的小男孩身上,孩子中迄今为止最健康同时也是最敏感的赛珍珠不得不压抑自己的嫉妒接受现实。寒冷的冬天来了,雨下个不停,水从墙上渗出来使地上泥泞一片。凯丽的长兄从美国寄来的便携式风琴也在水中浮起来。赛兆祥在回忆录中说这一时期很狼狈:"当地人对我们心存芥蒂,形势对我们也不利……我们……整个冬天都深受病痛折磨。"有一次,赛兆祥不在家,小克莱德患了肺炎。

赛珍珠在她纪实性的文章中跳过了这段时期,或者她有意忽略它。但是无论是当时的记载还是后来的传记对一些细节都有所反映。半个世纪之后在《小镇人》这部小说中,赛珍珠以美国西部连绵起伏的大草原中发生的淘金热为背景,讲述了玛丽·古德利弗和她母亲凯丽类似的遭遇。没有医生和接生婆的帮助,玛丽一个人生下了第六个孩子(没有把第一个孩子考虑在内,他在书中没有出场,作者极有可能忘记了他)。她也在丈夫的劝说下放弃相对安定的生活,跟着永不满足现状的丈夫一起奔波在茫茫西部寻找未来的幸福。丈夫是个热衷幻想的人,他看不到妻子和家人目前面临的困难。"他们像穴居动物一样生活。在地上打几个桩子,搭上几块木板再铺上褥子,这就是她的床。干草堆上铺块板子,孩子们就睡在上面。"《小镇人》没有过多的感情渲染,它完整地记述了一个草根家庭的奋斗史。它有一个童话般的结尾,但是小说描写了可怜的女主人公也有过到达忍耐极限的经历:她和孩子们在草原上的一条壕沟里过冬,当时丈夫不在身边,十几岁的大儿子正处在叛逆的青春期;二儿子蹒跚学步非常淘气,还有病恹恹的襁褓中的婴儿也不让人省心。

在凯丽和王阿妈的精心照料下,身体虚弱的克莱德极其艰难地挺过了初冬的日子。当赛兆祥外出布道回来后,他发现妻子正在等他,屋里面的家具、行李都已经打好包了,风琴被绑在席子上,就连玫瑰花也被挖出来准备带走。赛珍珠第一次见证了父母之间爆发的正面冲突。就像发生在赛兆祥身上的其他所有事情一样,这次的冲

突也是超验主义的:"这决不是男人和女人之间的口角之争。它标志着一个女人对上帝的蔑视。她反抗上帝,反抗她丈夫的召唤。她不再顾及他传教事业的成功和充满希望的未来。"很多年以后赛兆祥对她说,她的母亲当时是铁了心要走,"她的情绪就像是一阵狂风。"凯丽威胁说如果他不同意走,她就带着孩子们回美国。赛兆祥知道这是最后通牒,看到妻子心意已决而且早就盘算好了,他除了妥协外没有别的选择。凯丽雄辩的口才和精心准备的独立宣言影响了女儿们的未来。赛珍珠为父母做的传记《异邦客》和《战斗的天使》中几乎是用相同的词语再现了这一场景。她妹妹的作品《流放者的女儿》中的描述,更接近当时的情形,凯丽说过的话对她们来说是再熟悉不过了,她们永远也不会忘记:

> 她被逼急了,脾气坏到极点,用平静的令人发怵的语气说道:"你传教我管不了,从北京到广州,从北极到南极,随你便,我和孩子们不会再跟着你受罪了……我没有更多的孩子奉献给上帝了。"

传教活动到了关键时候,又一次因为妻子被迫停下来,赛兆祥对于这一点始终耿耿于怀。他用骡车把家人送到清江浦后,匆匆返回宿迁重新开始工作。可是欲速则不达,他痛苦地发现战争给他的工作带来了很多困扰。日本的海军和陆军不仅接受了西式训练而且装备了新式武器,武器落后(部分军队手持弓箭作战)而且准备不足的清朝军队根本不是日军的对手。在中国北方的海上和陆地上,清军一败涂地,日军随后在中国土地上烧杀抢掠。全国各地到处是流言蜚语。记载了日军暴行的花花绿绿的小册子在农村的集市上出售,以至于偏远农村的人们也知道国家正在蒙难。整个冬天士兵、土匪和罪犯自发前往满洲里参加对日作战,不断紧张的局势引发了暴力冲突。当时赛兆祥赶着骡车把宿迁的一个同事送到徐州府,一伙人包围了他们住的客栈。他们用石子袭击这两位美国传教士,把他们赶到大街上,还试图将他们五花大绑,就像掌舵时腰间临时系着绳套的舵手。

他们穿着臃肿的棉袄和马褂,笨重的棉靴在逃跑的时候也跑丢了。本想在当地官府寻求庇护,可是官员拿腔作势不肯施救。不要说在战乱时期,就连平时,人们也痛恨蛮横的传教士,看不惯他们身上的自我优越感。不平等的条约使他们在中国高人一等,以至于有些传教士无视中国法纪。赛兆祥被遣送出城,经过宿迁时被路上的土匪和士兵狠狠地揍了一顿,他们说他是带着财产逃命的日本人。根据他自己的记述,厚厚的棉袄救了他的性命。他只穿着贴身衣物,光着脚走了三十英里的路赶回清江浦,背上有三处刀伤还淌着血。当他突然出现在家人面前的时候,他们正准备同其他传教士家属一起经长江坐船到上海,毕竟那里更安全一些。赛兆祥和他的老对手吉米·格雷厄姆(詹姆斯·格雷厄姆)留下来,他们为收回宿迁教区做最后的努力,但是以失败告终。大雪封路,京杭大运河上结了冰,两个人不得不带着行李撤离传教点。他们步行穿过冰雪覆盖的地区来到长江边,乘坐木筏于1895年1月26日回到上海同妻子团聚,当他到达上海时恰好是中国农历新年。

赛兆祥力图开辟新教区的雄伟计划,因为这次彻底的失败不得不停下来。清江浦教区已经没有他的位置,因为整个传教团队在格雷厄姆的领导下运作正常,他们不希望赛兆祥回来后为工作带来负面影响。很多年之后,他的女儿格蕾丝指出了问题的关键:"我父亲似乎对一个事实并不在意:传教士中有人反对他单枪匹马般的工作方式。"赛兆祥最终在镇江找到了空缺的职位——他被临时安排去顶替一位休假的同事的工作。二十年前,赛兆祥离开镇江前往清江浦及其附近地区传教,现在这里已经被宣布成为新的通商口岸。镇江是京杭大运河和长江的交汇处,控制着中国大部分的商贸交通。这座城市越来越繁荣,快速发展为一个现代化的城市,但是赛兆祥最不愿意在这里工作了。他当初离开镇江的时候写道:"一切大城市都没有很多信教的人。"在中国度过的前七年中,他站在街上布道,散发宣传福音的小册子,在街上设立礼拜堂。城里人已经习惯了他的宣讲,只是对信耶稣的好处表示怀疑。赛兆祥对城里人不再抱幻想,他更愿意到民风淳朴的乡下去试试。乡下人相信他的话,张着嘴听他讲故事,直到有一天他们不再茫然,理解了他对人的罪恶和地狱火焰的绘声绘色的描述。

镇江是《大地》中"物产丰富的城市"的原型。在这里,市场上的食物多得要被扔掉,商品多得连仓库也装不下。但是赛兆祥的看法是正确的。美国南长老会的两对传教士夫妇在这里工作了十三年但是收获很小。1896年1月赛兆祥一家来到镇江,当时一对传教士夫妇已经回国休假,另外一对夫妇被调到别的地方。教会还有十名中国教徒、两处临街礼拜堂和一所男子小学。赛兆祥不打算在顽固不化的当地人身上浪费时间,他决定外出巡游布道。过去的一年在宿迁和清江浦创立的乡村传教网络

被毁掉了,他的身心受到很大的伤害,现在他准备在农村开展新的事业。

赛珍珠一家从此就在镇江安定下来。凯丽还是很担心,她同美国国内的亲人通了几次信后认定埃德加很有必要回美国深造,只有这样才能成为真正的美国人,而在这里提供不了这样的教育。在埃德加过完十五周岁生日的几个星期之后,他独自一个人坐轮船回到那个只去过一次的国家。四岁的赛珍珠成了家中最大的孩子。克莱德是个英俊、机灵、讨人喜欢的小男孩,像凯丽其他的孩子一样,他很早熟,当时已经能跟着姐姐一块玩了。凯丽很高兴能够再次回到山环水绕的镇江,而赛兆祥也由于不为人知的原因很喜欢这里("他们甚至都不很了解父亲,也不怎么想他")。孩子们沿着新筑的宏伟石堤散步,有时候还走到码头上。他们在城外长满草的山坡上野炊,还经常受邀登上怡和洋行的商船喝茶。商船的船长是一个退休的苏格兰人,他的妻子也很好客。他们还被邀请去大英俱乐部参加维多利亚女王寿诞的庆祝派对,在感恩节和美国独立日,他们燃放烟花并悬挂手工缝制的国旗,圣诞节里他们在树上挂上姜饼人(用姜饼制成的人形曲奇饼干,是圣诞节过节食品的一种——译者注),每个孩子还得到一个从美国蒙哥马利—沃德公司邮购的玩具。他们看着轮船上的货物被装卸到小货船上,然后运到码头上散发着"大麻油和花生油的香味以及红褐色原糖的甘辛味"的货栈。货栈高耸入云,看起来似乎模糊不清。货物通过溜槽滑到地上的驴子或者人身上,一位海关官员是英国人,他曾经带着赛珍珠和其他孩子从溜槽溜下来。

但是赛珍珠一家从来就没有真正住进英租界里宽敞、秩序良好的白人社区。这些白人社区拥有整洁的草坪和树木、坚固的围墙和铁门,必要的时候驻扎在附近的美国或者英国军舰还能为他们提供保护。几个月过后,他们借住的传教士房子的主人从美国回来了。赛珍珠一家租了码头后面三间条件较差的房子。环境更嘈杂,空间更狭小,没有公共卫生设施,垃圾堆放在门前大街上。赛兆祥和凯丽十年前还是年轻夫妻的时候就租住这样的房子:在一条巷子里,楼下是卖酒的铺子,对面就是马街上的妓院和酒馆。在镇江除了码头就属马街最热闹了,街上熙熙攘攘但是潜藏着危险,毒品贩子和妓女常来光顾,晚上喝醉酒的水手大呼小叫地从赛家的窗户下走过。

租住这种房子最大的好处就是便宜。传教士的薪水通常比医生、律师、教师的薪水低一些,即使在亚洲国家雇用人的花费很少,也只能维持基本的开销。可是赛珍珠一家的家计更艰难,因为赛兆祥一生最大的心愿除了劝人信教外就是把《圣经·新约全书》用汉语口语翻译出来。他在 1890 年曾经加入一个设在上海的委员会，其宗旨是用中国官话重译《圣经》。但是在 1891 年夏天委员会召开的第一次工作会议上，赛兆祥主动辞去委员的职务(也有可能是被排挤出委员会的)。作为一个天生的语言学家，他从不掩饰对《圣经》其他译本的批评意见，指责这些译本普通老百姓读不懂，有的地方翻译得不够准确从而误导信徒。赛珍珠出生后的第二年，赛兆祥决定亲自翻译《圣经》并以分册方式刊印出来，用来反抗权威的版本。这项事业在随后三十年里使他妻子的家庭收支预算捉襟见肘。凯丽精打细算地过日子，但是她越来越感到绝望，"那点能让他们的生活从贫穷过渡到稍微舒适的不多的余钱也被丈夫花掉了。"这正说明了他们为什么离开宿迁的土房子却住进了镇江的红灯区。

对于赛珍珠来说眼前是个奇妙的地方。她还很小，认不得几个字。但是她已经是个如饥似渴的观察者，对于窗户外的人和物都充满强烈的好奇心。她不厌其烦地问东问西以至于母亲要求她一刻钟内不要问问题(这个时候赛珍珠就会盯着钟表看上一刻钟)。她已经着迷于窗外的世界，尽管凯丽试图使她远离它。街上有乞丐("他们伸出鸡爪一样的脏手在我们面前乞讨")，肢体不全的麻风病人，吵架的人，还有卖甜品的商贩制止赛珍珠触摸他们出售的东西。她很享受地看着一个人用小錾子把麦芽糖饼凿成几瓣，或者把麦芽糖熬成糖稀后做成棒棒糖。晚上，美国水手从停靠在码头的商船下到陆地上又唱又喊，中国女孩高声哭叫的声音混杂着瓶子破碎的声音，赛珍珠都很有兴致地听着。她家楼下酒馆里威士忌的酒香和鸦片烟的烟雾也透过地板的裂缝飘上来。有一次一个陌生人闯进了赛珍珠的卧室，或者是她梦见了这种情形，尽管当时王阿妈就睡在过道上的地板门上，而过道是通向大街的唯一通道。还有一次全家人都被楼下的打闹声吵醒，原来是喝酒的人砸了楼下的店铺。凯丽受够了这一切，她再一次收拾行李给丈夫下最后通牒，并不惜以离婚相威胁。赛兆祥不得不把家搬到更安全的地方，他们在离马街很远的隶属浸信会的房子里住下了。

王阿妈领着赛珍珠姐弟去街上玩。街上的店铺一字排开：有一人经营的点心摊子，有理发店、裁缝铺，有表演木偶戏的，有人坐在屋檐下靠替人写信为生，有说书的，还有像小说《儿子们》中的屠夫一样玩杂耍的。"他们拿双筷子夹空中飞的苍蝇，一只接一只地夹……他们禁不住为这种绝技大声喝彩。"就连集市也像是一种街头表演的形式："丝绸店门口迎风飘着黑色、红色和黄色的丝质彩旗，"菜市场里有淌着水珠的

成堆的红萝卜、卷心菜、莲藕,鲜活的金黄色的蟹和堆得像小山一样的银白色的鱼,烤鸭店外一排排油光发亮的烤鸭在炭火上翻转。孩子们趴在粮店外边看大人们把粮食从篮子里取出来称重,那篮子很大,装下一个大人后还能盖上盖子。"白米、糙米、红小麦、白小麦、黄豆、红豆、青色的蚕豆和淡黄色的小米,还有褐色的芝麻"。赛兆祥不允许他们吃不卫生的糖果,但是他们也会偷偷从街上买来用圆锥形的纸包着的糖果吃。他们提着纸糊的花灯,有小鸟、蝴蝶和底部装轮子的兔子。赛珍珠甚至买到了一匹纸糊的马,马分成两边,胸前一半,背后一半,她走来走去,就像星夜走马。

春天里她们自己动手制作风筝,爬到屋后的小山上去放。也看大人做的结构复杂的大风筝:有巨龙和三十只脚的蜈蚣,还有一座要十几个人才能送上天的纸塔。有时候士兵手持长矛和刀剑在校场练兵,或者用筑在兵营土墙上的大炮发射废旧的炮弹。早晨赛珍珠由母亲领着辅导功课,午后和王阿妈上街去玩。其他的时间她趴在窗户上看窗外街上的景致或者远处的长江。

我在窗前眺望的时候了解了长江的脾气。在乍暖还寒的春日的清晨,它温顺得像冰清玉洁的美人。太阳升起来了,江面上水光粼粼,仿佛白帆、油漆过的木筏和颠簸前行的舢板都染上一层金色……有时候长江就像煮沸一汪浑水的大锅,狂风暴雨在江面上掀起巨浪,就像海上的巨浪一样。有一次我看见一条渡船行驶在汹涌的江面上,巨浪打翻了渡船,数百个乘客像昆虫一样落到江里。黑色的身影在水里挣扎了几下,转瞬就被江水吞没了。

赛珍珠的母亲在这个时候总是把窗帘拉上,即便是在白天。凯丽不喜欢长江,因为它象征着支配中国人生活的无情的、不可抗拒的力量,任何反抗它的努力看起来都是徒劳的。像其他传教士的妻子一样,她尽自己可能地治疗病人的炎症、疖子、口疮、肢体溃烂或者坏疽,呼吸性传染病和接触性传染病。这些病人之所以患病是因为他们饮用了被污染的江水或者在齐腰深的洪水浸泡过的稻田里劳动。她要求马街上的三间房子务必用石碳酸擦洗,餐桌上的所有容器要用沸水煮过后才能使用,所有新买的食物要么加工成熟食,要么用高锰酸钾消毒后才能触碰。孩子们一直被监督着,他们被要求不准把任何东西直接放进嘴里,包括自己的手指。凯丽从来没有放松

警惕,但是赛兆祥满不在乎,他是在长江流域充满恶臭的平原中度过夏天的,那里疟疾横行,最高温度在 38 摄氏度以上。

1897 年赛兆祥在庐山牯岭置地建屋, 他也成为向一年前成立的牯岭公司购买地皮的最早的五位传教士之一。一位具有冒险精神的英国人、年轻的传教士兼商人[李德立(1864~1939),庐山别墅群的开创者之——译者注]开发了海拔近五千英尺的庐山牯岭山顶,使那里成为中国人工修建的最早的山林避暑胜地。庐山在镇江上游,距离镇江三百英里,山上植被茂盛,郁郁葱葱,溪水潺潺,气候凉爽。赛珍珠认为它不仅是避暑胜地,而且是救生站。赛兆祥用石头盖起了一幢一层的别墅(今 310 号别墅), 他家的孩子们生来第一次可以赤着脚在山上跑, 第一次可以掬起小溪的水喝,第一次直接吃采摘的草莓而不用先煮一煮了。从那时开始,夏天度假的日子成为一年中最美好的时光。

赛珍珠六岁的时候,这段相对安定、正常的生活结束了。1899 年 1 月份克莱德患上了白喉。他呼吸困难,喉咙隆隆作响,因为抽搐而脸色发青。他死得很突然,以至于赛兆祥还没来得及从外地赶回来(阿瑟去世的时候父亲也不在身边)。赛珍珠也因此发烧了,她听见外面大街上一个中国妇女正在为死去的孩子招魂,她说她知道发生了什么事情,还说声音是从屋里发出来的,不是从大街上传来的。赛兆祥赶回家把克莱德埋了,当时凯丽已经怀孕五个月了,她挣扎着起来照顾赛珍珠度过病情最严重的时刻,之后自己又病倒了。她的身心都垮了,陷入昏迷状态,根本顾不了幸存的孩子。赛兆祥不得不回去工作,就请一位朋友住在他家照料母女二人。到了 2 月份,凯丽身体恢复得差不多了,她指导赛珍珠给位于美国肯塔基州路易斯维尔市的《基督观察者》写信。她在信中说,她的几个兄弟姐妹虽然去世了,但从没有离开她和母亲的生活:"我的两个小弟弟在天堂里。莫迪最先离我们而去,然后是阿狄,再后来是伊迪丝;上个月 10 号,我勇敢的弟弟克莱德离开我们去了天堂——那里是我们真正的家。克莱德曾经说他是一个基督战士,天堂就是他最好的归宿。"如果没有这封感伤的书信,凯丽一定会亲自写一封以寄托哀思, 她当时正在痛苦地挣扎着是否要坚持对上帝的信念。赛珍珠回忆说,那天下着雨,当克莱德的棺材从屋里抬出去时,凯丽情绪突然爆发。有人安慰她说不要担心孩子的躯体,因为他的灵魂在天堂。"但是他的身体多么宝贵,"她哭喊着,"我生他养他爱他……他们把他抬走了,那是我的全部。"

凯丽在这年 5 月 12 日生下格蕾丝·卡洛尔·赛登斯特里克,得了产褥热。因为没有奶吃,孩子饿得哇哇大哭。赛珍珠在父亲的教堂里祈祷,听从王阿妈的劝告去当地一座不起眼的、里面布满灰尘的观音庙朝拜观音菩萨,据说观音菩萨能保佑产妇的平安。在赛珍珠失去了弟弟,也没有能力安慰母亲的时候,不知所措的她曾经暗地里为将要出生的孩子拼命祈祷。现在,她能帮助保姆照顾小妹妹了,还会哄着她喝下罐装奶粉。很多年以后,她回忆说:"我很庆幸自己当时不知道死神这样靠近母亲。"凯丽的身体恢复一点点后,又给孩子们讲故事了。但是在她有关西弗吉尼亚的群山的童年记忆中增添了一丝新的苦涩。"她的家乡阳光明媚,气候凉爽,终年笼罩在清新的薄雾之中,她在那里长大,难怪不适应中国南方小城的气候。在八月里,有时候酷热的天气让她眩晕,到处都是人的呼吸声和汗臭味……大街上成堆的垃圾散发出的刺鼻的恶臭,飘进家里的三间小屋……这些腐烂了一半的垃圾在火球一样的太阳的照射下冒着热气,招来一群群的苍蝇。空中像是弥漫着有毒的瘴气"。赛珍珠回忆道。

赛珍珠曾经试过,但是没有办法给母亲安慰。现在她成了母亲无话不谈的好朋友。这年 6 月她过完七岁生日后的一天,母亲第一次告诉她莫德是怎么死的。赛珍珠长大成人后,在三十年之内写的传记和自传性作品中,共有三次提到了这件事情。她详细地描述事情的经过,并且极有可能添加了某些细节。为了渲染故事的恐怖和悲情,还模仿哥特式小说的叙述风格。那年赛兆祥夫妇带着两个孩子去日本海滨度假,假期没有尽兴,在乘船返回中国的途中遭遇了台风。十八个月大的莫德由于营养不良,身体很虚弱。她消化不了人工奶粉,可是凯丽说那年夏天莫德被早早断奶是迫不得已,因为她,又一次怀孕刚开始(如果这是事实则说明她曾经流过产)。赛兆祥因为工作关系,不得不过早取消假期。莫德于 1884 年 9 月 15 日死于返回中国的船上。她咽气的时候还躺在一个陌生人的怀中,因为她不让父亲抱,可是母亲又晕船晕得很厉害。凯丽给赛珍珠生动地讲述着事情的经过,讲述她整个晚上奔跑在颠簸的甲板和客舱之间,呕吐不止,浑身被海水打湿了,急火攻心,神经也有点失常。丈夫试图让她冷静下来,她歇斯底里般地扑向他:"要不是急着赶回去,我完全可以照顾好莫德,她也不会死。"故事的结尾是凯丽蜷着身子坐在船尾的一堆绳子旁,怀里抱着已经夭折的孩子。"浊浪滔天,在暗淡的黎明到来的时候,天空透出一丝铅青色的曙光。……溅起的浪花落在他们身上,她多么痛恨大海,多么无情的大海!……灰色的咆哮着的大海连接着灰色的天空,在这一切过程中,上帝在哪里?祈祷是没有用的……她蹲在地上紧紧地抱着孩子的尸体,眼中射出挑战的目光凝视着远方。"因为呕吐和眩晕,她不得不走下甲板,看到她丈夫正透过舷窗厚厚的玻璃盯着前方,"船被黑色的水包围着,就像在海底行驶。"

像这样的阴影已经深深地印在幼年赛珍珠的脑海中,她虽然还不能完全理解母亲的话,但是从此之后在潜意识里萌发了保护她的念头。凯丽晕船时的症状表现为偏头痛、呕吐和背痛。这三样病症从她蜜月期间的海上航行时就折磨着她。船行驶在太平洋上,她第一次与她尚不太了解的丈夫在客舱里朝夕相处,这是一段"让她毕生不堪回首的经历"。也就是在这次海上旅行中,她怀了第一个孩子。几年之后,她把这种恐惧用孩子能听懂的语言倾诉了出来。莫德的死使凯丽在身体上和精神上都垮了。她被诊断患有肺结核,所幸是早期症状。医生敦促她回美国治疗,她的宗教信仰开始动摇了。她打算离开丈夫,在她看来他是无法实现的幻想,而她只能选择放弃。凯丽最后在中国北方的海滨城市芝罘(今烟台——译者注)疗养,这是一个更冒险但更现实的选择。夫妇二人启程前往芝罘,他们乘坐了一条行驶缓慢、卫生条件很差的长江舢板(如果凯丽之前真的有了身孕,那么她肯定在这次旅行中或者之后流产了)。她还没有从丧女之痛中恢复过来,心烦意乱的她有一天晚上半夜醒来,发现一只大老鼠卧在她散开的头发上。"她探出手一把抓住老鼠并把它扔在地板上,圆滚滚的老鼠在她手里蠕动,她吓得生了病。早知道这样,她就会把讨厌的长头发剪掉。"在赛珍珠的叙述中,凯丽一讲到她婚姻中的第一次危机,立马会提到那只令人生厌但是具有象征意义的老鼠。

赛珍珠那时候已经能够完全理解母亲的话。她和格蕾丝都记得晚上隔壁父母的卧室传来的说话声,先是低语交谈,间或有母亲大声、激烈的争辩,接着是哭泣声或者摇椅生气地发出短促的吱吱嘎嘎的声音。同样的交谈也发生在赛珍珠的小说中,最典型的例子是半自传性质的《正午时分》和《小镇人》(玛丽拒绝了丈夫行房的要求,她不愿意,更担心再一次怀上孩子,此外她还害怕从草泥堆砌的墙中爬出蛇来钻到她的床上)。格蕾丝出生后,赛氏夫妇没有再要过孩子。

格蕾丝出生七个月后,赛珍珠全家搬到镇江城外山上的一座房子里。这是长老会的房产,刚刚空出来。赛珍珠对这个新家充满了感情,从此之后就把它当作记忆中

的童年的家。站在宽阔的游廊上可以望见远处青葱的墓地和山那边的小塔。蔷薇爬上门厅，房屋两边花香四溢。此前花园已经栽了树，现在她母亲又种上了花。在情绪低落的时候，赛珍珠把这座房子看作是"一座矮矮的砖木结构的平房，破旧的地板上时常有蜈蚣和蝎子出没。"她记得每天晚上父母都要在卧室里检查一番，父亲打着灯笼，母亲举起一双旧拖鞋，当着已经被吓呆的孩子的面拍打一条六英寸到八英寸长的蜈蚣："每一体节都长着一个黑色的硬壳和一对嫩黄色的腿，尾巴上的刺能把人螫伤。尽管如此，我还是喜欢夏天的夜晚。花园里，翠绿色的水青蛾拍打着翅膀流连在栀子花间，翅膀上黑色和银白色的斑点清晰可见。远处河边的竹林笼罩在一层薄雾之中。"赛珍珠在后门外的山上玩，和住在山下的农民的女儿交朋友，把她心爱的兔子放在游廊下面昏暗的储藏室里，让它同装在笼子里的宠物山鸡做邻居。她去为中国女孩子开办的教会学校读书，和隔壁家的美国男孩子一起玩耍。那个红头发的男孩子名叫詹姆斯·贝尔，是传教士的儿子，他曾经偷偷地教赛珍珠学抽烟(他后来否认了这项指控)。午后赛珍珠有一项任务，就是将妹妹放在母亲的摇椅上哄她睡觉。

没过多久，赛兆祥经历了职业生涯中最危险的时期。"1890年，著名的义和团运动(或称义和拳)爆发了，"赛兆祥在回忆录中用少有的夸张语气写道，"它势如狂风暴雨传遍中国大地，风头正盛的时候，我们所有的工作在某种程度上都停了下来。"最初的拳民是中国北方年轻的农民，他们隶属于激进的宗教派别，把农村生活的不幸归咎于洋人——主要是中国农村地区的传教士。当时广大农村地区民生凋敝，清政府腐败无能，无力反抗来自西方或者亚洲的侵略者。19世纪90年代晚期，黄河决口导致山东、河南等地连年发生水患和饥荒，并使京杭大运河被淤泥充塞，失去航运能力。朝廷无法容忍、也无法抵制日本、沙俄和其他欧洲列强的伺机入侵。义和团运动先是在地下迅速发展，得到朝廷的支持后拳民公开活动。广大农村酝酿着一股仇外的情绪，仿佛一触即发。这些年来，赛兆祥每次出门都要随身带上一根打狗棍，因为不时有人家放出狗咬他。他在街上走时，人们又开始辱骂他了。有一次一个旅店老板差一点用砍刀将他杀死。以前租给他房子的人决定不再同基督教有瓜葛，所以他被迫将礼拜堂关闭。他大部分时间把自己关在家里，只在天黑以后打着灯笼到当地的教民家里去。整个春天连同初夏赛珍珠过八岁生日的那个月，他都是和衣睡在床边的椅子上，以便随时准备逃命。赛珍珠的母亲收拾了一个包袱放在门后边，里面装

着备用的鞋子和每人一套换洗内衣,当然还有一篮子小孩喝的罐装奶粉。

赛兆祥夫妇激烈地争论着是要走还是要留,最后两个人想出了一个折中的办法。他们雇了一条小船,让它远远地停靠在隐蔽的逃跑路线的尽头。他们选择屋子后面的竹林,这样凯丽带着孩子们和王阿妈就能走得快一些。这是赛珍珠全家第一次逃命。中国人不再拜访她的父母,她的伙伴们也不再同她玩耍,在学校里同学们也不愿意跟她坐一张桌子。赛兆祥有一次秘密进城为一位教民的老母亲主持圣餐仪式,可是士兵突然搜查这户人家。他们杀死了教民林孟(音)十岁的儿子,还把赛兆祥绑在柱子上,强迫他看着他们将林孟折磨致死。当天晚上林孟的母亲也被害死。赛兆祥第二天被释放了,他身上带着血迹回到家里,但是精神很好。"父亲用奇怪的眼神地看着我们,好像不认识大家一样。他蓝色的眼睛带着胜利者特有的光彩,郑重其事地说:'林孟殉教而死,他已经升入天堂与荣耀的主同在!'"他看到了即将成为殉教者的前景,在这种精神的鼓舞下,他甚至不再考虑撤退,虽然大多数白人早就离开了镇江。

饿着肚子的外国人陆续从中国北方逃过来,三五成群,衣衫褴褛。他们的孩子在逃难的路上已经因为饥饿或者发烧夭折了。凯丽给大家鼓劲,她讲了她母亲的勇敢事迹。四十年前美国内战期间,她母亲曾经把为数不多的贵重物品埋在院子里。1900 年 6 月 20 日,也就是赛珍珠八岁生日的前一星期,清政府宣布与西方国家为敌,发布捕杀外国人的命令。同一天,中国军队向北京外国人聚居区开枪,并派兵包围了北京东交民巷使馆区。此前 6 月 9 日,在山西省总督府有 45 名基督教教民被杀。随后发生了更多的暴行。美国驻镇江领事命令尚未撤离的少数侨民乘坐军舰离开镇江。有一天赛珍珠全家接到事先约定的撤退信号,当时正是炎热的中午,一家人都躲在一间黑屋子里午休(格蕾丝说:"就连父亲也把衣领解掉了")。半个世纪后,赛珍珠回忆说那次离开就像是一幅印在碟子上的《杨柳惜别图》:"那年夏天很热,空气中没有一丝风。从游廊上望去风景很美。农民的土房子盖在翠绿色的山谷里,房前柳树成荫,一群白鹅悠闲地走在田间地头,无忧无虑的孩子们在打谷场上嬉戏……远处的镇江城笼罩在烟雾中,长江如一条白练,流向大海……离别就在眼前,可又是那么的不真实。"

赛兆祥护送全家人带着随身物品到达上海后又只身返回镇江,现在他是那个地区唯一的外国人。他重新穿上皱巴巴的白色西式制服,戴着和他瘦高身材很相配的巨大的钢盔,同中国人站在一块显得既古怪又扎眼。两个礼拜堂被烧毁了,他就站在

大街上向人布道。作为回应,人们向他投掷石子。这段时期唯一一位追随他左右的中国教民后来告诉赛珍珠,他原本以为她父亲肯定会被杀死。然而赛兆祥在这个夏天安然无恙,根据他自己的描述,他进入了一种心醉神迷的状态:"我的灵魂已经脱离肉体,也远离了整个人类。我感知到了上帝,他是一道耀眼的强光,日日夜夜与我同在。"他尽可能为自己争取殉教者的头衔,但是离成功差了一点点。后来他一直把这次没有结果的努力看做是人生的高潮之一。

赛珍珠对在上海避难时期的生活几乎没有留下什么回忆,白人社区充斥着流言蜚语。有小道消息说西方国家准备派军队进攻北京,从这个帝国最远地方到上海的每一条轮船都带来更多的难民。"逃难到上海的外国人好像正紧紧依附在中国的边缘,等着被这个国家甩开。"赛珍珠观看停泊在港口的西方国家灰色的巨型军舰,倾听母亲讲美国内战时她逃难的经历。赛珍珠记得有一次她和母亲一起上街,一个体形肥胖的中国人在她面前慢悠悠地走着,她赶上去拉了一下那人的辫子。她很害怕,不是因为那个中国人的恼怒,而是被她母亲苦苦哀求对方原谅的举动吓住了:"我长这么大还从没有见过她那么恐惧。"这个夏天并不太平,好在上海地处亚热带,夏天不算太热,赛珍珠和小妹妹在一个浴盆里洗冷水澡。她们住在静安寺路上的一间公寓里,公寓还提供膳食。在那里她第一次见到了自来水。后来她认为她们离开镇江快有一年了,事实上只过了几个月,秋天的时候父亲就赶来接她们回家。不可思议的是,格蕾丝居然不认识他了。义和团运动平息了,运动的首领被处死,乡村又恢复了平静。西方列强在这次冲突中取得胜利,慈禧太后不得不接受屈辱的条约,实际上答应了西方列强的所有要求。

1900 年 10 月,赛兆祥参加了在上海召开的新成立的苏北长老会年会。会议通过一项正式决议——敦促赛兆祥立刻回美国休假。1901 年 6 月 8 日,他和家人最终踏上了驶往旧金山的客轮,并在那里转乘火车回到西弗吉尼亚州。孩子们已经无数次听到大人讲过家乡,现在他们看着窗外从没见过的景物,简直不敢相信自己的眼睛。"火车穿越州境,经过郁郁葱葱的大山。看惯了中国的濯濯童山,感觉这里的青山很奇特,大山像长了一层毛皮。看过长江和黄河泛滥,这里的河就像小溪。火车经过的城镇统一规划,干净整洁,像梦境一样,要知道,中国的村庄里都是杂乱无章的土房子。"

第二章

双重焦点

赛珠九岁时回到美国,那时的中国北方正在发生战乱。因为在中国北方地区爆发了反对基督教的激烈斗争,外国修建的铁路被拆毁,教堂遭到抢劫破坏,基督教教民被谋杀或被驱逐。据后来的数字统计,被害的外国人实际上不超过二百人,而长江流域的外国人则无一人受害,这多亏当地两位政府官员商议的一项具有前瞻性的政治协定。但这一时期,白人生活在恐怖的氛围中,而这种氛围又被真实发生的事情或者虚构的故事夸大。这些故事讲述了整个白人社区被义和团包围并遭到屠杀的情形,三千多名中国基督教信徒被杀,很多人像林孟一样受到那些中国所独有的、极为残酷的刑罚而被折磨致死。在上海的整个夏天,赛珍珠听到大人们低声讲述一个个令人恐怖的故事。在这次大屠杀中,连小孩子也无法幸免,而她自己也习惯了大街上人们大声喊叫的杀人警告。从义和团运动到赛氏一家离开的八个月里,她听到了更多更恐怖的有关传教士的消息,他们要么在迫害中幸存下来,要么惨死,他们的信徒被关押、吊死、碎尸或被暴尸街头。基督教报纸上刊登了成卷的这些光荣殉难者的名单。有志成为其中一员的赛珍珠的父亲,在计算出死亡人数后情绪激动地说:"成千上万的基督徒殉难,这对我们是一个极大的鼓舞,这说明我们传教的活动不仅仅是表面的,而且是有成果的,是能够经得起最严峻的考验的。"

赛珍珠那时已是个能够应付无法面对的恐惧的能手了,她强制自己忘掉了很多的事。"我有没有看到孩子们不应该看到的,有没有听到孩子们不应该听到的东西?"在半个世纪后她这样反问自己,"即使我看到了或听到了,我也不记得了。"在美国,她总是乐观的。全中国的传教士们又恢复了他们的职位,根据政府新条约,他们受到保护,得到了丰厚的赔偿,享有更多的特权,人身安全也得到了更好的保障,连赛兆祥也承认新条约提供给他们了"远比以前要好得多"的机会。打了败仗的中国人沉默寡言,甚至阿谀献媚,他们对具有如此超自然力量的基督教既有所怀疑,又急切地想入教。赛珍珠在她童年的两个世界里很不自在地游走,因为她亲眼目睹了平静表面下所爆发的凶残,如同晴朗平静的长江江面上突然涌起的惊涛骇浪。她说在这种不同寻常的礼貌下,只有狗依然对着她咆哮,"村庄里也只有那些凶恶、饥饿的狗敢于表达它们的主人教给它们的对外国人的仇恨。"

正是这个时候赛珍珠放弃了中国这个矛盾现实,回到了她梦中的西方世界。赛珍珠终于看到她母亲在希尔斯伯罗市的家,它位于西弗吉尼亚州波卡洪塔斯郡阿勒格尼山的山脚下,和她在梦中梦到的一模一样:一个漂亮、简单的房子,刷着白漆,房子有个柱廊;在植被繁茂的山脉的缓坡处是一个宽阔的山谷,山的四周是大片的草地和一大片糖枫树林,窗前有花坛,尖桩篱栅旁是茂盛的野忍冬。她认出了这里的一切,房间的布局,走廊上遮阴的葡萄藤,还有拥到门前迎接他们的家人:她的哥哥埃德加,个子高高的、领子高耸、戴着草帽和眼镜,一身学生打扮;她的舅妈和表兄妹们,还有两位头发灰白的老先生,她知道一个是她的外公赫尔曼努斯·斯塔尔汀,另一个则是她的舅舅克耐利斯,也是她妈妈最喜欢的哥哥。赛珍珠很快就和舅舅家的小女儿、大她两岁的表姐格蕾丝·斯塔尔汀成了好朋友。赛珍珠生平第一次和一个美国同龄人一起玩娃娃,在卧室内讲述各自的秘密。她们两个一起喂火鸡、搭建树上小屋、采摘种植在木制大仓库旁边的葡萄、吃果园里掉在草地上的苹果。("我认识每一棵树,"表姐格蕾丝说,"早收的和早熟的,青苹果和红苹果。")赛珍珠的妈妈仿佛也回到了少女时代,坐在门前的走廊上和她的嫂子一边聊天一边缝衣服、烤面包、装果酱、搅黄油、在榆树的树阴下洗衣服、在阴凉的石砌的酒窖里熨烫衣服。

一切正如凯丽说的那般,但赛珍珠看得出,她的母亲在这个她们已经住过很长时间的房子里没有找到家的感觉。其中一点是,她记忆里的生活远比现实虚幻。整个童年时期,凯丽的全家都住在希尔斯伯罗市租来的房子里,一点一滴地攒钱买块地,

建个自己的房子。这样一直持续到凯丽结婚和离开美国的前几年,从那时起他们的
家庭开始解散了。四年内,斯塔尔汀家的两个儿子和五个女儿中的四个结婚后都相
继搬走,只有克耐利斯留下了。在大家的印象中克耐利斯是他母亲的顶梁柱,对他的
弟弟妹妹们来说他更像是一个父亲。凯丽的父亲是赫尔曼努斯先生,赛珍珠见到他
的时候他已经八十五岁了。赫尔曼努斯个头矮小,个性突出,孤傲易怒,着装干净整
齐。他喜欢音乐绘画,对家庭事务不管不问,如同赛珍珠在中国的父亲。赫尔曼努斯
出生在乌德勒支并在那个地方长大,他一生都很怀念那个繁华的荷兰大都市,他婚
后和妻子,还有两个孩子离开了那里。赫尔曼努斯在正式公文里对自己的描述多种
多样,有木匠、银匠和钟表匠,但是他在美国经营生意的打算却以失败告终,他把管
理家政的工作交给妻子和儿子。"他是一个城市人,仅此而已,"很久以后格蕾丝·斯
塔尔汀充满怜悯地说道,"他劈柴时则更像一个女人"。

　　赛珍珠的母亲凯丽遗传了她父亲的坏脾气,也遗传了她父亲讲故事的天赋。他很
喜欢这个奇怪的、像半个中国人的小外孙女,带她去他单独住的房间,里面放满了钟
表。就像凯丽之前做过的那样,他也给她讲很有浪漫色彩的"古老国度"——也就是荷
兰。赛珍珠对她外公讲的故事听得津津有味,听他讲她的曾祖父克耐利斯·约翰内斯·
斯塔尔汀先生的故事,一个十分虔诚又富有的商人,是如何领着五个儿子和三百多个
受政治迫害的清教徒,来到美国这块希望之地寻找宗教自由的。在经过沿途的诸多艰
难困苦后他们最终在弗吉尼亚州定居下来,开发原始森林,拖走树桩,还要面对那些
"看起来野蛮恐怖的"印第安人。当然这些记录不完全真实。斯塔尔汀一家于1847年
抵达纽约的历史,和他们随后在希尔斯伯罗市安家的事,都被格蕾丝·斯塔尔汀在一
个世纪后详细地记述在了当地档案馆,而她的表姐赛珍珠在传记中提供的另外一个
版本则相对平淡些。但赫尔曼努斯的孩子和孙子们都一致认为他是个讲故事能手(他
三十岁时才开始学习英语):"他所讲的每个故事都像是一个童话。"格蕾丝说。

　　凯丽故事的女主角总是她的母亲乔安娜·斯塔尔汀,一个像她的女儿一样离开
了自己熟悉的世界,随丈夫到完全陌生地方的女人。在那里她们一切都得从头做起,
很少从赫尔曼努斯那里得到帮助。在那样的情况下,生存就意味着要付出超出一个
女人所能承受的体力劳动,而且她也不得不忍受多次怀孕的问题,她唯一的帮手就
是她年幼的儿子(当他们全家到西弗吉尼亚时,克耐利斯尚不到十岁,而他的弟弟加

尔文还未出生)。日常生活则是耕地,播种,锄草,劈柴,养鸡、养牛,做面包、黄油和奶酪,纺毛线、棉线和亚麻线,生产出来的东西足以使七个孩子吃饱穿暖。家人骄傲地说除了茶、咖啡和巧克力外,他们家自内战后实现了自给自足。凯丽很佩服自己的母亲,她十八岁那年,她的母亲患了肺结核病,自此凯丽都一直照顾着她,但最终病魔还是夺去了她的生命,时年六十。她的几个孩子几乎都做了教师,为了弥补凯丽在战争期间没有读过书的遗憾,克耐利斯在母亲逝世后把凯丽送到寄宿学校学习了两年,因为她在家里学到的使她认识到,她需要学习更多的知识。如果社会和宗教习俗要求她为他人做出牺牲,她准备用和她妈妈完全不同的方式去做,出国传教则为她提供了最为直接的自我救赎方式,同时也是唯一一个可以把自己从受到无休止的繁重家务、狭小视野限制中解脱出来的方法。

斯塔尔汀一家人非常适应当时的时机和处境。他们遵从基督教长老会的加尔文主义(以其创始人约翰·加尔文的学说为基础,认为地球上发生的一切都是由上帝控制的,人类对此无能无力——译者注),都是不折不扣的、固执的清教徒。他们对中国和中国人的看法跟凯丽来中国前是一样的。她和比她小几岁的丈夫坐船离开,去寻找一片布满乌云的未来的天空,"一群身穿黑白相间衣服的异教徒正在接受洗礼,跟随他们的是羡慕的眼神……两个白人在为那些虔诚的跪在他们面前的、黑压压的一群人做祷告。"现实和赛珍珠选择想当作家的梦想相比,差距比在斯塔尔汀家时更大了。她的新家人是她认识的最早的美国人,他们让她对这个她从小知道的叫做家的地方感到陌生。和她生活在一起的这些人没有一个有紧张的迹象,没有高墙的保护,她感觉在房间和花园里没有地方可以躲藏。当她的外公沉痛地宣布麦金利总统在1901年9月惨遭暗杀时,赛珍珠的痛哭流涕让聚在一起的家人很疑惑,甚至尴尬。只有凯丽感受得到那种震惊和恐惧——"我们这里也要闹革命吗?"——听说是政权更迭时她的女儿才放心了。

斯塔尔汀一家人从来没有使用过黑人奴隶,他们也付不起仆人工钱,但是他们忠诚于南方政府。战争把这个州一分为二时,他们痛苦地发现自己处在西弗吉尼亚州的边界上(凯丽说小时候她相信大人告诉她的话,说北方佬都像魔鬼那样头上长角)。尽管从理论上讲他们反对奴隶制,但他们本能地认为自己属于美国南方的白人社会,这个社会对待黑人像对待次等公民一样。为了他们的理想主义,当赛珍珠的父

母去中国时,他们仍带有同样的偏见。尽管凯丽和赛兆祥都是利他主义者,都在中国待了 20 年之久,但也很难像他们的女儿那样用博爱的方式去看待中国。

层层误解和彼此的隔阂,让赛珍珠的两个世界无法联系起来。格蕾丝像小时候那样喜欢自己的表妹,但后来她坚决反对赛珍珠在一个雇佣中国仆人的家庭中长大,这些仆人巧妙地破坏了凯丽教育她的孩子们的努力。凯丽想让孩子们在努力工作、平等、自立自强的美国方式下成长。斯塔尔汀一家人发现赛珍珠不知道怎么缝补、做饭、打扫卫生和洗碗筷时非常沮丧。格蕾丝嘲讽地说:"是那个中国奶妈把她带大的"。暑假快结束时,赛氏一家搬到了肯塔基州的列克星顿市,埃德加在他父亲读过的华盛顿学院(后被称为华盛顿和李大学——译者注)读大学一年级,赛珍珠进小学读三年级。这是一段赛珍珠宁愿忘却的时光,因为她和这些美国南方同学合不来,如同在镇江和外国商人和外交家的女儿们合不来一样,她们从小在英国租界的栅栏门后长大。赛珍珠觉得在镇江英国俱乐部见到的这些像富家小姐一样的白人女孩无聊又傲慢无礼。对她们来讲,被太阳晒成棕黑色的孩子没什么大不了的。她们习惯在家里穿着宽松的中国裤子,说些连他们父母都听不懂的街头俗语(对他们来讲,汉语总是二等语言,就像英语在赫尔曼努斯心中的地位一样)。在她家乡的大街上,赛珍珠和当地男孩在街头对骂十分流利。"她感觉自己不是美国人," 她表妹格蕾丝说,"这让她感到很不适应。她从来没有感觉到自己属于这里……她感觉自己像个怪物。"

务实、固执的斯塔尔汀一家人从一开始就不看好赛兆祥。他不苟言笑,沉默寡言,是个不可救药的书呆子,他过于耿直的性格让他们感觉非常不舒服。凯丽的父亲非常反对这门亲事。赛珍珠在《异邦客》中幽默地记载了她父母间奇怪的求婚:刚开始是当她父亲发现自己不被赫尔曼努斯家人接受时,气得发疯,拿了根棍子当武器("'先生,我知道你的目的!……你不应该和我的女儿结婚!'这位年轻的传教士……注视着这个小老头,和善地回答道:'是的,先生,我想我们会结婚的,'然后就继续他的求婚道路")。1901 年当赛珍珠的爷爷奶奶去世时,家人就分开住了,在离格林布赖尔县四十英里刘易斯堡附近的家也卖了,但赛珍珠当时以及后来多少还是知道了些她父亲极少谈起的早年生活。赛兆祥是九个孩子中最小的,从小在大山里的农场里长大,给他们的父亲干活。安德鲁·赛登斯特里克是一个敬畏上帝的人,他每年都要给家人大声朗诵一遍《圣经》,把他的七个孩子一个个都赶走,不让他们继承他的

财产;当孩子们到了法定年龄二十一岁一个个都离开了家时,他又骂他们忘恩负义。他们几个都憎恨那片他们父亲深深热爱的土地,后来赛兆祥的兄弟们除了一个做了教会长老,其他几个都成了牧师。

他们的母亲弗郎西丝·赛登斯特里克出生在考夫曼 (Kauffman) 的弗朗尼卡地区,赛珍珠非常喜欢这个奶奶,她聪明能干、好事、说话尖酸、脾气很坏,善于烹饪,个性要强,是令人敬畏的管理者,家里人受她的影响很大。她一直操心家庭成员获得知识的志向,她来自傲慢而人丁兴旺的科夫曼(Coffman)家族,是一名瑞士门诺派教徒, 也是 18 世纪一个有名望的持异议者和学者的后裔 (名字从 Kauffman 变成了Coffman,象征了他们移民到美国后获得了一种新身份)。她和她的两个任劳任怨的女儿靠烧柴的铁炉子、柴间的洗衣盆过日子。她管理着这个摇摇晃晃的房子,接待接连不断的孩子、亲戚、访客,把这一切管理得井井有条,直到1873 年她六十岁那年。这年她的儿子赛兆祥已经可以独立生存,她觉得自己已经受够了,一天都不想再工作了。据当地流传下来的说法,接下来的二十多年,赛登斯特里克老夫人躺在她的摇椅里开始和邻居的女士们消遣度日,对孩子们的困惑和她愤怒的丈夫不管不问。她散布宣言,带头反对社会对妇女的歧视,吸收越来越多的追随者加入她秘密的女性独立宣言活动。在一个值得记忆的日子,二十二个志同道合的女士聚集在她家的门廊前,相互鼓励,相互支持。

在赛兆祥的心中,他的母亲是一个完美的女性,她具备其中两个最重要的特征:温柔和顺从。"七个伟大的儿子出生在那个房子里,满耳是男女间唧唧喳喳的争吵,他经常听到有人大声吵嚷《圣经》上说男人是女人的领导。这种吵嚷经常是给那个不屈不挠地永远躺在摇椅里的老妇人听的。这对她无所谓,但对她的七个儿子却影响很大。"在庞大、粗鲁、吵闹的家庭里,赛兆祥是年龄最小、最瘦弱、最无关紧要的一个,他表面上看来朴实、胆小懦弱。他跟在兄弟们的屁股后面,害怕他的父亲,害怕身为门诺派教徒的奶奶讲的鬼故事。赛兆祥后来回忆说她只会说德语,这是他童年时使用的语言(赛氏一家最早来自德国巴伐利亚)。赛兆祥的奶奶很关注他,也很爱他,当赛兆祥七岁的时候她就过世了。两年后他的兄长一个接一个地去南方联邦军队参军打仗,只留下了三个年纪小的:十一岁的海勒姆,九岁的赛兆祥和七岁的弗兰克。战事期间他们在父亲的农场里干活。赛兆祥在这段性格形成期的几年里受尽苦难和

羞辱,他把自己的感情隐匿在保护性的外壳里,后来他告诉他的女儿,偶尔偷偷溜进学校去听课是他最大的乐趣。

"我觉得他劳累过度,他渴望读书,盼望上学,厌恶那片束缚他的土地,直到二十一岁他才获得自由。"赛珍珠写道。除了她的母亲,她终于比别人更多地了解到了折磨赛兆祥内心的痛苦。"他的苦行,他的羞怯,他内心的火焰在他心底堆积得如此之深,这成了他一生强大神秘的动力。"他没有跟他哥哥们走同一条路,他先进了大学,后来进了神学院,过着勉强糊口的日子。他把所有的精力用在工作上,这使他在学术上非常有名,也让他与其他人隔绝得更深了。赛兆祥二十八岁时,在母亲的命令下,他最终决定找个妻子(不得不承认,他找了一个既不温柔又不顺从的妻子)。他环游了半个世界寻找属于他自己的精神领地,这在规模上远比他父亲的理想宏大得多。返回美国休假时,他重新体会到了那种无能为力的不满情绪,在赛珍珠后来创作的小说《大地》中,她塑造的农民王龙最小的儿子身上也有这种情绪。王龙作为一家之主,他的儿子们在对他的恐惧中长大,甚至在他去世被埋葬很多年后,这种恐惧感还纠缠着最小的儿子。"他年轻的时候体会到同样的无助,那个土房子就是他的监狱。还有他的父亲,那片土地上的那个老人,伸出沾满泥土的手拍打着他。"

赛珍珠在九岁或者十岁的时候还理解不了问题的关键,她还太小。但她看到她的堂兄妹们看不起他们的长辈赛兆祥,不爱听他那冗长的布道,也不喜欢镇江裁缝做的宽松而下垂的便宜礼服。赛兆祥在美国没有像在中国那样的自信和权威。他花大量的时间在得克萨斯州的希尔斯伯勒布道和筹款("当他回家时,大家都感到不舒服。"赛珍珠说)。她对他唯一的一点点的兴趣就是可以周日像她的堂姐格蕾丝那样去教堂。两个女孩按时到达了那里,当地一个牧师接待了她们,他是赛兆祥的大哥、戴维·赛登斯特里克牧师。她后来非常沮丧,她说她只是想有个机会展示一下她的新连衣裙。她开始意识到中国人十分排斥的黄色卷发,"野兽一样的眼睛",在美国人看来却非常漂亮。她的妹妹格蕾丝记得赛珍珠当时已经非常漂亮了,"瘦削的脸庞,宽阔的前额,尖尖的下巴,紧抿着的嘴巴透着倔强,小巧的鼻子,乌黑的眉毛下面的一双褐色的眼睛和近乎完美的头发相互映衬。"再穿上她那带腰带的崭新的白裙子,戴上宽边麦秆草帽,简直是漂亮极了。然而不知后来她是怎么想的,加入教堂是团结的标志,或许这样她可以讨好她的父亲。

赛珍珠出生在基督教长老会,她朦胧地意识到长老会的局限性,它内部紧密结合,强制胁迫,具有极高的权威。1902 年秋天全家返回中国时,赛珍珠十岁,她已经是教会新成员了。她加入了镇江教会,在那里她再次发现父亲受到攻击。赛兆祥不同意教会其他成员的观点,尤其是原则性的问题。赛兆祥的处境使得他的妻子在公开的场合为他辩解,也使得他的孩子们跟他同仇敌忾。他们所有的人都"受到感染,"赛珍珠说,"感觉教会的人反对他们的父母亲就是反对他们自己。"联系到赛珍珠在西弗吉尼亚的清教徒身世时,别人又在她父亲身上发现了让人受不了的地方:"他是一种精神,这种精神由他那份盲目的信念,纯粹的不宽容,对传教事业的热忱,对人类和大地的蔑视,对我们先祖赋予我们的天堂满怀的信心组成。"

在赛兆祥家里举行的一周一次的聚会很是热闹,教会全体人员都会碰头讨论对策,回顾进度,民主决策如何分配美国南部基督教长老会金融部提供的基金。大家为修葺、维护、建楼的费用,土地的价格和分配,以及要不要提高本地教会人士的工资而争论,本地教会人士每月微薄的工资只有八到十个墨西哥银元(大体上只相当于美国美元的一半)。加入教会、传播圣经故事的女士更少了,条款的详细记录中有"赛登斯特里克夫人这样传播圣经的女士"每个月五美元,尽管凯丽私下曾强烈抗议过(教会的妻子允许参加会议,不允许在会上发言)。

教会成员一致不同意赛兆祥所提出的无休止地扩展工作的建议,持续抗议他不断发展信教者的策略,这反映出他只重数量不重质量。他的同事谴责他不和他们一起经营美国捐赠者捐赠给他的基金;谴责他固执地坚持对中国同事的教育(按照传统观念,教当地人太多就是自找麻烦);谴责他断然拒绝了官方政策,即把现实中的传教领地在基督教教派间的竞争中进行分割,如同当年欧洲强权抓阄分配他们的土地一样。真正让他的同事们生气的,莫过于他未经批准就把《圣经》翻译成了普通大众能听懂的本地话("我们比中国人更了解他们需要什么。"刊登在《教务杂志》中的一篇权威文章记载,他要求传教士们坚持使用简单的、令人信服的讲道词、告诫语和谴责词)。赛兆祥对自己处在争论风暴的中心感到自豪。当被问到一开始担任教会高级职务时,他是否能够成功地调和两个长期不和的传教士,他有点自我嘲讽地说:

"在这方面我是成功了——他们联合起来开始和我斗！"在赛珍珠生命的最后时刻，她告诉一位密友，当她还是一个小女孩的时候，她父亲同别人的争论就让人感觉紧张，"在我的记忆里，周围好几个穿着朴素的传教士都很冷酷。"她这样描写每周一下午在她父母的客厅里召开的传教士例会：

> 每到礼拜天，每一个人都被教堂里的三件事折磨着——他们除了对宗教虔诚外，体力上疲惫，情感上压抑……数百个星期天，我这个困惑的小孩子坐在那里，看到大人的脸一个个地紧绷着，从这个脸上看到那个脸上……听他们机械般的声音一个接着一个……听他们讲话，我心里无助地想哭。对我来讲，他们总是反对他(赛兆祥)和凯丽，这些人长着棕色的皮肤，说着尖刻的话语，还有着令人痛苦的固执眼神。(赛兆祥)坐在那里从来不看他们，总是看着窗外，看峡谷那边的山脉，他的表情纯真而安详，声音平静而决然……"我觉得我有义务进一步向前推进，我很遗憾你们不同意，但我必须这样做。"

赛珍珠长大后才明白，她的父亲提前致力于研究中国方言，因为在他看来中国如果不进一步发展教育，实施地方自治，让更多的中国人参与政府管理，那么教堂在中国就不可能生存下去。在有关她父亲的简要、详略得当的传记《战斗的天使》里，最犀利、也是最有趣的段落就出自这段时期。那时赛珍珠亲身经历教堂政治，她用双重焦点看问题，一面是满怀完美主义的小孩，一面是满怀疑虑的大人，结果总是让人吃惊。小孩的偏见和大人的公正的结合，使赛珍珠精彩地记载了她的父亲和镇江一只眼的浸信会牧师的对抗。这个人在以前的三十年里一直对赛兆祥的传教地盘有争议，他总是暗地里对赛兆祥的地区的教民施加影响。问题是，和长老会教徒洗礼时撒的一点点圣水相比，全身洗礼的仪式对奉行实用主义的中国人更有吸引力，原因是"既然一点水就对灵魂有益，那么水越多就越好"。劝说善良的长老会教徒偷偷去洗礼，在赛兆祥看来是一种公然的宗教偷窃行为："我们安静地坐在那里就餐，(赛兆祥)以少有的流利的语速讲述他对其他教派的看法，尤其是关于浸泡圣水的愚蠢行为。"那个独眼的传教士后来成了赛珍珠孩提时惧怕的妖怪。

赛兆祥对女人的不信任表现在他不相信她们有灵魂,从来不把他全部的拯救热情放在拯救他的女儿们身上。赛珍珠的问题在于怎么引起他的注意,而不是怎么逃避它。孩子们要是犯错,譬如说撒谎,他会用鞭子抽他们,但他很少这样做,只有"当他深深克制的情绪一旦爆发的时候,他才会用鞭子"。格蕾丝很早学会了观察危险的信号,当赛兆祥的手颤抖,下巴上的胡子抽搐时就是很危险的。赛珍珠十一岁时,刚跨入青少年时期,开始叛逆,她当着父亲的面说她恨他。这些年来,当她逐渐意识到她父母间的紧张关系时,她总是毫不例外地向着她的母亲。她长大以后形成的观点既有说服力,又切中要害,好像在这字里行间难得的客观背后,仍藏着一个痛苦的、忍着不哭的小孩。"我见过或多或少有些官僚习气的传教士试图控制(赛兆祥)的时候,他几乎变得精神错乱。他们大声地骂他,威胁他如果继续不遵从教条就开除他,他们一次又一次说他是异教徒,甚至有一次说他精神不正常,因为他似乎对他们所说的话充耳不闻。他是……那么的坚持己见,那么固执……以至于我知道有些看起来像天使一般平静的人离开他之后咆哮,用头撞墙,以此表达他们无法控制的愤怒。"后来赛珍珠私下承认青春期刚开始的那段时间,就是1902年跟随家人返回中国的时候,她在家里非常不开心。

她的父亲有几年特别成功。中国被西方国家打败后,赛兆祥认同了教会团体其他成员的观点,即义和团运动后白人理所当然地处在优越的位置是上帝的旨意。一切让基督徒不安的关于中国人的事情都改变了——"他们的语言和他们的思想……几个世纪前就被鬼神崇拜污染了……他们的真理和教条……是扭曲的、错误的……古老宗教的残余……一个崇拜鬼的体系……未知的苦难的来源和灵魂及精神堕落的缘由。"一阵狂喜的情绪弥漫在传教士中,现在上帝终于给他们了一个暗示,他们是选民,"亚述,巴比伦,希腊,罗马……消失了,只有中国存活了下来。"诸多难掩喜悦之情的传教士中的一个在《教务杂志》中写道,上帝几千年来保存这个最后的伟大的落后帝国,它没有被基督化是在等待第二个千年的到来,那时它的国民或许已经成熟到可以采摘了。"上帝保佑中国没有完全沦陷。但事实上,中国已经在精神上完全垮掉了。"1900年义和团运动后,一波宗教复兴浪潮横扫中国北方,在盛大的聚会中歇斯底里的中国人承认自己"有罪"。他们惩罚自己,原谅他们的敌人,泪流满面地宣称义和团对外国人发动军事斗争时,也迫使中国教民背弃了上帝的信仰。"甚至连

最小的小孩都开始哭着要求得到宽恕。"他们写道。

赛兆祥赞成宗教信仰复兴者的策略（"很有希望，很振奋人心。"他用少有的幸福的语气说道），也身体力行，在春季和秋季的巡回布道上，他会再进行一些规模小一点的会议扩大游说。当他在用围墙设防的城市里或者集市城镇里拜访只有一间房的小教堂时，他会实施洗礼布道，这让他身体疲惫，精神恍惚。赛珍珠说当她还是小女孩的时候，在这些时刻，她说服自己相信能看到光芒从他父亲的体内散发出来。甚至到青少年时，她跟着他的父亲学拉丁文，"我从来不坐着给他背诵——不站起来是不可想象的——我并没有感觉到不只是有人在听。"一种超自然的力量笼罩着他。他已经接近了他给自己的人生订下的目标，他传教的急切心理让他像发烧一样地狂热。

赛兆祥从一群追随他的中国人中集中了几名年轻人，按照基督门徒那样调教他们，他们在父亲镇江的书房里接受神学和实际传道的训练。这个永久地刺激着赛兆祥的同行牧师的小班级创始于清江浦，先后运转了二十年，直到 1906 年才解散。因为那时候成立了南京神学院，这是赛兆祥另外一个培养中国福音传道者的计划，但遭到了他的同行们的激烈反对。在这群学生中有一个最虔诚的叫马逢伯，他在清江浦的时候就是赛兆祥的得意门生，在接下来的历次运动中他都一直待在赛兆祥的身边。这个穆斯林教徒来自北方，有着阿拉伯血统，当他加入基督教会的时候被他家人赶了出来，那时他才刚刚进入青春期，他和赛珍珠的父亲合作的时候，赛珍珠还没有出生呢。马逢伯和赛兆祥合作翻译《圣经》，陪他一起出去旅行，在他的小教堂里讲道，给他出谋划策，监督他的中国同行。他好像是赛兆祥的继子一样代替了赛兆祥真正的孩子们。赛兆祥自己的孩子要么不在身边，要么夭折了，马逢伯成了一个值得信赖的合作者、顾问、副主管，最后成为他精神上的小兄弟。这两个人都是高个子，黑皮肤，瘦骨嶙峋，眯缝着眼睛，鹰钩鼻。赛兆祥信仰加尔文主义，相信命定论，认定马逢伯是他的挚友和潜意识中的自我。赛珍珠说，闭着眼睛时你根本分不清楚是他们两个中的哪一个在布道或者祷告。赛珍珠曾经问马逢伯，当他还是一个小孩子的时候，是什么把他吸引到赛兆祥身边的。马逢伯回答说："他的心里有团火，我的心里也有一团火，他灵魂的火焰倾斜，点燃了我心中的火焰，我被征服了。"

1900 年夏，当义和团运动在镇江爆发的时候，马逢伯是赛兆祥唯一的朋友。他告诉赛珍珠："很多次我站在那里想我必须像大数的扫罗一样，见证一个殉道士的死

亡。"传教士经常被要求以圣保罗作为他们的学习榜样,但是赛兆祥以实际行动来体现"保罗的奉献精神""真实的进取精神""被不信教的人称之为'狂热'、'偏执'、'思想狭隘'的精神"这些是每个传教士从理论上应该努力效仿的品质。对于那些和他一样从孩提时就沉浸在《圣经》里的人来说,他们习惯于每天都留出几个小时来翻译和作注释,中国对他们的吸引力很大程度上在于它跟《旧约》里以色列表面上的相似性。发现从中国的亚伯拉罕时代(始祖)到现在为止一切都没有发生变化,赛兆祥不是唯一的人:麻风病患者和鬼神崇拜者,迷信的仪式,天人感应的巫术和对鬼的着迷,寺庙里充满了绘制的偶像,残忍地对待女性。尽管他很博学,或者恰恰是因为他的博学,他笃信基督教的基本教义,不管是身体上的复活或者神迹的出现。他感叹他所希望的只是一个暂时的停顿:"创造奇迹的能力是可能的,这种必要性是真实的,伟大的,也是显而易见的。看起来好像没有一个人曾经身体力行,我们不能解释清楚为什么能力没有发挥出来。"

据说,传教士们试图把 19 世纪的正统而狭隘的《圣经》教义,荒谬地强加给由儒家礼仪和儒释道的思想和谐地建构起来的中国古代文明。用赛珍珠的话说,"他们想把基督精神融入经过中国人长期体验而逐渐发展成熟的三种人类哲学中,这种哲学包容性很强,但是与天启福音毫无关系。"由武装部队和炮艇支撑的、好战的基督教精神推翻了根深蒂固的道德信仰体系、司法惯例和行政机构,这种行政机构支持极为简单化的道德规范,公然抨击中国除了最基础的教育之外,其他的说教都是"高明的花言巧语"。传教士认为中国人的忍耐是一种罪恶,赞扬"富于进取精神的福音传教工作"是一种不言自明的善行。1900 年,所有强加给中国的惩罚措施中——西方人可以在中国各地旅行、做生意、随意定居下来的自由,大量的赔偿,取消对传教士几乎所有的限制——其中让赛珍珠在后来的生活中非常沮丧的一条是坚持唯一的宗教,限制其他宗教。她半个世纪后写道:"所有这些厚颜无耻的行为让我的灵魂枯萎。"

如同当时以及后来大多数旁观者指出的那样,赛兆祥自己也承认唯一能使基督教会享有受人尊敬的地位的原因是,教会将注意力放在目不识丁的行李搬运工、售票员、仆人、农村的劳力等这些人身上。在儒家对道德行为的定义里是找不到罪恶、过失、赎罪等这些概念的,这使清教徒有关善报和恶报的教义变得毫无意义。那些没有认识到自己有原罪的人是不可能来忏悔的。稍微进行简单的数学运算就能直接反

映出这些南长老会的传教士们的困难程度,他们负责拯救苏北地区一千万异教徒的灵魂,合乎逻辑的方法是建立一个赎罪等价物的生产线,分给每个人两分钟时间就足够可以讲清楚他们的事情。赛兆祥自己也尝试把"所有救赎的程序"压缩成一个小布道,用他自己的话讲,"那些没有获得拯救的灵魂,或许他们会听到;一旦他们听懂了,他们就会承担起自己的责任。"赛珍珠小时候肯定听过她父亲无数次说教,她能依靠记忆背出那些准则:"上帝——神子——相信——不会毁灭——来世。他所有的信条就是这些。"

从赛兆祥在《战斗的天使》中坚持的观点来看,他发明的布道方法是有道理的、独创的和显然实用的。但对他的女儿来讲,长大后她"生气而愤怒地"从不同的角度来回顾这种方法,认为这种应急的解决办法和中国农民一点关系都没有,中国农民学到的都是靠反复记忆、死记硬背的教义。这些教义被呼吸着地狱之火的传教士们说得很有好处,但是信徒们从来没有见过好处是什么。跟信徒的问题相比,好像传教士们更关注自己的事情。"我听他们给那群急切想理解但又听不懂布道的、受苦受难的男男女女,不断重复他们死记硬背来的行话。" 赛珍珠的父亲去世后,她这样详尽地、非常公平地分析布道,这在整个美国引起了公愤,同时也永远切断了她和基督教长老会的关系。

在20世纪的前十年,所有的这些都还是未来的事情。赛珍珠从很小的时候就开始和父亲保持距离,对她父亲的布道感觉很担忧。"无论如何,我从梭罗那里学到了一些观念(很显然梭罗也是从孔夫子那里学来的),事君数,斯辱矣;朋友数,斯疏矣。"赛珍珠最初是通过孔先生知道孔夫子的,孔先生在1902年做了她的家庭教师。这对于她的父母亲来讲是个冒险获取知识的方法, 因为那时更多的传统传教士们将中国人对孔夫子的崇拜贬斥为偶像崇拜。或者是因为赛氏一家人认识到,中国已经在赛珍珠身上留下了不可磨灭的印记,或者他们觉得她应该学习书面的文言文,以对抗她跟朋友们和王妈之间所讲的生动的流行语, 或者她的父亲想帮助一个遇到困难的学者找到一份工作。因为孔先生是个逃难的人,德国士兵抢劫并砸毁了他的家,西方国家认为这是对北京义和团运动杀害在华外国人的非官方的反抗。不管是什么原因,孔先生在接下来的三年里每天下午都来教赛珍珠两个小时的书,"用他抑扬顿挫的北京官话"给她大声朗诵古代传统课文,比如孔子、孟子的文章和中国经典诗歌。

孔老师高高瘦瘦,非常庄重,非常威严,穿着长袍子,梳着一根黑亮的辫子。赛珍珠经常看到年长的中国学者消失在她父亲的书房中,这是他们中有人第一次有那么一丝注意到了她。她的老师看起来已经很年迈了,但事实上他才40多岁,他有判断力、友善、有自知之明、对人体贴入微,但事实上却是个危险分子。他经常给她讲解孔夫子的道德观和对当代的启示,也经常停下来,插入一些他们当时正在读的书的历史背景,简单明了地给他的小学生解释中国的过去、现在和未来的关系。他给她讲他那自豪而具有妒忌之心的国民掩饰在恭敬面孔之下的憎恶感和羞辱感,以及他们这种感觉的充分理由。孔先生是除了她母亲外唯一一个要赛珍珠无条件尊重他的老师。基于他比赛珍珠的父亲有更远大的博识和忍耐,他为赛珍珠打下了一个开明的、探索性的、不受教会管辖的教育基础。他让赛珍珠懂得了那些她见过却不懂的事物。他对事物的看法和教会的观点总是冲突,在他的教导下,赛珍珠所经历的动乱在她眼里发生了动摇和扩展。"我的头脑中有两个焦点,我早早就明白了在人的世界中没有绝对的真理。"

孔先生明白无误地在他们第一次的课上讲当前国家的休战只是暂时的。他引用《圣经》中的话,甚至连西方的专家都会吃惊:"他最喜欢引用的经文是'种下一恶,收到十倍的恶报'。如果有人作恶,那他会自食其果,他用他那温柔而庄严的语气经常提醒我,一个人种了蓟,他是不会收获无花果的。"他明白地警告赛珍珠,革命暴力还会再次发生,下次她和她的家人或许就不会活着离开了。这种震惊笼罩着赛珍珠,让她哭泣,如同当年在美国听到她的爷爷告诉她麦金利总统被刺杀时那样。后来赛珍珠试图找个方式把老师告诉她的转告给她的父母,最后还是放弃了,因为害怕他们反应过激或者产生误会。"当我在中国时,我就是中国人,我说中国话,像中国人那样举止,我跟他们有一样的思想和感情。我在美国时,我就把两个世界之间的门关上。"关门是赛珍珠生存下来付出的代价,但是成年后的大部分时间她都试图打开这扇门,并让它一直敞开着。

赛珍珠和她的伙伴们在山上玩中国人的"警察和强盗"的游戏,她经常会被抛弃,因为她的长相让人怀疑她不是个值得信赖的美国伙伴。现在她开始意识到美国人骨子里模糊不清的本性,她用新的眼光回顾"在西方历史上被如此奇怪地称为"义和团暴动的事件,指出本质上这是全国范围的抵抗运动,通过清除外国人来支持清政府的统治。清朝由贵族老妇人慈禧统治,她童话般的历史吸引着赛珍珠。她是中国版的灰姑娘,据说刚开始她是个身无分文的孤儿,在她叔叔家的厨房里做帮工的丫鬟,最后她被选中,成为皇帝的嫔妃,一步步向上爬,最后通过宫廷阴谋统治了整个中国,让小皇帝做傀儡,自己在龙椅后面垂帘听政,在中国近半个世纪拥有至高无上的特权。和她的玩伴一样,有一段时间赛珍珠相信自己也是这位"老祖宗"的后代。1900 年夏,慈禧太后试图将外国人赶出中国的举动给赛珍珠童年的心灵造成了伤害。但这个打了败仗的、奉行实用主义的女皇很快从逃亡中归来,恢复了她的镇静沉着,改变了她的政策,声势浩大地进入北京,急切地欢迎她一直以来强烈反对的西方现代化进程。

　　1904 年赛珍珠看到了英国投资的上海至镇江的铁路, 其中包括中国第一条铁路隧道。中国人民对此强烈反对,他们害怕任何形式的挖掘都会驱逐地下的亡灵,分散祖先的灵魂,激起等待在山下毁掉世界的神龙。大批迁移过来的劳工从城市、乡下一下子拥进镇江,有讨饭的、流亡的、逃荒的,他们在铁路的沿线上支起茅舍,在那里他们用手挖土,用斧子凿石头,用铁铲翻黏土。"后来工人都消失在地底下了,出来的时候面色苍白,浑身潮湿。一旦哪里有塌方,他们马上就惊慌地停止工作……很快工人开始从两头同时施工……人黑压压地站在隧道两边(他们从这里进入隧道),在那里一站就是几个钟头,一边观看一边说话。"赛珍珠和她的妈妈和妹妹坐在赛家的房顶上,目睹了第一辆火车具有纪念意义的到来。它喷着烟,吐着火,拉着鸣笛从隧道中穿出,它彻底改变了赛珍珠的父母亲曾经了解的变成通商口岸之前的镇江,那时候它还是个安静的乡村市集,店铺都聚集在唯一的一条主街道上。"西方世界开进来了,就像拥有钢铁武器一样,铁轨在太阳的照射下闪闪发光。"

　　赛珍珠小的时侯把慈禧太后理想化了,长大成人后认为自己也将成为像她那样能干的人。她收集了很多资料,最后开始创作《慈禧太后》这本半是传记、半是虚构的书。在一定程度上这是赛珍珠变换位置、重新聚焦的自画像。作为皇帝的正室嫔妃,慈禧太后在一个教师(在赛珍珠的书中很明显以孔老先生为原型)指导下学习历史、哲学和文学。她喜欢戏剧,它把过去想象中的或者真实的人物重新搬上舞台。赛珍珠研究过的历史和民间传说中有她那个时期渴求的大量的女主角形象, 她们漂亮聪

明、有权势，既像皇后，又像半神话性质的花木兰(中国的圣女贞德)。她穿上她父亲的盔甲，加入可汗的军队，为她的国家而战斗。花木兰那些年非常受观众们的喜爱，她一出场，那些吵闹的、议论纷纷的观众马上就安静下来了。"非常了不起的人物"的出现伴着长笛和鼓声，她骑着一匹看不见的马飞驰而来，伴着高声假唱，"冲上舞台……穿着古代战士的盔甲，然后就是人们的阵阵叫好声。"

赛珍珠是个戏迷，听戏的人里她是唯一的外国人，她要么蹲在寺庙院子里的角落里，要么打谷场的地上听戏。她直到现在仍爱读小说，那些故事她最早从家庭厨师那里听过。"我在十岁的时候就决定了将来要做个小说家。"她说，后来孔先生讽刺性的劝告打消了她对小说的兴趣，使她放弃了做小说家的梦想，"这些书毒害思想，尤其是女性的思想，"在《慈禧太后》里她借太后的老师之口说。"贞洁的女士对这些书提都不应该提。"但是赛珍珠总是抵挡不了这些古代故事的诱惑。镇江周围的乡村里到处都是这些故事。《白蛇传》中的女主人公被囚禁在金山寺的宝塔下面，她曾和自己的爱人居住在金山的一个洞穴中，这个故事很早就被刻在了石头上。《三国演义》是赛珍珠喜欢的另外一部小说，小说中的男主角刘备和吴国公主在甘露寺结为夫妻。这个寺庙在长江边上，就在镇江古城墙的外面。

赛珍珠从识字后就开始阅读英文小说。她自称七岁前就读完了她父母书架上的每一本书，只要是讲真事的她就看——普鲁塔克的《希腊罗马名人合传》，福克斯的《殉道者之书》——她还偷偷地翻阅她父亲的《世纪杂志》合定本中的小说部分。她读过查尔斯·狄更斯的作品，一整套的蓝布装的合订本，她读了一遍又一遍，要么是蜷在走廊的角落里，口袋里装了满袋的花生，要么是坐在榆树的树枝上，刚好能看见围墙外面的路："在熙熙攘攘的中国景象之外，我一个人安静地坐在那里，读我的小说，要么在哭泣，要么在做梦，我的心早在千里之外了，在那片我从来没有见过的土地上，和那些我从来不认识的人在一起。"她能在高高的架子上，那些扔得乱糟糟的书堆里，把她要读的书卷毫不费力地拿出来，甚至都不用检查她手里拿的那本书的名字。

凯丽一度很为她的女儿发愁，因为赛珍珠除了沉迷在书中之外什么都不会做。凯丽把书藏起来，但是没有什么可以阻止赛珍珠对狄更斯的喜爱。"他是我了解美国人民的唯一的机会，"她写道，"我去参加他的晚会，因为我没有什么晚会。"尽管她的父母不赞同她的行为，他们对于小说的看法和孔先生是一样的不屑，都认为读小说

是浪费时间，但她还是读她的莎士比亚、司各特、萨克雷和乔治·爱略特。她甚至读过马克·吐温的《汤姆·索亚历险记》和《哈克贝利·费恩历险记》，但后来就把它们搁在一边了，因为这些男孩子在密西西比河流上的探险和她自己知道的故事相同点太少了(狄更斯笔下的伦敦对她是一样陌生的)。这些小说都没有对赛珍珠造成太大的影响，没有哪个像狄更斯的作品那样让人沉醉。她对他的喜爱持续了十多年的时间，其中有一年她阅读了他写的所有的作品。或许正是这些广为流行的小说高超的技艺吸引了她。作为一位未来的作家，她对通过象征性意象和戏剧性事件来揭露深深地隐藏在人的清醒意识之外的想象的巨大力量很是迷恋，把作者的叙述贴在文字的表面时加上一些平淡无奇的多愁善感，这足以安慰并消除读者的疑虑。还坐在母亲的膝盖上时，梦中的纯洁和现实的污秽的分裂就教育了赛珍珠，而她在狄更斯的作品中又发现了这种分裂，它也成为她以后写给美国大众的故事中重要的内容。

读书的习惯使赛珍珠远离了她生活的世界，一个人躲在洞穴和角落里，在那里可以不被打扰地看书，这是那些年赛珍珠给自己构建的孤独的、内在的西方世界中的一部分，和中国人的群居生活大不相同。每天她都在孔先生指导下完成功课后就重新开始这种独居生活，傍晚的时候她跑下山到邻近的六家农家的任意一家的院子里和同伴们玩耍，在那里她是受欢迎的、大家熟悉的赛珍珠。中国的礼仪赛珍珠学得非常好，她是一个认真的听众，急切地想知道所有的故事，"有时候她提的问题很私密，这让每个人都很头疼。"她对谷物歉收、害虫防治、可怕的天气状况等都很感兴趣。干旱的时候她就和朋友的家人到田地里的纸神那儿朝拜，这些纸神住在泥土建造的神龛里，往外注视着人们的田地。当亚热带的雨水终于来临的时候，她就光着腿戴着防水的帽子(斗笠)在竹子间跳来跳去，这帽子是用折成扇状的竹子层编成的，伞样大小。

赛珍珠的古怪行为在外国人的团体中被议论纷纷，他们对赛珍珠无法无天的行为感到不知所措。在她这个年纪，大多数母亲都试图让由奶妈带大的孩子改掉不好的习惯和从厨房的仆人那里学来的口音。传教士的妻子们更容易批评她，如果她们知道赛珍珠和她的同龄人是如何率真自由地谈论性和宗教信仰问题的。农民的女儿们偷偷地问她，美国人是否也像他们的中国父母亲那样生孩子。为了能澄清这个问题，赛珍珠请教了她的母亲，她母亲回答说所有的孩子都是上帝创造的，"并且是以自己的形象创造的。"这对赛珍珠问题的解决没有什么帮助。而玛利亚和约瑟夫以及

他们的孩子的神秘情形让赛珍珠更加困惑了:"我听到中国的基督徒谈论过这个,他们对圣母玛利亚没有热情,也为约瑟夫感到遗憾。"

赛珍珠最亲密的知己是她的中国姐姐的女儿们。她的中国姐姐名叫彩云,或者贵云。赛珍珠叫她姐姐,彩云称呼赛兆祥夫妇为爸爸妈妈。凯丽本不想收养这个中国女孩,但是她的大女儿死了,正是那时候候赛兆祥选择马逢伯这样的一个男孩作为他的助手,于是凯丽收养了彩云。彩云从小在中国的礼仪下长大,在中国的寄宿学校接受教育,她在赛珍珠出生前就出嫁了,很快就连续生了六个女儿。"她们和我一起长大的,我们之间无所不谈,"赛珍珠说,她的年纪和彩云稍大的两个女儿相仿,"这六个中国姑娘是我童年记忆的中心。"这六个女孩的父亲是赛兆祥的一个中国助手常牧师的儿子,常牧师在教会里引起众人越来越多的担忧,因为他一直在公开场合宣称自己想要个孙子。每当彩云夫妇向大家公布说另外一个女儿将要降生时,人们总会聚在一起祈祷:"生第一个女儿的时候,他们非常高兴。第二个的时候,他们很平静;第三个时,很沉重;生第四个他们就慌了。"赛珍珠记得常牧师是个性格倔强的老头子,细细的花白的辫子,突出的山羊胡子。布道的时候,常牧师大声威胁说他再也不效忠基督教的上帝了,在他看来,这位上帝实在令人不可思议,一连给了他六个孙女。

彩云的故事很悲惨,在这个国家女孩子分文不值,婴儿时期就被人歧视。她们经常用数字当名字,她们的出生让她们的母亲和家人感觉丢脸至极,甚至在基督教会里也是如此。很久后赛珍珠把她家收养姐姐的经历写成了一本让孩子们着迷的书——《邻家的中国孩子》,六个小女孩都在黑辫子上扎个红头绳,她们把母亲生的第七个胖胖的、安静的男孩子当宝贝宠着。这个故事让尼赫鲁和甘地很高兴,他们一定也和作者一样对故事中反映的现实和童话般的结尾感到有趣。不孕、杀婴、司空见惯地从精神上和肉体上虐待女性都没什么,年轻的妻子失节后的自杀甚至远没有不能生儿子的罪过大。在赛珍珠的童年这是经常发生的事情,经常被谈论,这是社会公开的戏剧,什么都不可能长久隐瞒。她和她的妹妹永远都不会忘记他们的邻居付家有一个不会生孩子的媳妇,一天下午她们看到她接连一个多小时在骂她的丈夫,她的丈夫麻木地跟在他的水牛后面,在他们后门的溪谷里耕田,"她咆哮着,在地上滚来滚去,声音嘶哑,口水顺着嘴角流下来,头发贴在脸的两侧。"赛家的姐妹长大后见到成群结队的妇女们找凯丽吐露心事,或者在观音庙里跪在观音的脚下求子,赛珍

珠也把观音当作自己的守护神,在春天的时候采些野花作为祭品:"因为她,我小的时候晚上可以安静地睡觉。"

　　灾难和如何度过灾难是赛兆祥一家现实中学习的一部分。当天空阴沉,风呼啸而来的时候,赛氏一家人躲在上了锁的门窗后面,看着台风在风景如画的大地上狂卷,吹倒大树,推倒墙壁,撕去土屋的茅草屋顶,把砖建的平房夷为平地。每年秋天镇江都会发生霍乱,传播的速度惊人,后果很严重。有一年,王阿妈头天晚上出现了霍乱症状,如果不是凯丽冒着生命危险让王阿妈退烧,她或许就死了。当时凯丽把自己和王阿妈关在花园后面的石屋里度过了一个星期,在凯丽的身上有一股复仇般的勇气,因为霍乱已经夺去了她很多亲人的生命,现在又要让她再失去一位朋友。她和王阿妈是朋友,是伴侣,她们在一起度过了那么多年,她不让王阿妈留下她一个人。同一年秋天,赛兆祥去江苏北部的徐州参加传教士的年度会议,陪同他的是他的邻居,一个精力充沛的年轻人詹姆斯·贝尔,也就是那个和赛珍珠在走廊玩耍的红头发男孩的父亲。赛兆祥回来的时候是一个人,他生病了,还在发抖,霍乱几乎击垮了他。当初他们一到徐州,贝尔就被传染上霍乱死了。

　　凯丽每年都和孩子们到牯岭去躲霍乱。每到六月下旬稻秧移植到稻田里的时候,天气开始变得闷热、潮湿,疾病开始流行,他们就收拾好行李离开镇江。她们先沿长江西进到九江,再花一天穿过炎热的平原。在庐山的脚下她们每人乘坐一顶竹轿,每顶竹轿都由四个山里汉子用竹竿抬起来,经过三英里的攀爬后,登上盘旋在陡峭的山上的上千级石阶。

　　　山路在悬崖的石缝间盘绕,下面是峡谷,山上是飞流直下的河流和瀑布。山路越爬越高,有时候转弯很急,我们的椅子从悬崖上飞过,后面抬轿的人几乎看不到前面抬轿得人,他们弯着腰小心慢行。一旦失足,轿子就会冲下一千英尺下面的山石上和涡流中……在快到山顶的一个地方我们转了一个弯,然后就遇上了……山中的一股湿润的空气。直到这时才逐渐凉快下来,但现在又突然变了,抬轿的人高兴地开始嗨嗨地喊起来,跑着向上冲,椅子在他们中间荡来荡去。还是个孩子的我会忍不住地大笑……平原的空气一直是热的、沉闷的,从成千上万的人的肺里呼进呼出。但在这山顶

上,空气干净、新鲜、凉爽,呼吸的时候感觉就像在呼吸氧气一样。

赛氏一家的石筑别墅有两个房间,它坐落在一个山谷斜坡的空地上,一条小溪顺谷而下,旁边还有长着刺槐的小树林,以及竹子、枫树、杜松、开黄花的山茱萸、紫色的紫薇、散发着香甜气味的白色奥斯曼树。赛珍珠每天早上起来的第一件事情,就是穿过在房子旁边的树林,越过小溪,采摘蕨类植物,野铁线莲,装饰的草和百合——"高大的圣母百合,红色黑斑点的卷丹,要么是白色红斑点的"——这样她妈妈就可以装饰房间了。野餐,散步,做游戏,和一群传教士的孩子们在一起玩耍。年复一年,越来越多的房子出现在砖路边上,连着矮矮的石阶,遮蔽在森林的树阴下,到处都是水的滴答和飞流直下的声音。在凯丽看来,石头台阶和树林中突然的空旷更有了家一般的感觉,在这里向下可以看到参差不齐的悬崖峭壁上层层的云朵,要么是令人眩晕的水珠滴进小溪和下面的湖泊中。山里的空气,干净的水,薄薄的雾气,让赛珍珠想到了"云海",那是她长大的地方。两三个月后,一家人又坐在舢板上回家,长江的两岸已经长满了黄色的稻谷。

每当这个时候赛珍珠总是忘记孔先生的预感,然而他的警告被赛珍珠朋友的父亲再次提起:"孔先生说将会有战争,而且会有越来越多的战争。"但有时候她感觉到自己是家里唯一认识到她们的美好生活是短暂的却又潜藏着危险的人。"中国的太平景象像一层薄冰,冰下面是沸腾的河水。"慈禧太后在 1908 去世,享年七十四岁。很快英国皇后维多利亚,另一位伟大的女皇,也是慈禧在她人生最后几年结交的姐妹,也去世了。孔先生也死了,他在 1905 年的秋天感染霍乱,一天之内就去世了。赛珍珠参加了葬礼仪式,戴着白孝,和她的父亲一起向孔先生的棺材鞠了一个躬(她的母亲反复交代让他们两个不要参加随后的宴席,害怕受感染)。鞠躬是对她老师的致敬,也是感谢他曾给她打开的那扇丰富的、纷繁复杂的过去之门。孔老师失去了他所有的东西,他的生命也在这次标志着中国进入二十世纪中的浩劫中结束。如果他理解并接受像他那样的传统学者在中国的未来没有什么作用,或许会因为传承了孔夫子高尚的、核心理论的信念而多少有些满意,尽管这只是传给了一个认真、好学的外国小女孩。"直到那时候才实现了正义。"他沉重地对赛珍珠解释,为什么很多年后西方人住在中国将是不安全的。她把他所讲的话作为自己后半生的准则。

　　年纪大了,赛珍珠不能在山谷里乱跑了,没有王阿妈的陪同,根本就不允许她出去。赛珍珠十三岁就和她的中国同龄人分道扬镳了,那些同龄人的母亲为她们准备好了嫁妆。赛珍珠的母亲不断为赛珍珠和当地农民的亲密关系担心,她紧张地拯救她仅有的社会身份, 鼓励她, 建议她和那些侨居中国的白人团体里他们认识的女孩子交往。她们是做贸易的和商人的女儿,对她们来说,中国只是暂时的容身之所,她们所有人都沉浸在过去的生活中,渴望回到西方世界。这些女孩子除了听懂简单的汉语(比如关于饮食的),没有人想过要交中国朋友。赛珍珠遇到了气质甜蜜、非常传统的英国女孩艾格尼丝和另外三个来自美国的开朗、聪明、自信的朗登姐妹。朗登姐妹是赛珍珠遇到的第一批从美国来的青少年,她们对她也很着迷,尤其是姐姐玛丽,她后来有段时间成了赛珍珠最好的朋友。但对朗登姐妹来讲,赛珍珠还太小,听不懂她们之间的笑话,也听不懂她们最新的俚语,以及理解不了上海服装杂志上的最新潮的衣服和发式。赛珍珠对她们所在世界的了解来自 19 世纪的英文小说,来自每天早上和格蕾丝一起从妈妈那里学来的知识。赛氏姐妹开始学习在巴尔的摩的卡尔弗特学校提供的函授课程——历史,地理,《圣经》,作曲和数学——另外她们也学习绘画,音乐,健美操(必修的健身课程由凯丽带队在阳台上学习,但赛珍珠很讨厌这样。)

　　孔先生去世后,凯丽让她的女儿进入卫理公会教派为中国女孩开的学校学习,这是一所新的教会学校,但离赛珍珠的家距离有点远。白头发的美国校长罗宾逊小姐在赛珍珠看来严厉、刻板。她同意每周教赛珍珠三个上午,赛珍珠可以一边做学生,一边做兼职老师。这是一个非常令人不满的妥协。西方人总体上感觉中国教育是个灾难(尊敬的马丁教授这样写道:"在很大程度上(中国教育)是对婴儿精神的谋杀),因为他们学习些死记硬背的传统课文,这和现代科学原则是不相容的,在任何情况下读书都是男孩子专有的。教会学校在中国招收第一批女孩入校,通过给她们讲授西方教育的基础知识,为她们认识二十世纪打开了一扇窗子。赛珍珠的学校没有其他的白人女孩,尽管她穿着美国的裙子,给一群比她小的八个孩子上英语课,但她保留了自己的汉语名字,在课间休息的时候她回到自己的教室,在操场上和同伴们闲聊、嬉笑。她给她的好朋友取了个英语名字——多蒂·魏,苏伊·王——她们梦想

着将来做一名老师或者医生。

这个尝试只持续了一年,因为1906到1907年的冬天,不管是对赛珍珠还是她的姐妹都太危险了,她们不得不放弃。洪水过后,饥荒的规模是史无前例的,洪水让中国的北部一片废墟,接连数月大规模的人口迁徙,他们行动迟缓,给人带来威胁。不可阻挡的难民涌到了镇江和附近地区。大批的迁徙首先是从安徽和江苏北部开始的,从戈壁滩吹来的刺骨的寒风让灾民南移,多个省都已经没有人烟了。整个迁移的流民毁掉了他们路上遇到的一切东西,剥树皮,从山上挖野草。没有鸟、动物和小孩能活下来。他们带来了疾病、接触或者非接触性传染病、暴力,甚至还有吃人的传闻。这些消息的散布让人恐慌,同时难民的行为遭到当地人的强烈反抗。清政府的反应很迟缓,救济没有带来很积极的效果。西方临时的支援也是零零散散。镇江教会组织没有足够的医药设施和药品提供给病危的贫困病人。赛珍珠的父亲整个冬天都在江苏北部的赈灾委员会分发美国的救援物资,这个组织在镇江匆忙成立,因为成百万的人死于饥饿和疾病。

赛珍珠的母亲在镇江城里工作,看到没有足够的住所和施粥场非常痛苦,回来时惊骇极了。她吃不下,也睡不着,因为筋疲力尽,虚弱加上悲伤,她时常精神错乱。天黑后她还要继续工作,为了避免遭到抢劫,她穿着中国人的衣服。但是不管怎么着,难民还是发现了她,跟随她来到她的住处。成群的穿着破破烂烂的衣服的瘦骨嶙峋的难民拥挤到山上,敲打着赛家的大门。人们躺在那里,聚集在她家的墙外面,整个晚上他们都在哀求着凯丽的名字:"那个声音……几乎让她发疯……她再也不试图保护孩子们了;确实,她也保护不了。"她的孩子们也醒着,躺在那里听他们呻吟,哭泣,每天早上都有士兵把难民的尸体拖走。圣诞节那天,赛珍珠和她的母亲煮了"很大一桶饭,一碗一碗地从门缝里分发给难民,直到最后分完。"她后来认出了孩子和大人饥饿的样子和饥饿的不同程度。枯瘦的孕妇被他们没有出生的孩子在身体里面侵蚀掉了,婴儿凹陷的眼睛,皱缩的蓝色的牙龈"像没有牙齿的老太太的嘴一样",浮肿扭曲的肚子,瘦骨嶙峋,他们看起来脸色发青,"像晒了一两天的肝脏的颜色",后来颜色又淡下去,最后据说有人饿得开始吃尸体了。

那时赛珍珠试图清除嵌入她大脑的画面,像她妹妹说的那样,"甚至连废寝忘食的读书都不能让她彻底忘却。"失忆症是她唯一可以做的,可以抵抗让人不能忍受的噩梦。"她不能想那些苦难,所以她再一次进入书的世界。她以更加投入的方式读所有她能读到的东西。"那年春天,乡下万物复苏,赛珍珠重新返回了学校。到处可以看到妇女和孩子们,他们像冬眠过来的昆虫,就像赛珍珠很久后在《大地》里描述的那样,成群结队到坟地里寻找最早长出来的蒲公英的叶子和荠菜,"他们用碎罐片、尖利的石头、旧刀子挖野菜,挎着细小的竹篮,有的是芦苇编的篮子。"熬过冬天的北方人挣扎着返回到田里,因为插秧的时候到了。他们有种明显的解脱和恢复起来的感觉,在格蕾丝对这五个女孩子的回忆里——她自己、赛珍珠、玛丽、露丝、佛洛伦斯·朗登——夕阳中在赛家的走廊下欢快地交谈着,听"夏日常听到的声响……农民愉快的交谈,晚上小贩的叫卖,瞌睡的野鸽子'咕咕'的叫声和青蛙'呱呱'的叫声。"

赛珍珠从这次危机后进入了青春期,她的内心变得烦乱,沉默寡言,她把内心的烦乱发泄在和她母亲不断升级的争吵中。按照格蕾丝的说法,她们俩太像了,暴躁、固执、武断,让任何一方放弃正面的冲突都是不可能的。凯丽很担忧,也很理解她,因为她知道埃德加在这个年龄时也出现过这种反抗的迹象。学期末快到来之前,赛珍珠感到比以前更孤单了,她和朋友间的关系也出现了隔阂。多蒂·魏、苏伊·王和其他所有赛珍珠喜欢的女孩子一个个地放弃了她们要有独立职业的梦想,她们要么哭泣,要么面容麻木地在父母包办下和那些她们从来没见过的男人结了婚。玛丽·朗登被送回了美国的学校,再一次切断了赛珍珠和美国社会同龄人的联系,她们到了结婚年龄时,就被家人安排做了新娘。

夏天的时候,一对传教士夫妇从美国来到了这里,这让赛珍珠又兴奋又紧张。他们是查尔斯·汉考克和他年轻的妻子。他们寄宿在赛珍珠的家里,跟赛珍珠的父亲学习汉语。她说就是这对新婚的、还在蜜月期的汉考克夫妇让她第一次知道,婚姻远不只是规定妻子责任和丈夫需求时双方达成的实际妥协。凯丽压抑着反抗丈夫的念头,但是她的努力欺骗不了她那两个顺从的女儿,甚至年龄较小的格蕾丝。听着母亲房间摇椅明显的嘎吱声,和她母亲屏气说的那些意味深长的话语,两个女孩子知道了父母之间的紧张关系。"母亲非常生气,"有一次格蕾丝在这样的情况下写道,"不是为某个人生气,因为父亲不在家——只是对这件事情很生气。"当她们的父亲从漫长孤独的祈祷会议归来时,他坐在椅子上,两个瘦瘦的指头顶着头,他们都知道,也很害怕在他们父亲白色的额头上留下明显的红条印痕。"也只有他把自己关在书房

的时候,才能平静一会儿。"格蕾丝写道。

　　像他的父亲那样,赛兆祥为圣徒保罗辩护,经常直截了当地宣布"基督是教会的头领,所以男人是女人的头领。"凯丽比赛兆祥反应更快,胆子更大,思想上也比他更敏捷,她毫不含糊地否定保罗教义中的这些观点:忍受是女人必须承受的罪恶,禁止女性参加隶属她们的教会的聚会,如果参加的话,禁止她们在聚会上发言,否定她们的灵魂和思想等等。她教育她的女儿们的方式也让她丈夫困惑("他没有考虑过,要在女人身上寻找或者渴望精神的理解和知识上的交流")。那些年他们之间的摩擦是关于赛珍珠进一步接受教育的问题。1907年的夏天赛珍珠就十五岁了,她的母亲不想再重复自己在埃德加身上犯过的错误。把埃德加送走太早,但父母为此做的准备和支援又太少,埃德加浪费了进一步学习的机会,却在喝酒和女孩子身上花费时间,这让他的父母很震惊。婚姻使凯丽成了第一个女权主义者的先驱,"我必须说,"赛珍珠写道"没有什么能阻挡她把自己下一个孩子也送进大学"。问题是怎么支付这个费用,因为赛兆祥坚决反对把钱用在妻子和女儿身上。尽管他长时间不在家,凯丽赚到了他们将近一半的共同工资(已婚传教士有800美元,单身的有500美元)。他把钱存进了银行,拒绝给她属于她自己的那份。"他为了上帝的名义非常吝啬,"赛珍珠写道,"一切都要先考虑他为之奋斗一生的事业——他无情地、无意识地把自己对所有人的责任也奉献给了这份事业。"

　　那些年赛兆祥无视教堂的反对,一个章节连着一个章节,出版了中文版《圣经·新约全书》,而且使用家庭开支的钱支付了出版费用。他的女儿们都已经长大,能想象出他们父亲像无底洞一样的翻译事业吞掉了她们从来没有拥有过的玩具、书本和裙子。当她们长大后,赛珍珠痛苦地认识到她们的生活是"令人难以想象的吝啬、节俭,甚至是乞讨"。有一段时间,这让赛氏一家和其他传教士非常不同,如格蕾丝说的,"赛兆祥的《新约》像巨石一样挡在她们父母之间。"姐妹们很惧怕赛兆祥旅行的场景,他拒绝给苦力或者服务员小费,对他们愤怒的抱怨和凯丽的请求置之不理。赛珍珠讨厌自己漂亮的蕾丝边的内衣,它是善良穷苦女人手工制作的。她也不愿意和贫苦阶层的人一起出游,但她的家庭已经支付不起和其他白人在一起的头等舱的费用,"我们穿着中国衣服,外出时和中国穷人一起坐下等舱。"他们晚上挤在狭小肮脏的旅客铺位上,凯丽用石灰水洗液擦拭床铺。白天他们待在拥挤的客厅里,那里点个

油灯,一边有张给吸鸦片的人提供的卧榻,中间是张大赌桌:

> 对我来讲,那时也不懂,只是开始看、感觉、观察。我永远也不会忘记船
> 上的味道……浓烈污秽的香水味道飘起来,飘入每一条裂缝,连封闭的空
> 间都弥漫着……在桌子的中间是一堆银元,每个人都凑近它贪心地,带着
> 欲望盯着看……偶尔会有一只黑的瘦骨嶙峋的手把它一扫而光,接着就是
> 周围赌徒和看客发出来的奇怪的咆哮声。

赛兆祥一成不变的讲道,还有别人对她父亲最严厉的批评,让赛珍珠对自己新的角色很尴尬。她说为了避免她的父亲随时准备拯救她们的灵魂,她从不敢把中国朋友带回家。她已经很长时间不听她父亲的布道了,现在她看着他在船上仍然给那些被他缠住的吸毒者布道,他们听着他热心的劝告,厌倦地伸着懒腰。"他们不知道他说的罪恶是指什么,或者这位想拯救他们灵魂的人究竟是谁,或者他为什么要这样做。他们看着他,半听半睡,耷拉着头以各式各样奇怪的姿势睡在了甲板上,他们靠在那里就睡着了。"赛珍珠最后理解了她的父亲,体会到了他的用心。她平静幽默地描写他的窘况,但这时候她整个的未来都以她母亲的意愿为中心了,节俭是经常会用到的词语。

凯丽被迫节俭的一个目的,是为了赛珍珠能到牯岭新成立的美国学校读书,但这是一段赛珍珠不愿重复、以后也宁愿选择忘却的经历。她母亲后来嫌这里的师资很差,所以把她的女儿转到了上海的一所寄宿学校。这所学校由一对来自新英格兰、有清教徒背景的修女开办,叫朱厄尔女子学校,和传教士的公寓相邻,那里有一个老修女管理。和从来都是商人聚居区的繁荣的法租界不同,这所学校处在破烂的城区。赛珍珠描述了沉重的栅栏,糟糕的、灰白的砖式建筑,那个令人害怕的肥胖矮小的女校长,她的眼神很冷酷,无力地握手,都让赛珍珠想到《简·爱》,而不是狄更斯的作品。

1909 年的秋天,赛兆祥让他的女儿寄宿在了朱厄尔女子学校。赛珍珠那个时候苍白,消瘦,社会经验不成熟,但是学习努力,学到了并非适合她的年龄的知识。赛珍珠不和其他女孩子待在一起,因为她们对她知道很多孔夫子的学问感到吃惊,也因为她对她们鄙视中国人感到吃惊。她和老师们相处的倒还好些,老师们发现她很害羞、

宁静,有着几乎让人怀疑的聪明。"她说她读过路易斯·卡罗尔的《爱丽丝漫游奇境记》(今译《爱丽丝漫游仙境》),至少每年读一次,因为那本书的洞察力很强。"三十年后,她的一个老师告诉格蕾丝,周五文学俱乐部上她的大声朗读给同学们留下的印象很深("是那种章回体的小说")。她在《上海信使》上发表了一首很长的诗(赛珍珠经常在《信使》上发表文章,每月都能在儿童竞赛中获胜,所以她都把奖金当成每月固定的零花钱了)。那时,她对一个帅气、浪漫、敏感的大学男孩一见钟情。他是她同学的哥哥,他父亲是美国人,母亲是中国人,父母都去世了。这个聪明但不开心的男孩后来曾和赛珍珠探讨他分到的遗产(50年后,她把他的故事做了《北京来信》小说的素材)。

　　赛珍珠不习惯在监督下生活,也不习惯被严厉的规矩限制,更受不了学校到处充满了宗教狂热。玛莎·朱厄儿和她的小妹妹尤金尼娅属于圣灵降临派信徒和基督教基要主义者(强调直解《圣经》——译者注)。她们经常在学校的客厅里主持募捐活动和祈祷会。刚开始祷告时的速度还正常,后来就变成莫名其妙的话,老师学生都开始"胡言乱语",为圣灵悲啼哭泣,忏悔难以形容的罪恶。他们要求赛珍珠也加入其中,但赛珍珠瞪大了眼睛,试图逃开这一切。"我习惯宗教生活,但不是这种黑暗的形式,这种卑下的感情、混乱的生活,以及这种我理解不了的、在某种程度上令人憎恶的自我放任。"当学校认识到赛珍珠永远不会和其他人一样做事时,就开始视她为异类。朱厄儿小姐说她是个异教徒,她被其他同学们排斥,包括她的室友露丝和弗洛伦斯·朗登,玛丽的小妹妹。本来是想让赛珍珠学会和她同年龄段的女孩子相处的,现在她却一个人("怕我带坏其他人")被排挤到了阁楼的一个小房间里。

　　后来回忆这段经历时,赛珍珠认识到朱厄儿小姐虔诚的、意志刚强的理想主义被破坏了,余下的只有对权力和操纵的不可毁灭的欲望。"她在表达……她的性本能冲动。"在她发表在《教务杂志》的第一篇文章里,赛珍珠这样描写她的老师,"如果她听到自己被说成这样,她肯定会吓一跳。"作为赛珍珠的重塑宗教信仰计划,朱厄儿小姐带她参加宗教复兴会议,并在慈善机构办的妓女教养所"希望之门"帮忙。"这把我吓坏了",赛珍珠说。在"希望之门"她教这些妓女们针织和缝纫,一个星期去一次。那是一个为了改造做过妓女和奴隶的人的避难所。赛珍珠是那里唯一的白人志愿者,她可以直接和那里的女孩子交流。她听到了最残暴的描述,肉体和精神上的虐待、暴力、饥饿、强奸等等暴行,发生在这些被赶出来或被家里卖出来强迫劳动的女孩子身上。她们要么在妓院工作,要么是在恐怖的女主人家做家务,当家庭奴隶,后来被主人赐给他的儿子,儿子再把他们赐给他的男性奴仆。赛珍珠白天听她们的故事,晚上就梦到她们。仍然被饥荒的经历缠绕着的赛珍珠那时候年纪还太小,她这么快地看到了上海性交易组织悲惨的剥削。朱厄儿的学校学费便宜(学费勉强够日常开销),但赛珍珠付出了沉重的代价。两个学期后赛珍珠被开除了,很快凯丽知道了发生的事情。

赛珍珠正式的学校学习到此是一系列灾难性的试验,傍晚的时候,从她父母的卧室里再次传出低低的争吵声和偶尔哭泣的声音。坚持让赛珍珠上大学,是凯丽做出的少数几个最终取得胜利的斗争。卫斯理女子学院是美国人办的机构,收费贵得吓人,所以她们最后还是选择了弗吉尼亚州林奇堡的伦道夫—梅肯女子学院,他们的学费只有卫斯理女子学院的一半,这让赛兆祥很开心,课程也让凯丽满意。"我母亲觉得还行,因为这里的教育几乎是一个男人要接受的教育。"从学术角度看这就是美国南方女孩子能上的最好的大学。凯丽在一系列关着门的对抗后获胜,她宣布赛珍珠将会有一身新裙子,放假时家里其他成员会陪她回一趟弗吉尼亚州的老家。

直到行李打包完,家庭战争还在间歇性地进行着。凯丽说这次旅行是一次自理生活的演练课程。这期间她和赛珍珠装了满满一箱子的关于欧洲的书,同时也选出来最好的有实际用途的书。赛兆祥对这些事一概不管。"从上次回家后,没有什么特别重要的或者有趣的事。"他在他简短的回忆录里很不满意这段日子。他的行李里有新出版的一整套北京官话《新约》修订版。他们六月初动身,向北经过东北的哈尔滨,接下来的十天他们乘火车横穿西伯利亚到了俄国。全家人在莫斯科停留了一天,在这里赛珍珠不开心地看到了她以前看到过的贫穷和堕落。他们继续穿过华沙和柏林,在瑞士纽沙特尔待了一个月,这样赛兆祥就可以自己参观加尔文教神殿了,赛珍珠也可以练习她的法语。他们在巴黎待了一天(在这里,格蕾丝说,她父亲厌恶那个裸体的雕像,拒绝看它),在英国的中国内地传教会待了一个星期。

旅行的最后一段路程是从南安普顿到纽约。赛珍珠在船上思索着她即将踏入的世界和那个她离开的旧世界。她在镇江看到的一切,那些试图忘却的景象在几十年后又在她的书中重现了。她在内心默默地记着那些没有血色的码头工人受到白人的不公正待遇时"严肃的、痛苦的面容",拉黄包车老人的痛苦的表情:"休息时他们的

脸扭曲得好像在生气,但它又不仅仅是生气。这是常年沉重的负荷让他们抬起他们的上嘴唇,露出牙齿,像在咆哮一样。"她亲眼见过那些停泊在长江岸边的各式各样的舢板上做苦力的人,每天除了恶臭,还要面对危险。她忘不了小时候看过的那些靠跑船维生的苦力,在上海外滩装卸货物的情形:"夏天、冬天他们都在流汗……他们的大腿和膝盖在沉重的负荷下哆嗦。他们的眼睛凸出来……嘴里呼出单调的咕哝声,一个跟着一个,喊着号子来减轻他们无法忍受的重量。"

赛珍珠对不可避免的起义的预感得到了验证,在他们横渡大西洋时,她和她父亲极少的但让人吃惊的交谈中证实了她的预感。赛兆祥预言十年内俄国就会爆发革命("这在经文中清楚地预言过"),俄国的革命将会吞没亚洲的白人,包括美国人。赛珍珠反驳她的父亲,但是赛兆祥说:"中国人不欠我们什么。我们必须记住传教士是在没有接受邀请的情况去了中国,只是出于我们自己的责任……我们做了我们所能做的最好的,这是我们的责任,但是即便如此,他们依然不欠我们任何东西。如果我们的国家不肯让步,我们必须保持沉默,当别人这样做的时候,我们也会从不公平条约中获益。即使最终清算的日子到来,我认为我们也没必要逃离此地。"

他们乘火车直接到了林奇堡,在那里和埃德加待在一起。埃德加他现在已经是镇上一家报纸的主编,结婚并生了一个女儿,只是凯丽还没有见过这个孙女。赛珍珠刚刚十八岁。"我在1910年的9月进入了美国,那时候我已经有了清醒的头脑和与年龄不相称的成熟。"

第三章

灵魂与肉体

在伦道夫—梅肯女子学院，赛珍珠遇到了一群和以前不同的人。她的同学们聪明、自信、积极、能干，大都来自美国南方。她们从小打理家务，而南方结构单一、等级森严的社会起初都是由她们这些多年从事农场经营、拥有土地的家庭组成的。这是和以前大不相同的群体，她们具有强烈的个人本位性格，不同于定居时间较短的、像赛珍珠的家人一样的西弗吉尼亚州群山中的居民。赛珍珠的母亲经常帮助中国的清江浦和镇江的妇女们，西弗吉尼亚州波卡洪塔斯县和格林布莱尔县的邻里关系也非常和谐。赛珍珠第一次在伦道夫—梅肯女子学院见识了礼貌的行为和优雅的举止，当时她一点思想准备都没有，她甚至连丢东西的手势都带有典型的世俗风格，赛兆祥看到这些一定会很生气。"他从来都不会为了别人的便利而使自己陷入麻烦中，"赛珍珠在《战斗的天使》里写道，"没有人见过他为女士捡手帕……或者给女士让座。"

赛珍珠所有的一切都带着外来者的特有的敏感。在这群女孩子中她的衣着打扮很另类，感觉也不对劲。这些女孩子嗓音清脆，胸部丰满，穿着收腰、低胸、蓬松的连衫裙，再加上束身内衣，更显出了臀部的线条。她们的发型在假发和衬垫的帮助下向外蓬松着。赛珍珠的裙子很普通，高衣领、长袖，用中国的亚麻和丝线手织而成，是镇江一个裁缝按照过时的美国杂志上的设计做的。她的上装看不出是什么式样(中国女人穿宽大的衣服来遮盖而不是为了显露身材),她的裙子长度也不合适。她的皮鞋是在镇江专门定做的,在镇江人们大都穿布鞋。她的头发要么辫起来,要么在耳朵后盘成圆髻状。"她知道,和别人的卷发、粉扑、褶皱边的衣服相比,她肯定看起来很老土。"她亲爱的妹妹格蕾丝写道。五十年后,赛珍珠痛苦地回忆说:"女孩子成群结队地赶过来看我"。她在中国的半辈子都被看成怪人,但是让她忍受不了她的美国同龄人对她也同样地残忍。她们的态度更让她决定反抗这种现实。在赛珍珠的书里,一个南方美女的标准应该是性感、傲慢,美得让人无法抵抗,如同她的《愤怒的妻子》中的露辛达·德兰尼。露辛达是一个思想狭隘、心肠冷酷、任性自私的泼妇。如果说伦道夫—梅肯女子学院的女孩子在某些方面比赛珍珠经验丰富,但在别的方面她们就很幼稚。他们习惯接受铃声调控的时间表,按照规定作息,很少沉溺于什么坏事,最多也只是熄灯后在走廊里搞些例行的恶作剧或者玩闹一番,或者偶尔不按规定的作息行事。除了圣诞节和复活节,学校禁止学生抽烟喝酒,禁止在健身房跳舞。女孩子们很少离开学校,尽管男孩子可以来访,但他们只能在密切监督的情况下会面,还要交一张事先审查的社会证明。他们以组织俱乐部为乐,"打架"(她们相互揪掉对方的头发,地上到处散落着带别针的假发),野餐,露天话剧,聚会,还有很多竞争激烈的同性模拟爱抚和求婚仪式。没有人鼓励她们进行大量的阅读和扩展学识。大部分学生除了她们仅有的那点经历外什么都不知道,他们对外部世界的兴趣也是受到严格限制的。赛珍珠到伦道夫—梅肯女子学院的时候,这个学院才开办了十年(美国最早的女子学院至少有一个世纪)。它的创建者想设计一个安静的避难所和学习的场所,一个漂亮宽敞的环境。校园是意大利风格的砖式建筑,下雨时这些建筑就被一片红色的泥泞包围着,从城镇的小山顶上看这个学院,没有什么植被,光秃秃的。赛珍珠觉得这里的课程很容易,没有感觉到太大的压力。("没有什么我能帮助她的,"一位英语教授多年后告诉格蕾丝,"因为我要教的,她早已经知道了")。赛珍珠的专业是哲学和心理学,她整天都泡在图书馆里——"我读了非常多的书,什么都读,我渴望这样读书"——她从来不在运动场上浪费时间。按照赛珍珠自己的说法,她获得的知识大部分是从其他的女孩子那里学来的。

这个学院之前有一个中国学生(她不说北京官话,赛珍珠听不懂她的方言),她的同班同学对这位中国学生的反应都是有距离的礼貌。赛珍珠计划要创造一个全新的自我,她做到了,非常成功:"表面上我已成为一个美国人了……在我大一结束的

时候,我和班级中其他像我这个年龄的女孩子已经没有区别了。"她的第一步是舍弃她母亲花了很多钱、费了很大劲才给她准备的衣服。她亲手给自己缝制一套新行头,那是大学期间的第一个假期,她在她哥哥家使用她嫂子的缝纫机做了新衣服。另外一件让她以伦道夫—梅肯女子学院为荣的事情是,学生每年都请求学校开设家政学的课程,教学人员坚决反对他们的这个要求("理论上讲,我想这是完全正确的,任何一名受过教育的女性都应该能够阅读食谱或者模仿裙子的款式")。赛珍珠整套衣服搭配得很好,她也尽了最大的努力——一个时髦的小帽子,上面带着修剪过的野鸡毛——校园里的每个学生都很渴望这样的帽子,想借来戴一戴。她学会了说合适的俚语和"弗吉尼亚人慢吞吞的拉长调子的说话方式。"她甚至远比其他同学会搞恶作剧,在假面舞会上,她在假的渔网里填上真的臭鱼打败了对手。

赛珍珠在大学三年级的时候被邀请参加"爱美讯"(AMSAM)——学校最悠久的、最有声望的秘密社团,任何时候这个组织都不超过十二个人。在大学二年级的时候,赛珍珠是班里的会计,三年级的时候担任班长。她轻车熟路地为学院杂志写些巧思妙想的故事,她也是学校"德耳塔·卡帕"姐妹会的成员。1913年,她被选中作为两个学生代表之一,去参加基督教女青年会在布林摩尔学院的会议(这个时候她感觉自己可以不必因为买紧身内衣而向别人借钱了——这种衣服在中国被认为是有伤风化的——还有一个原因是她想在北方人的聚会上穿上它,以此来维护南方的荣誉)。大学四年级时,她获得了最佳故事奖和最佳诗歌奖,但也因为这些奖项使她失去了发泄内心愤怒的机会。对于轻蔑和回绝,赛珍珠非常敏感,她低估了她一生的成功对别人的影响。在最后一年她或许会被选为学生会主席,如果她说没有那么坦率地回复别人。有人问她,谁会在选举中获胜,她回答说"我想我会做主席的"。这是她唯一一次错误的举动,让她失去了那份工作。

赛珍珠总是说出事实,她发现她的同龄人自私、心胸狭窄,她们反击说对她生活过的那个世界没有好奇心,这伤害了她。这是她第一次了解到传统的美国人是如何看中国的,在他们眼里中国到处是肮脏的乞丐,还有长着细长的眼睛和黄皮肤的阴险的恶棍。没有人问过她,她也从来没提过自己的经历、焦虑和担忧。唯一了解她的人是哥哥埃德加,他是一个友善、幽默、说话慢吞吞的人,他貌似直率的行为掩盖了他细致分析的能力和独特的智慧。埃德加已经长成一个帅气的大男人了,和赛珍珠一样有着宽阔的前额、宽大的嘴巴和高大的身材。在她大学期间,兄妹之间的联系很紧密。赛珍珠大部分时间是在哥哥家度过的,她逐渐了解了他,和他的孩子一块玩耍(一个男婴,他出生的时候赛珍珠在林奇堡)。他们一起坐在走廊里,花几个小时聊天,她认识到她和哥哥多么相像,埃德加曾和他们的母亲多么亲密。

她使他吐露了尘封在心底的经历。她或许比任何一个人都清楚,三个弟弟妹妹相继夭折时,极大的恐惧积压在一个小男孩心里所造成的影响。他没有向赛珍珠讲过母亲的忧伤以及把他尽快打发走的决定,为的是能有一个孩子健康的活下来。赛珍珠理解埃德加心中被抛弃的感觉,而埃德加也非常了解妹妹为了在这个新奇有时也是不可理喻的环境里立身而极力挣扎。和哥哥在一起,赛珍珠没有必要掩盖她的震惊和羞愧。当她从凯丽那里发现他们的父亲为了能挤出赛珍珠大学的学费而写信给慈善赞助者时,她最直接的回应是给自己找到一份兼职的辅导工作,但是她从来没有做出过跟她的美国同龄人不一样的背叛:"她们中间没有一个人知道,和一个事业、一份工作、一种教义相比,其他东西都是无足轻重的。"只有埃德加体会到了这份失落所带来的特别的苦楚。["因为(赛兆祥),孩子们被剥夺了他们从来没有过的东西,他不能给予他们东西,因为他把一切都奉献给了上帝"]。像他的妹妹那样,埃德加在形成道德平衡和人生信念上受他母亲的影响, 用格蕾丝的话说,"母亲是在和那个她权衡过一生的真正意义的人作对"。有赛珍珠的陪伴埃德加很放松,她也很喜欢哥哥的平和仪态以及他讲的幽默风趣的笑话。"赛珍珠懂得埃德加身上连他自己都不懂的东西,"格蕾丝写道,"他有母亲般的温柔和善解人意,如同父亲般的细心、勤奋。"

埃德加在一个缓慢的、不确定的开端后认识到在医学和社会统计学这个相当新的领域里,一个新闻工作者的发展潜力。他结婚的时候还非常小,他的父母当时坚决反对,认为他的妻子跟他是不合适的一对,现在这个婚姻开始解体了。正是赛珍珠把他从自己的轻率造成的痛苦中解救了出来。因为他的缘故,赛珍珠放弃了大学时期她为之努力了很久的荣誉和快乐,放弃了做《闲谈》杂志学生编辑的机会,离开了校园,搬进了埃德加的家陪伴她的嫂子,而她的哥哥去了华盛顿,在那里找了一份新工作。赛珍珠后来就后悔了自己的决定,她说在大学的那些年,因她哥哥婚姻的不幸和生活中的摩擦而过得阴暗沉沉。当然她也对她这个中间人的角色深感不安。当埃德加决定离婚是他唯一的选择时,他让赛珍珠在父母那里为他辩护。父母为此很吃惊,埃德加不得不放弃离婚的念头。接下来将近二十年里,他一个人生活,远离妻子,在父母去世后他才离了婚。埃德加去世后,赛珍珠在出版的两部小说里探讨了他的困境(和她自己在其中的角色)。《正午时分》里的女主人公哥哥的经历大体和埃德加是一样的,早年错误的婚姻造成了可怕的后果。在《结婚写照》里,聪明、有抱负、社会经验丰富的男主人公和一个未受教育的农民的女儿结婚,走的是相反的路线,婚姻让人难以置信地成功。后来这段婚姻让丈夫作为艺术家的梦想破灭了,半个多世纪他在职业上受阻,生活上困顿不堪。

赛珍珠从林奇堡那种压抑的环境中挣脱出来,和斯塔尔汀一家人在希尔斯伯罗市度过了一个暑假。她也去探望了她父亲的家人,拜访了他父亲的两个姐姐,对他们六个兄弟得出客观、尖锐的结论:"那时候他们大都头发花白了,个子很高,容易生气,没有一个低于六英尺,都是蓝眼睛、木讷、思想狭隘。他们之间的争吵还是像过去那样热烈。"她自己一个人在波卡洪塔斯县和格林布莱尔县度过的漫长孤单的夏季里,赛珍珠对他父亲的孤单、愤怒的心情略知一二。现在她的爷爷去世了,她更感觉自己是这个世界上不合时宜的人,就像她的父母亲有过的感觉。赛珍珠不是太喜欢她的那些堂姐妹,因为她们看不起赛珍珠的家人逃离故乡的行为,她也很不习惯他们散播流言的行为以及拜访和回访等琐事。她也在考虑自己的出路,"我假装自己喜欢每一个人,我知道这是不可能的,不管我多么努力地尝试。"

同样的问题存在于她和她大学朋友之间。唯一和赛珍珠关系亲密持久的是一个叫埃玛·埃德蒙兹的女孩子。她在第一天对什么都还不熟悉时,就已经把赛珍珠当做了朋友。埃玛是个坚强、实际、聪明机灵的人,她来自一个庞大的家庭,家里条件不好,但那里是赛珍珠唯一会受到真挚邀请和热情欢迎的地方。大学的那几年,赛珍珠向埃玛吐露自己的秘密,在接下来的五十年里,她们继续保持着邮件联系("我所知道的事情都可以完全告诉你,因为我信任你,"赛珍珠在她早年的信里写道,"我需要你,埃玛,我珍惜和你的友谊")。赛珍珠在学校里很受欢迎,其他女孩子很羡慕她,但她的超然离群又让人不敢和她亲近。她把这个原因归结为她的个人背景("亚洲女人不爱出风头……这深深地影响了我各方面的生活"),她也把这种独处作为惩罚自己的一部分,因为她这么快又重做了美国人。

为了缓解年轻人在性格形成期身体上和精神上受到的显著的压力,她会一次次地回到她的书里面。这些年轻人被文化冲突所折磨,试图在内心对美国和亚洲之间做出选择。"分别在即……的打击……她知道现在她已经不是小孩子,而是一个大人了,内心深厚的感情纽带被打破,不仅和她的朋友们分离,还和曾经熟悉的风景分离,遵守……那种背景是必要的。那种背景曾经属于她,但是现在她对此已经很陌生了,然而它在她内心形成了约束,已经内化到她的身体中。"在她大学四年级的时候,赛珍珠抱怨自己变胖了(这是内心焦躁不安表现出来的信号),就在身体上离开了学校。后来当赛珍珠回想起这四年在伦道夫—梅肯女子学院的寂寞和孤独时,因为健忘症的缘故,大部分细节她都忘记了,这让她的整个自传留给人的感觉是欲言又止。"很惭愧,大学生活我能记得的很少,"她写道,"大学四年级时,我能记得起的是开心的回忆,这些往事让我成长……总的看来,我在大学学到的东西太少了。"

1914 年 6 月埃德加参加了赛珍珠的毕业典礼,同去的还有他们的表妹尤金尼娅。尤金尼娅是凯丽的姐姐内蒂的女儿,在里士满学音乐。赛珍珠这时候还不想离开美国。老师希望她待在心理学院做他的助理研究员。理论上,在这个大学里,这是份能拿到奖学金的工作,接着就可以从事学术和应用心理学家的职业,这跟在教会工作相比是个很不错的选择。美国拥有无限的发展空间和开放的未来,让她内心无所顾忌,但是又给她一种无根的漂泊感。1911 年的秋天,在她的父母返回中国后,中国发生了革命,正如父亲已清楚地预言过的,赛珍珠童年时期的中国所处的封建帝国时代已经结束。经历过革命(辛亥革命——译者注)的赛氏一家显得非常沉着,他们不听从外交方面的劝告,不跟随其他外国团体撤退。相反,他们支持这些由性质不同的武装势力联合起来的革命力量。革命军最终推翻了腐朽、无能的清政府,结束了持续两百多年的清王朝统治。赛珍珠的母亲说,那年冬天,当革命军涌进了曾经作为皇帝行宫之地的南京城时,她躺在床上可以听到遥远的炮火声。另一个晚上,她听到在山上有步枪射击声,就在他们房子的后面。那些人蹲在墙外的竹林里,她们是政府官员的妻子和女儿,从她们精致的发式、未裹的双足和宫廷服装可以看出,她们是被新成立的共和政权的士兵追击而逃走的满族人。没有干涉力量的凯丽和十二岁的格蕾丝待在房间里,直到第二天才知道外面所发生的事情,"她永远忘不了那些可怜的小姐们,从小娇生惯养,前拥后簇,现在却像鹿一样遭受追杀。她们的尸体躺在竹子丛里,绸缎袍子上血迹斑斑。"

赛珍珠不愿意把这些消息告诉她的大学同学,尽管她们非常想知道,她知道她也解释不清革命的根本原因,似乎从一开始革命的根本原因在表面上也要比在事实上更容易让人理解。民众不能再磕头或者留长辫子,女孩子裹脚也被禁止了。赛兆祥走在大街上,又有革命分子朝他扔石头,他宽厚地原谅了他们的革命热情。"这是年轻人的革命,(他)总是被年轻人吸引。他以他们每一步的行动为荣——甚至是他们新颁布的强迫剪掉辫子的无情的法律。(赛兆祥)喜欢无情。一件事要么对,要么错;如果对,那么就要做下去。"因为到处都是动荡,他给那些不能离开上海的传教士成立了一个语言学习班,自己也更加努力地投入工作。他乘坐新租的舢板巡逻他负责的广大教区,继续无视那些年轻同事们,他们反抗的决心越来越坚定,试图限制他进一步扩展的计划。为了建新教会男子学校的宿舍,赛家的小平房被拆掉了。赛兆祥自己设计新房子,他自己非常满意,因为省去了所有不必要的麻烦,包括他妻子提议的为了便利和体面而进行的简单装修。这位女士绝望地写信告诉她的女儿,她的花园被毁掉了,却又不能建一个新的花园。格蕾丝离开了家,在上海一个美国新学校读书。王阿妈去世以后,凯丽感觉比以前更孤单了。这些不同寻常的消息里充满了消极和哀怨,让赛珍珠很担心("一颗焦虑的种子落地了,"格蕾丝写道,"从此扎下了备受折磨的根")。1914 年夏天,赛珍珠收到凯丽病重的消息,她说服对外传教委员会在中国给她找一份教师的工作,却又因八月份欧洲爆发战争而不得不耽误下来。于是,她便开始在伦道夫—梅肯女子学院的心理系工作,后来接到她父亲第二封信,说她母亲的身体状况突然恶化,她不得不又停下这份工作,在 9 月份坐船去了上海。

赛珍珠起初打算只做短暂的停留,等到她母亲身体康复后就回美国,但在船上她就意识到,从内心来讲她这次真的回家了:"我开始重新用汉语思考。"这次旅程和四年前相比在某些方面很让人吃惊。在弗吉尼亚州,赛珍珠亲身体会了她的中国同辈人所遭受的怀疑、愤怒和羞愧等复杂的感觉,他们第一次认识到中国在美国人的眼里是不可救药的落后和无知。现在赛珍珠第一次以一个西方成年人的眼光看中国,而1914 年的这次回归造成的精神移位是影响她成为作家的关键因素之一。她在自己的散文、短篇故事、长篇小说中反复地探讨过她对中国的认识,特别是在《大地》三部曲的第三部《分家》中有过生动的描述:和赛珍珠一样,农民王龙的孙子像赛珍珠一样从上海乘火车回家。他发现他在美国的那些年很多他曾经很熟悉的景象和声音都不见

了——包括肮脏、拥挤的火车包厢,乘客打嗝、挠痒,地板上粘着唾沫和尿液,服务员肮脏的手递过来的趴着苍蝇的食物——完全是狄更斯书中的下层社会在中国的翻版。1911年革命后,全中国的一代人都慢慢地苏醒过来,到处回响着王源情不自禁的呼声:"我为什么以前从来没有看到过这些?我什么都没看到,直到现在!"

赛珍珠在她的人生当中第一次能够客观公正地看待她的父母,这是她在美国获得的本领。赛兆祥到上海接赛珍珠回家的时候没有认出他的女儿。船靠岸时,他只是含糊地回答了一些她急切想知道的有关她母亲身体状况的问题。赛珍珠认识到宗教总是把她的父亲和其他人彻底分开,现在母亲的健康这个最棘手的问题,对他来说都是离得很远的事情。"一直以来在我母亲身上发生了很多事,但我的父亲对什么事情都无动于衷,或者说任何称得上是变化的事情都没有影响到他,"当时也去车站迎接赛珍珠的格蕾丝写道,"没有什么……能打破他内心一如既往的安全感。"凯丽虚弱得已不能再长途跋涉了,她和她的中国女儿,还有一帮朋友等在镇江的火车站。她的身体是如此虚弱、萎缩,这次轮到赛珍珠差点没认出她的母亲。

让凯丽这么快老下去的疾病是口炎性腹泻,一种热带的贫血症,症状是口腔黏膜、咽喉、内脏发炎,病人吞咽和消化食物都很困难。赛珍珠用尽一切可行的办法来对付威胁母亲身体的病魔。当时还没有什么好的药物治疗,但她咨询了几个新近为凯丽看病的医生,尝试给凯丽按摩、洗澡,相继为她制作香蕉饭、牛奶餐、米饭、稀粥、新鲜水果、煮得半熟的鸡蛋、肝脏、菠菜汁等可怎么也起不了作用(很多年后口炎性腹泻通过使用大剂量的 B 族维生素才被成功治愈)。这种病通常不会丧命,可是很显然它正在摧毁凯丽的身体。她一生的免疫力都被肺结核和在中国反复发作的霍乱、疟疾和痢疾耗尽了。她体力不支,内心有深深的沮丧。她时常烦躁发怒,但就是生气也不能让她的身体好起来。格蕾丝很无助,也很害怕,她很佩服她姐姐表现出来的勇气和力量,当"她无论做什么好像都不能让母亲开心"时,赛珍珠对母亲深深的同情和关爱让格蕾丝感到吃惊。全家人又重新聚成了一个中心。赛珍珠照料病人,操持家务,把她父亲的日常事务重新料理起来,指导她母亲的圣经班,周日在教堂搞些老生常谈的布道。她还有自己的一个教师培训班,有二十多个女孩子。她还要替她母亲管理专门为妇女长期开设的诊所,认真地倾听她们的问题和心事,就是她小时候背地里听到的充满担忧的嘀嘀咕咕的声音。她很久以后写道:"我接替我母亲的职责,他们愿意接受我,这让我很有感触,很感动。"

　　赛珍珠在整个传教团体都很受欢迎。"对镇江的美国人来讲,赛珍珠是一股来自他们家乡的清新的微风。"格蕾丝写道,不止是她一个人对她姐姐的时髦和教养而痴迷。有时候会举办晚会,赛珍珠身穿黑天鹅绒衣服,头发梳成松散的波浪卷,在钢琴的伴奏下演唱美国经典老歌。但间接改变她的人生的是这一时期的教学经历。她在基督教长老会男子学校里(镇江润州中学——译者注)教授高年级班的英语课程。"在中国生活的几十年中,在镇江教书的时光是美好的,"很多年后她回忆说,"我那时候的年龄很适合做这件事。"教育界,尤其是教会学校当时处在革命的中心。革命的火种后来从一个省自发传到另一个省,几乎是在人们还没有完全认识到发生了什么事情的时候,革命就达到了它主要的目的。孙中山是国民党的领导人,清朝倒台时,他还远在美国,回来时刚好赶上宣誓就职,成为新成立的中华民国的总统。"他是整个革命浪潮的顶峰,这股革命浪潮是人民运动推起来的。"赛珍珠写道,"基督教的传教士在这次革命中推波助澜,他们继续扩大革命的群众基础,但他们不清楚自己在做什么。"19世纪80年代和19世纪90年代中国建立的教会学校是基于经验和知识的教育方法,和旧的封建体制基于诗歌和书法的教育方法完全不同。传教士们教授学生数学、科学,介绍现代医学,实行诸如饥荒救济等干涉主义政策,积极推动女性解放运动。"这些观念的影响是可怕的、激进的",赛珍珠长大后逐渐看到这些政策正在中国社会产生影响。

　　孙中山是基督徒,曾学习西医,担任中华民国总统之后不久就被迫辞职。他只能成为一个更有影响力的预言家和理论家,用赛珍珠的话说:"他是中国革命的列宁。"他成了一个魅力非凡、有名无实的领袖,领导青年进步知识分子。他们中的许多人都接受过教会学校的教育,但是他们不仅受到西方发明的影响,还用更进步的、不妥协的方式理解耶稣基督推翻权威的原则,这是连他们的传教士老师都设想不到的。"令人感到不解的是没有一个传教士……认识到基督的教义中多么具有革命的精神。"赛珍珠不无讽刺地写道,"传教士在西方接受教育,那里的教会成员不会照字面意思教授基督的教义。但是,中国人很讲究实际,甚至对于宗教的理解也是如此,结果真的是很让人不安。"

　　赛珍珠的学生让她体会了她在大学那几年所错过的文化、政治、社会上的动乱。她的班级很小(这个学校1907年成立,成立时只有八个男生。赛珍珠在那里任教的时

候,整个学校有六十个学生),尽管规模不大,但满足了当时的迫切需要。学生们大都十几岁,要么二十出头,和他们的老师年龄差不多。很多学生已经结婚,有些已经有了自己的孩子。他们渴望知识,很多人希望能再一次用知识充实自己,他们因为远大的目标而努力学习。在长久的压抑和束缚下,他们对于能够摆脱羁绊几乎感到眩晕。如同赛珍珠十年后在《教务杂志》里发表的第一个故事里的主人公一样,一个十七岁的男孩,长的瘦削苍白,学习很用功,但是被父亲逼着离开学校,回家打理店铺,为祖宗传宗接代。赛珍珠早年小说描写的都是像他一样思想敏锐、充满自信和活力的年轻人。他们在学校或者大学直接接触到了一个勇敢的新世界,后又被家人拉回到原来的地方,不得不像"那个可怕、悲哀的被欺骗的童年时期"一样屈服于现实的压力。

赛珍珠把她的学生领到了离西方国家尽可能近的地方, 他们吸收了所有她教给他们的知识。每当国家向混乱和无政府状态发展的时候,他们就代表着革命中充满希望的、慷慨的、有远见的革命力量。革命从一开始就征募了这些年轻人,他们聚集在孙中山的青天白日旗下,为革命而斗争。对于他们来说,保守、反动的标志就是辫子,因为辫子是令人痛恨然而已经被打败的清王朝强加给汉人的。这些坚定的、短发的年轻革命分子,其中包括赛珍珠的学生,驻扎在镇江的各个路口,拦截农民,强迫他们剪掉辫子。赛珍珠说"他们教给我的东西远比我教给他们的多"。赛珍珠在学校听他们畅谈革命理想,在家里听她父母上年纪的中国朋友(大部分是保守派)争论不休。对于赛珍珠来说,这是一段大量存储见识的时期,像其他将要成为作家的年轻人一样,她大脑里贪婪地吸收了她所看见的情景,如同一块海绵一样不加选择地浸泡在里面。四十年后她在她的自传中写道:"现在回头来看,刚回来的那些年我几乎完全是沉默的"。

赛珍珠还从她在中国的女性朋友的丈夫那里同样听到了进步的思想。她的中国朋友现今都已经做了母亲,非常关注自己的家庭。赛珍珠二十二岁仍是单身的情况让她的朋友们困惑,她们认为应该严厉地责备她的父母,因为他们对此毫不关心。她的父亲赛兆祥这时候 "在思维和感情方面与其跟美国人接近, 倒不如说更像中国人"。赛兆祥同意她们的看法,但是凯丽这位天生的美国自由主义者对别人的议论很生气。凯丽同样怀疑赛珍珠在美国染上了新的自由散漫的习性,这一切可以从她的社交方式、轻佻的发型、不庄重的衣着看出来。赛珍珠挑起了整个传教社区对她坚决的反对,因为她偶尔和一些单身的美国人外出约会,他们要么是在上海外滩烟草公

司工作,要么是在美孚石油公司驻华机构工作的年轻小伙子。

　　赛珍珠那时候在两性方面的经历比她这个年纪的妇女要少得多。在学校的时候她曾爱上过一个具有一半美国血统的学生(现在已经和一位中国女士结婚了),在美国回来的船上曾经谈过一场恋爱。赛珍珠只向她的朋友埃玛·埃德蒙兹吐露自己热烈的反应,埃玛在这位作家的请求下马上把信撕掉。赛珍珠模糊记得在从美国回来的船上曾遇到过两个追求者,她回绝了他们,尽管不久前她还满腔热情地从年纪较轻的那个人那里学习怎么接吻。就在返回中国的那一年里的某一时刻或者接下来的几年中,赛珍珠似乎在一个受人尊敬的中年男人那里经历了很多,他是一个感情骗子,情场老手,他在达到最终目的后迅速抽身离去。她把这次相遇详细地记载在了她的自传小说《正午时分》中,女主人公发现自己被无法得到满足的欲望和"不能生育的痛苦"逼疯了。("'他不会和你结婚的,他只是想玩玩,'她的妈妈苦涩地告诉她……'他是个很奇怪的人。'")赛兆祥对他大女儿未来的打算是想让她嫁给一位中国朋友的儿子,这位中国绅士英俊、聪慧,很合赛兆祥的意。这件事引起未来新娘的父母间很大的争执,最后不了了之。赛珍珠对这件事不发表意见,"我听他们讲,自己也在想,没有参与他们的争论。"赛珍珠写道。

　　那时候,在意志坚强的赛珍珠的悉心照料下,凯丽的身体终于开始出现了恢复的迹象,赛珍珠放弃了重回美国的打算。她优先考虑的是在中国找到一份工作,更重要的是,可以远离镇江教会教条般的意见和挑剔的眼光。当她母亲日复一日地好起来,身边不需要人手的时候,她偷偷给科妮莉亚·摩根写了一封求职信。科妮莉亚是美国人,她独自在中国西南部的云南省楚雄市创办了一所教会学校。科妮莉亚在回信中表示,愿意给赛珍珠提供一份临时助理的工作,但是这封信被凯丽截了下来。凯丽失去了她最后一点镇静,像个孩子一样哭泣,她坚持说,如果她的女儿离她而去,她也不想再活下去了。赛珍珠反驳她的母亲,说当年凯丽年轻的时候也直接违背她自己父亲的意愿。然而她母亲的回答却让她彻底动摇了离开的决心。"'我知道,'她说,'我错了。我希望当时能顺着他。'这是出人意料的回答,凯丽吐露了她心底的秘密,当时我惊的一句话也说不出来。"赛珍珠回忆道。

　　凯丽旧病复发,体重又开始迅速下降,她的身体又回到了赛珍珠回来前的状态。"她身上几乎都没有肉了,看起来很可怕。萎缩的脸上只有她的眼睛看起来明亮,眼

神中透着不服输的精神。"她现在不再想着结束生命了,但是她消瘦的身体非常虚弱,稍微的碰触都会让她很难受。1915年6月赛珍珠陪她到牯岭疗养,两个中国人抬着担架,担架上垫着很厚的垫子,以防旅途的颠簸。庐山牯岭一开始只是个别教会的属地,现在已发展成了一个日益繁荣的、白人专享的避暑胜地,吸引着全中国的观光者。这里建造了大量漂亮的别墅,有专门的运动场、商店、教堂、学校,还有专门举行会议和音乐会的地方,这里适合社交和商业往来,年轻人聚在一起打网球,玩桥牌,晚上的时候一起跳舞。赛珍珠没有什么时间来关注这些。她请来英国医生为她母亲治病,而她本人再一次全身心地致力于她母亲的病情恢复。凯丽现在已经不能下床了。"她睡觉的时候我看我的中文书,每天我都要走上一段漫长孤独的路。"格蕾丝从上海的学校回来度假,赛兆祥也从工作中挤出两周的时间和他们待在一起。凯丽躺在走廊的睡椅上,计划着晚年不受约束的休闲娱乐和平静的自我放纵,逗得她的女儿呵呵笑。慢慢地她开始重新讲故事了,逗朋友们开心,让赛珍珠又积极乐观起来。早秋时,大部分人都离开了,整个牯岭的城镇都空了,凯丽康复到已经可以自己在花园里走上几步的程度了。除了一对美国夫妇和一些在这个新的肺结核疗养院的病人外,没有其他人了(赛珍珠曾经和这些病人中的一个有过短暂的交往——"以我刚刚成熟的眼光分析,他还只是一个男孩"——后来就突然终止了,因为那位男士的传教士父母告诫她不要继续同他们的儿子交往)。

从上海送达牯岭的英文周刊报上登载了一些关于第一次世界大战的含糊不清的消息。赛珍珠母女俩谈论到了未来,她们都认同整个中国,尤其是牯岭,将要摆脱西方国家的影响。她们也回顾过去,当大家继续漫长、直率、自由地交谈时,总会被脾气急躁、正值青春期的赛珍珠打断。"我对母亲的爱是不言而喻的。它植根在我的血液和骨头中。"这是赛珍珠对这段时期的描写。在这段悲伤和前途未知的日子里,凯丽解释或者说暗示性地告诉赛珍珠,她和赛兆祥的婚姻是多么错误。赛珍珠开始理解她父母婚姻不合的深层原因,她更清除地认识到父亲的不可理喻加剧了母亲病情的恶化。赛珍珠在《战斗的天使》里写道,"他内心里对女性非常排斥,如果他出生更早些,他或许会给女巫点天灯。"在这本书中还描写了赛兆祥凭借圣徒保罗的教义来压制比他更机灵、敏锐的妻子,如同当年他的父亲在他面前所做的那样,"我看到凯丽的本性一天天被消磨掉,从那时候起我就非常憎恨圣徒保罗了。"

　　凯丽对赛珍珠说,当她侍候自己病危母亲的时候,她发誓要在她快二十岁的时候,放弃当时的男朋友肉体上给她的诱惑。他叫尼尔·卡特,身材高大,头发金黄,外表英俊,喜欢大声说话和酗酒。他是一个吉他手,嗓音优美,精力充沛。他的出现让凯丽差一点释放了内心的冲动,而她的一生都被人告知要敬畏和抑制这种冲动。按照她自己的说法,她嫁给赛兆祥,是为了寻求一剂抵制酗酒和欲望的药剂。她的丈夫赛兆祥也在努力克服同样的问题,在六十多岁时研读一本关于圣灵的书时,他用铅笔在书页的空白处做了非常偏激的注解。在第一章的开头他写道:"'肉体'这个词被用……在《圣经》里,是指'人的本性'",过了五十页后他又重新回到这个问题:"'肉体'这个词是指什么?它是指未经规正的人类本性。"在这同一本书里给出的解决办法是烧尽心中一切卑劣、肮脏和不洁的念头。

　　赛珍珠在童年时真实地目睹了这个过程,她母亲每天的热情和开心,也有数不清的失败和遭到谴责后的反抗。凯丽的活力四射激怒了她丈夫,她的自作主张让他非常不安。别人很佩服凯丽热爱生活的态度,赛兆祥不屑一顾:她喜欢漂亮的东西,即兴的野餐和宴会("他不喜欢怪念头和临时计划,那些让人不舒服的碟子,也没有桌子"),她摇摆着头,放声高唱她喜欢的赞美诗,她讲很少有人听过的滑稽的笑话,即兴创作一些可笑的押韵诗,就连她的孩子们都忍不住大笑,她的丈夫却冷冷地让她停下来。赛珍珠看到了这些,憎恨这些她看到的情形。作为成年人,赛珍珠逐渐认识到,她的父亲剥夺了母亲身体上和精神上的享受,父母亲的生活是一片沙漠。他们的两个女儿上学后的生活, 是他们第一个孩子出生后夫妻两人第一次面对面生活。凯丽和她女儿的谈话都被描述在了《正午时分》这本小说里。在赛珍珠第一部短小、个性鲜明而又反映现实的小说《东风·西风》里,一个病危的母亲告诉她的女儿,自己在漫长的婚姻中过着度日如年的生活。"我静静地坐着,对她所说的话感到恐惧,"这位年轻的中国女主人公说,这可能是赛珍珠要说的话,"我突然看到了她倍受痛苦和折磨的内心世界。在她的心里到处都是火。我不知道怎么安慰她。"

　　当冬天的寒风刮过这座只为夏天避暑而建的房子时,凯丽和她的女儿搬到了半山腰,住进了一幢借来的房子里,这里离英国医生居住的地方近了些。那时候赛珍珠面临着抉择未来的问题:"我开始了我生命中最孤独的冬天……我绞尽脑汁,想着我应该做什么。"那年夏天她过了二十三岁的生日,她母亲像她这么大的时候已经结婚

了。赛珍珠过去总是想成为作家，但是她压根就没想这意味着什么。她面临的问题非常现实。找个工作并不是太难，为女性提供的为数不多的行业(基本上是教师和护士)有一个必要条件是单身。教会提供给单身女性的工作要么在教会学校，医院，甚至是边远地区的传教站——这对于教会妻子们是不可想象的——要求像修女那样的苦行。这对于赛珍珠来说代价太高，她可以通过简短的速写使自己的中国故事生动有趣，而不必成为那些古怪的女传教士。那些女传教士像被边缘化的滴水嘴怪兽，性冷淡、小孩脾气、神情麻木，看着褪了色的家庭照片沉思，急切地想扑向那些偶遇的鳏夫，带着枯萎的热情和希望谈天，在整个交谈过程中一直琢磨谈话者的意图。

赛珍珠的宗教信仰在不同情况下是会发生变化的。像很多传教士的孩子们一样，她很早就学会了在布道的时候走神，把注意力转到更有前途的事情上，比如构思故事。她准备教授圣经班，或者为她父亲演奏管风琴，但是她固执地拒绝参加宗教聚会，或者去劝说别人信仰基督教。传教站的分配制度意味着年纪较大的女性，理论上应该服从他们的丈夫("身体强壮，精力旺盛的传教士妻子很克制……她们的脸……很粗糙，满脸的皱纹突出坚定和严肃的表情")，她们能对像赛珍珠这样不听话的教会新人行使教导权，赛珍珠和美孚石油公司的年轻人之间的事情，在教会一位饱经风霜的战斧式的老妇人看来就是不大不小的越轨行为。这位年纪较长的女传教士威胁赛珍珠说：如果她继续冒犯教会，将不得不离开教会。赛珍珠的超然态度和她对中国人民的同情，对教会来讲都是不可接受的，这将不可避免地给她带来更多的麻烦。但是现在，赛珍珠除了返回镇江的教会学校，没有其他的选择。

1916年2月，赛珍珠离开了她的母亲。凯丽在山里空气的滋润下，再加上细致周到的饮食，她很快恢复了原来就压抑不住的精力，另外凯丽的康复也要归因于她和她丈夫之间的关系持续缓和了十二个月之久。这是凯丽生命中第一次独自生活，在人生的第六十个年头，她为了庆祝自己获得了自由，拆掉了赛兆祥盖的狭窄的小房子，重新建了一座比原来更大一些的房子。她亲自设计了这座简单、通风良好、使用效率高的房子，其中有三个卧室，两个洗澡间，一个起居室。台阶延伸到宽阔的门厅上，在那里可以看到花园里的空地和外面的山谷。凯丽的房子代表了她的美国梦想。一切关于中国的东西，只要是她害怕或不喜欢，都被清理了出去。晚上，在山上响起的寺庙的钟声总是让她发抖。那轰鸣、忧郁的寺庙洪钟后来被换成了让人安心的

清脆的铃声,那是离她的前门有几百码远的教堂里的小铃发出的声音。这一切的改变达到了她的目的,所有的设计和施工都是瞒着她的丈夫进行的,对于她的女儿们来说这也是个惊喜。不监督泥瓦匠和木匠干活的时候,凯丽就和从美国学校里来的孩子们玩平底雪橇。"她做了从小女孩时就不曾做过的事,"赛珍珠写道,"每个人都陪她嬉戏,没有一个人让她扫兴。"

那年的 2 月,赛珍珠爬下了几千个石头砌出的台阶,徒步转了一个又一个弯,走了五英里的几乎垂直的斜坡到了山脚下,那个过程真的很难想象。她回来给她的父亲打理家务, 并且重新加入了一个教会团体, 这是后来的事——那些人在她看来——思路狭窄、心胸狭隘、傲慢自大,总之就是对于那些他们所要服务的人表现出不可救药的优越感。赛珍珠在《我的几个世界》里清醒地指出:"传教事业的失败和基督教在中国的……失败,只能说明基督教传教运动没有借鉴中国人的一流的思想。"

赛珍珠自身的热诚是和那些雄心勃勃的年轻激进的思想家联系在一起。在那个政治势力快速瓦解时期, 他们这些革命领导人有能力塑造一个光明的未来社会。1916 年 3 月末,孙中山的继任者在被迫退位后去世(在皇帝的座位上坐了三个月)。从那时起,整个中国由一群投机取巧的军阀统治,他们虽然勇猛,但是从未接受过任何教育。这些人只是抢占地盘,瓜分战利品。同时,在大城市里有一群思想激进的学生,他们越来越不满于社会现实,开始讨论从理论上怎么通过改变中国人的文化意识,从而抛弃几个世纪封建压迫的流毒。镇江也卷入了一场全国性的激烈争辩,从赛珍珠自己到年轻的毛泽东,这一代人中出现了几个关键性人物。

一年前,在北京的一所大学里,一位颇受欢迎的教授陈独秀创立《新青年》杂志,此后《新青年》就成为全国知识分子发表意见的论坛。赛珍珠把陈独秀看做是对她青年时期影响最大的导师:"我比其他人都要早地研究思考陈独秀的个性。他聪明、大胆、激进。"(1921 年中国共产党建党时,陈独秀是创建者之一,他随后担任共产党第一任总书记)陈独秀的目标是通过他的杂志,发动文学革命,推翻根深蒂固的、僵化成教条的儒家思想在中国社会的统治地位。陈独秀发表在《新青年》创刊号上的一篇文章,打响了文化战场上的文言文和白话文之争的第一炮。文言文是指只有个别学者能读懂的古代书面文字,白话文是被歧视的日常交流的媒介。这远不只是语言的争执,它涉及到社会改革和政治改革的方方面面。主办《新青年》的知识分子借鉴国外先进思

想,重塑国民精神,他们提出了三个纲领性的口号:科学、民主和现代化,试图以此创造一个新的中国。白话文是理解甚至是思考这三个纲领的基本工具。赛珍珠在她的自传中写到:"1916 年《新青年》开始进行文学革命,新知识的火焰传播到中国各地"。

就赛珍珠而言,她关注的是这股激烈的争论背后对中国小说的看法。小说在中国很流行,但是中国所有的读书人都鄙视小说,视小说为不登大雅之堂,低贱的人阅读,并由周游四方的说书人和戏子传播的故事,任何稍有名望的学者都不屑于在书房里摆放小说。在一篇文章里,有人第一次从学术方面辩论说,有活力的、具有创造性的白话文文学作品已成为主流,它即将取代已经失去活力的、过时的古典主义文学。在《新青年》上发表这篇文章的人是胡适。他在哥伦比亚拿到了哲学博士学位,刚从美国归来。胡适是白话文的拥护者,充满了"智慧和说服力"的语言令包括赛珍珠在内的所有年轻人为之一震:"我们在近代中国发现了一股新生力量。"她孩提时期喜欢读的故事书,还有不顾孔先生反对偷偷地阅读的故事书,一夜之间就变成了时尚。国内第一次出版了欧洲小说的中译本——狄更斯、司各特、雨果、大仲马、托尔斯泰、塞万提斯等作家的作品——销售数量都在不断增加。年轻人除了读小说,还开始写小说了。小型杂志开始出版,潮水般涌现出来的表白性的故事,从过去晦涩难懂的文学典故中解脱出来,最大限度地使用充满活力的白话文直接表达感情。赛珍珠阅读所有能找到的资料,并且和她的中国朋友们一起热烈地讨论——他们突然感觉到知识的力量是强大的,"思想活跃,善于表达,敢于提出疑问"——这种活跃的气氛让一切都有了可能。"这是对受过教育的男女的大解放。他们可以怎么想就怎么写,不用顾及是否合乎僵硬的旧文体了。这就可以把多少世纪一直受压抑的能量释放出来。这些年轻学者风华正茂,思想仍很单纯。"

赛珍珠敬佩胡适,他是个无所畏惧的、反对传统陋俗的青年。他使用了一整期的《新青年》刊登了由他本人翻译的易普生的剧本《玩偶之家》,攻击另外一个古老的禁忌。在引言部分他介绍了剧中的女主角娜拉,她从一个被四种罪恶——自私、奴役、伪善和懦弱——腐蚀的社会里解脱出来,在剧终时她愤而离家出走。娜拉很快成为了中国激进妇女们的偶像。1918 年 6 月刊登易卜生戏剧的这期《新青年》对赛珍珠来说来得太迟了,那时她刚嫁给了胡适的一个朋友,正忙着创建她自己的玩偶之家。

第四章

玩偶之家

赛珍珠的第一任丈夫是约翰·洛辛·布克。他曾经和胡适同窗共读于康奈尔大学，那时他们都才 20 岁出头。他们俩在一个班上农业课，直到1915 年末胡适转到哥伦比亚大学钻研文科课程，而布克远渡重洋到中国传播农业知识。在中国度过的第一个夏天酷热无比，布克就到牯岭避暑；在一个康奈尔大学毕业校友举办的周末野餐会上，他遇到了"赛氏夫妇的宝贝女儿赛珍珠"并开始热烈地追求她。布克写信给父母说："她是牯岭最好的女孩子，漂亮极了。"在 9 月的第一个星期，他护送赛珍珠下山，陪伴她乘船远至南京。到达南京后，布克乘火车返回了安徽省北部的南徐州传教站。之后的冬天里他们互相写信，布克还千里迢迢到镇江看望赛珍珠，并舍得花钱买了火车上最好的座位（"她值得这样做"）。1917 年 1 月，这对恋人宣布订婚，之前两人单独在一起的时间却不超过四五次。那时作为家中长子的洛辛二十六岁，他们一家住在纽约偏远的一个小农场里，父母虔诚地信奉上帝，含辛茹苦地抚养了四个孩子。布克的一位同事这样描述他："他看起来是一位身材魁梧的农家帅小伙子"，当赛珍珠来拜访参观时，这位同事对布克的意中人一下子就看呆了，赛珍珠给他留下了难忘的印象："她简直太美了……鹅蛋脸，身材苗条，头发修整得很是迷人，眼睛漂亮，笑容可人。"很多年后有人问洛辛他和赛珍珠有什么共同之处，他提到他们同在周末教课的经历以及《圣经》课程。这些可不足以使赛珍珠的父母感到满意,因为他们自己的结合也曾经遭到家人的反对。凯丽警告自己的女儿不要急于结婚,并指出洛辛并不能算得上是读过书,在他们眼中,获得农业学位根本谈不上是受过教育。然而洛辛却满足赛珍珠在那个年纪想要的一切:高大、有决心、强壮、自信,并且除了对工作有激情外绝对心无旁骛:"在我看来,他一点儿都不笃信宗教。"同样,洛辛也觉得赛珍珠很完美。4月末的时候赛珍珠还写信给埃玛·埃德蒙兹说:"我觉得自己一天比一天快乐。洛辛是所有女子都想要的类型,他让我幸福之至。他是如此得完美、优秀和真诚。"在此一个月后,他们就在赛家的花园里举行了简单的仪式,结为夫妇。那天新娘身穿由双绉和雪纺绸制成的白色婚纱,婚纱上有很多蕾丝装饰,这让赛珍珠的妹妹很是震惊,她认为这些东西一定要装饰在蜜月时候穿的内衣上。这对新婚夫妇在接下来的两个月内在赛珍珠父母位于牯岭的别墅里第一次相互了解,在8月中旬或者是8月底动身北上去安徽。

当时的南徐州很难用语言来形容,在淮河宽阔、平坦、无甚特色又遭乱砍滥伐的洪泛区有着一些泥土建造的房屋,和一些未铺砌的只有一米宽的泥浆街道。这种乏味的景象很难激起外来游客的兴趣。当赛珍珠的母亲带着格蕾丝来过圣诞节的时候,也被这里一味的干旱和飞扬的尘土所吓倒。赛珍珠自己也说,这种景色的丑陋显而易见,就像一望无际的沙漠,目力所及之处毫无变化,要适应它得花费时间。"这里的土地和房子都是同一种颜色,甚至居民的肤色也是一样的灰褐色,因为连续不断的风沙已经把尘土吹进了他们的头发和皮肤之中。"然而,在赛珍珠居住在这里的第一个春天里,这里的景色却有了一番改变。一切都开始变得明朗灿烂,充满生的希望,给人以欣喜的幻想,正如赛珍珠自己的婚姻:

> 村子周围那光秃秃的柳树长出了嫩绿的叶子,田地里的麦苗变得油绿,各种果树也都盛开着玫瑰红或是白色的花朵……大地依然冰冷,但空气已经温暖、干燥和纯净的时候,放眼望去,总有湖水、树木和山丘的幻影出现在我和地平线之间。我觉得自己像是生活在仙境中一般,如梦如幻。

在这里度过的最初几个月里,这对年轻夫妇为彼此而着迷。他们分到了一个像箱子一样的传教基地的房子,这个房子是别人的(乔治和玛丽·胡德以前住在这里,当时

正好休假离开),面积很小,里面没有任何摆设。然而,赛珍珠把她丈夫那狭窄的单身住处——建在他农业工作室之上的两个带卫生间和小厨房的房间,改造成了一所家庭住房。她扩大了起居室的面积,重新铺设了地面,支起了几个书架,把墙壁刷成了浓艳的暖赭色,这些色彩都是她自己调配的,只用一把院子里的红土就使那令人不快的芥末色柔和了很多。赛珍珠在屋里挂了黄色的丝绸窗帘,在墙上绘画以装饰房间,还亲手建造了她的第一座花园:她在院子里种了一盆盆的蕨类植物,冬天的时候就把它们搬到屋子里去,并在每一个房间里放置了新鲜的花朵,这样一来,"花园看起来就像是房子的一部分了"。夏天的时候赛珍珠栽种香豌豆花、旱金莲花和金山东玫瑰,秋天的时候就种菊花。洛辛开辟了几个菜圃种植了芦笋和草莓,还有一块菜地种了一排排的豌豆、黄豆、西红柿、小萝卜和南瓜。赛珍珠在窗台上挂了一只鸟笼,里面养了一只金丝雀,还在院子里养了四只母鸡。她自己学习做饭,写信给公婆要简单的美国菜谱大全,用瓶装牛奶和临时准备的烹饪原料来尝试。有时候做出来的饭菜令人实在不敢恭维,以至于这对年轻夫妇和他们的客人都要忍不住苦笑一番。洛辛用泥和砖搭建了两个中式蜂箱,并且计划养羊,这样他们就有羊奶喝了。赛珍珠还做了红枣果酱和李子果冻。婚后四个月,洛辛兴高采烈地写信给自己的弟弟说:"我的新管家把一切都打理得近乎完美。就是把世界上所有其他的管家都给我也不愿意换。"

赛珍珠学习使用打字机,来为丈夫打正式信函和笔记。洛辛只会结结巴巴地说一些简单的汉语,所以赛珍珠就成了他和当地农民之间的传话人。当初洛辛之所以被到南徐州传教站吸引,是因为站长托马斯·卡特牧师起草了雄心勃勃的"本地经济拯救"计划。托马斯·卡特毕业于哥伦比亚大学,五年前建立了这个传教站,并招募了一些和自己一样很有理想的年轻人:胡德一家、约翰·威尔西医生及其妻子和一位精力充沛的教师玛丽安·加德纳。玛丽安很快就和赛珍珠成了最好的朋友。洛辛在托马斯·卡特的成员扩展计划中占有举足轻重的地位。咨询当时隶属金陵大学的中国第一所农学院的院长后,托马斯·卡特得出结论:"我们这里需要一个懂得农业的人……一个优秀的注重实践的人。"年轻的布克夫妇在牯岭赛家度蜜月时举办的第一场正式午宴上,农学院院长贝利就被作为贵宾邀请。对外传教委员会曾划拨资金给布克夫妇建造一所带有农场和工作站的房子,洛辛结婚前六个月就将南徐州农业试验站正式登记到了华盛顿美国农业部的邮寄名单上。

　　和他们远在异国的朋友胡适一样,布克夫妇也是全民共建新中国力量中的一分子,赛珍珠积极地投入到这一工作中。夫妇二人一道参观拜访有可能成为他们传教站对外项目的一部分的村庄。洛辛骑一辆自行车,而考虑到礼节,赛珍珠坐着由四个苦力抬的拉着帘子的轿子。辛亥革命后的 1915 年,南徐州通了铁路,从而使当地农民有生以来第一次见到了西方人。这些农民在光秃秃的平原上勉强度日,不时遭到无情的大风、严寒的冬日、强盗土匪以及定期而来的干旱、洪水和灾荒的破坏。在路上遇到外国人时,人们不再公然向他们扔石子或者咒骂他们,但是一看到古怪的带轮子的火车,他们还是难掩惊讶之情。一次洛辛在吃一根巧克力棒时,一个农民还不无同情地说:"多么可怜呐,他竟然在吃垃圾。"

　　赛珍珠是当地居民见到的第一个白人女子。他们见到她时很惊奇,就像《大地》中的王龙看到一位穿着带毛领子冬装的美国女子的反应:"他根本看不出这是一个男人还是一个女人,但是这个人很高大,身穿一件质地很粗糙的黑色长袍,脖子里裹着围巾,皮肤苍白得跟死去的小动物一样。"赛珍珠无论走到哪一个镇上,都会有很多人聚集在入口处围观,跟她一起走到小旅店,无论旅店老板把他们赶走多少次,他们还是会再折回来。"当把房门关起来时,他们向下弯腰至距离地面六英寸的样子,透过房门与地面的空隙把我从脚到头细细打量一番。如果窗户糊上了纸,他们就把手指舔湿,在柔软的米纸上捅出一个个的小洞,然后用一只眼睛观察我。"有一次在一个小镇的集市上,由于洛辛骑着自行车远远在前,人们把赛珍珠的轿子围了个水泄不通,他们扯动轿檐,想要把轿顶给弄下来——"实际上成百上千的人紧紧拥堵在我的轿子周围"。同一天晚些的时候,当丈夫离开去取行李袋时,在小旅馆唯一能提供的原被用作马厩的房间里,赛珍珠又一次被人们包围,他们试图破门而入。慌乱之中,她胡乱拉过一把椅子顶住门,爬到座位上,提起脚坐下。洛辛回来后,他们在窗户上钉上床单,把自己包起来。这一晚他们睡在搭建在粪肥堆上的木质休息台上,过得极不舒服。最终当他们回到家的时候,却发现他们的厨师和男仆因为一块抹布而打斗,双方在持刀搏斗中差点丧命,这让赛珍珠的厨房到处溅的都是血迹。洛辛一如既往地保持平静。在赛珍珠写给公婆的信中,她描述了这次多事的旅行,说道:"妈妈,洛辛变得一天比一天优秀,我们的生活也一天比一天幸福。他在生活各个方面对我的照顾都细致入微,把我们的生活营造得开心极了。"

　　洛辛和赛珍珠结婚几乎已经一年了。玛丽安·加德纳曾说道:"在结婚的前些日子他们俩很是幸福。"在玛丽安的印象中,赛珍珠很会逗人笑,生来就是一个外交官。她总能使大家开怀大笑,因为她能用令人愉悦的妙法,把本是灾难的事件娓娓道成匪夷所思的故事。"我们总是发出一阵阵的笑声,相处的过程中充满了欢声笑语……她是个极其幽默的人……在结婚的前些日子她的幽默可谓到了极点。"那些初来乍到的美国年轻人,几乎都刚刚大学毕业,他们在自己的专业领域都受到过很好的教育,但对当时中国的环境却一无所知,毫无经验。面对这些不知所措的年轻人,赛珍珠不仅仅承担了翻译者的角色,她给他们解读中国的风俗习惯,教他们用最恰当的方式跟本地人打交道,帮他们解释本地人做出的种种反应,还给他们讲关于本地人的趣闻轶事。玛丽安说:"她有很多东西都是从阿妈那里学来的。她能够坐下来和阿妈一谈就是几个小时……她是我所认识的最善于倾听的人之一……她可以通过询问一些问题,使谈话滔滔不绝地进行下去,并回过神来或者对所听故事捧腹大笑,或者对故事中某人所遭受的不公平待遇表示愤愤不平,或者对贫穷和不受重视引发的恶果长吁短叹。"赛珍珠步行到离自己最近的村庄调查,从一个农场走到另一个农场,跟当地的妇女谈话,和她们的孩子玩耍,倾听她们的故事,就像自己的母亲以前所做的一样,只是她更有优势。她会英语和汉语两种语言,在中国土生土长,打一出生起就熟知中国这个世界。玛丽安曾说:"你瞧,她能听明白中国人所讲的东西,而我们却不能。她知道当时正在发生的事情……赛珍珠具备异乎寻常的能力,给我们解释中国的一切。这些在她的小说《大地》中深有体现。"

　　起初在安徽生活时,赛珍珠对一切都感到很陌生。镇江是一个发达的通商口岸,活跃于世界范围内繁忙的交易,而南徐州是孤立、与世隔绝的地方。"南徐州与我当时生活的地方仿佛有千年之隔"。南徐州好像不受外界变化的影响,中国正处于瓦解之中以及欧洲正在被瓜分的消息很少能引起当地居民的兴趣:"国家轰轰烈烈的新文化运动和政治动乱的消息根本就没传到这里。我们依然平静地生活着,好像国家不是正在闹革命一样。"贫穷、自给自足、对外界漠不关心,安徽几千年来一直保持着这种一成不变的世外桃源般的生活。这里没有工业,除了在最近的集市上进行买卖,实际上根本不存在所谓的贸易。当地的交通运输就是指一个人一次能把货物背到什么地方。农民们根据时间和经验发展了适应当地土壤、气候和条件的高效农业实践方法。他们

在各自的农田里劳作,只种植足够一家人吃穿的谷物和棉花,在以馒头和麦片粥为主食的饭菜中配以大蒜和豌豆来变花样,把干草烧起来做燃料。他们用自家制造的木制工具,在水牛的帮助下,或者靠自己的力量种地。在地边上人们用泥土建造了神龛,供奉着泥制的小神像。人们聚集在村庄里,居住在大一些的泥土建造的茅草屋里,夏天要是下大雨,这些茅草屋就会被浇裂,而冬天要是发洪水就会被冲毁。人和饲养的牲畜住在同一间不通风的房间里,冬天夜里冷了就把门关起来,把炭炉烧起来取暖。

这里村民的思维方式和讲话方式,都跟镇江人讲话的直截了当有很大不同。在镇江,"人们讲话时,无论是在唇部还是舌头后部,音节都可以进出"。然而在南徐州周围的村子里,人们日复一日、不紧不慢地生活着,"人们慢条斯理地讲话,音调低沉,声音像是从喉咙里涌出来的。"差不多二十年之后,赛珍珠在《分家》一书中描写了这里的乡村生活,对一个没有耐性的年轻知识分子的未来观念所造成的影响。这位知识分子刚从美国的大学归来,当他看到昔日毫无魅力可言的村庄在明亮的太阳光照射下显示出的壮观景象时,很是不敢相信自己的眼睛:"土地在他面前伸展开来,绵延不断,平滑流畅。他可以看到,在这平滑的土地上,男男女女正在劳作,就像是点缀在田间的蓝色斑点……他有生以来第一次看到了……北方大地实实在在的明朗漂亮,一切都在晴朗的天空下闪闪发光,天空如此蔚蓝,以至于太阳的光芒看起来也像是蓝色的。"

布克夫妇二人都对生活的这片土地倾注了很多关注。他们一起开发并研究这里的土地,向当地居民咨询并把获得的资料收藏起来以备后用,洛辛将会花费生命中更多的时间,来系统地收集、整理、制表显示和处理这些材料。他对中国农田经济和土地使用情况所做的两个重要的数据调查,是 20 世纪初期对中国土地基础结构的第一个也是唯一的一个正确记录。他所刻画的中国景象一片萧条:79%的劳动力(或者说两亿零五百万人)都是农民,平均每个家庭拥有 2.62 英亩的可耕土地(在西弗吉尼亚州养家糊口所需要的最少土地是 40 英亩);这里的作物,实际上全都是家家户户自己种植的(这里的气候太寒冷和干燥,不适合种植水稻);当地人吃的食物种类,77.8%是中国北方常见的一两种农作物,10.3%的豌豆,以及 9%的树根;农民们没有糖吃,几乎不吃肉,并且"实际上连蔬菜也吃不到"。每个家庭平均有 4.3 个成年男子,每个男子每年要消耗相当于 22.91 美元的食物,也就是每个月 1.90 美元。晒干

的农作物可以在市场上当作燃料出售,这就意味着有些北方的农民根本承受不起浪费自己的干草杆来烧茶水的代价。虽然 80.5% 的人买烟草,却有 80.8% 的人穷得根本买不起茶叶。他们不过双休日,除了庆祝新年,他们对其他的节假日也一无所知。只有 7.4% 的家庭为消遣留出额外钱财(每年 1.92 美元)。这里的人们没有资金来源,23% 的人因为赌债缠身而缺吃少穿。洛辛曾简明概括说:"在风调雨顺的岁月里,人们还能够勉强度日,但是粮食歉收的时候,人们就要在来年春天收割大麦之前,步履维艰地跟饥荒赛跑了。"

　　通过倾听、观察,以及为丈夫做翻译,赛珍珠也亲眼目睹了同样的事实,这些事实就写在人们满脸的皱纹上、暗褐色的皮肤上、佝偻的背上以及强壮有力的小腿肚上,这些人们打一出生起就没有填饱过肚子。甚至无须看清一个农民长什么样子,只通过观察他的身体,赛珍珠就能看出他一生过着什么样的生活。"如果一个人赤裸的双脚脚趾头处骨节突出、扭曲变形,脚底和晒干了的水牛的毛皮差不多,这就是说明他生活状况最有力的证据了"。赛珍珠在 10 年后创作《大地》开头那一连串神奇的事件时,吸收和选取了跟洛辛一块儿在田地中的所见所闻。这样读者在不知不觉中就被带入了一所泥土房子,在这所房子里农民王龙在成亲的那天早上燃起了一堆干草,并且不计后果地挥霍了 12 片茶叶,为自己的老父亲泡了一碗热茶。王龙把自己的妻子阿兰看作是本地大户人家所遗弃的女仆,她为自己生了一个儿子,并且计划夫妻俩一起省钱,给儿子做一炉香喷喷的油酥点心来庆祝他的生日,这油酥点心要以田地里找来的野生红山楂和青梅做点缀,青梅还要切成小碎块儿。而当王龙意识到这些月饼都不是为了自家享用,而是要当作礼物送给那个大户人家时,一股对妻子不同寻常的敬佩之情油然而生,在他们家女人可是遭受了一辈子羞辱、谩骂和排斥的。早在三四岁的时候阿兰就被父母当作仆人卖了出去,那样的年纪甚至连缠足都为时过早。她的童年是以在厨房里做苦工度过,她不爱讲话,身份卑微,长着一双大脚丫子,每天都要挨皮带的抽打,家里的女人欺负她,男人也无视她的存在,他们认为她长得太丑,连强奸都不值得。阿兰制作的酥脆的月饼由红绿两种色彩搭配,用白糖和猪油做成。这两种东西被当时的穷困百姓认为是甚至比一撮茶叶还要名贵的奢侈品,阿兰以此回应了内心的一个秘密需求。双手把这些月饼作为礼物呈送给自己的压迫者,这表达了一种无声的自豪,这种自豪阿兰在以前是从来没有办法或者理由去表达的。

在南徐州，已经成年的赛珍珠首次了解了普通的农民——"他们强壮有力，浑身上下都散发着独有的魅力，虽然不识字，生活条件在一定程度上也很落后，但他们实际上却很有教养。""他们的工作最艰苦，收入却最少。他们活得最真实，与大地亲密接触，坦然面对生死，随心大笑或是哭泣。我常常到农民家庭探求中国生活的本质。"布克夫妇早年的探求就像一个合办企业，由洛辛创立，赛珍珠则大力支持（赛珍珠曾写信给公婆："洛辛在这里可以一展宏图，我会尽我所能地帮助他"）。洛辛尝试着跟没有受过教育、不善辞令、被忽视、被排挤，但占中国总人口五分之四的农民沟通，并为他们辩护，这标志着他一生事业的开始。他调查中国农业生产中的土壤、种子和灌溉问题，对美洲和亚洲不同种类的麦子、豌豆和芝麻进行对比试验，尝试种植来自美洲的玉米、棉花和甘薯，并且计划进行轮作法试验，所有的这些都是在一块三英亩的土地上进行的，洛辛希望土地的面积能尽快翻倍。然而他的这些实地研究很快就被深入了解、确立、纪实性的描述和分析，"限制或影响百万中国人民生活方方面面的情况"这样一种需求所取代了。通过为中国的大学生提供严谨正确的数据，洛辛专注于宣传一种自知之明，如果不具备它，中国的农业就很难有所提高。"不仅仅提供数据，还告诉他们获取这些信息的方法，这样这些大学生在将来就能依靠自己来发现自己国家的实际情况了。"

洛辛拟订调查表，作报告，并在《教务杂志》上发表进度报告。作为新成立的河南-山东教育协会（Honan-Shandong Education Association）农业委员会会长，他满怀激情地为农民能够获得更多、更好的教育而努力。洛辛在南徐州开办了一个俱乐部以供人们交流思想，为来自乡下的年轻农民安排课程，同时还为来自城镇的土地所有者开设冬季强化班，让他们学习农业方面的科学知识。赛珍珠声称，调查表的主意最初是她想到的，她自然会帮忙提前设计问题，并随后评估答卷。这种问答模式就像是双向交通运行一样。赛珍珠知道洛辛第一批学生的背景，还认识有些学生的妻子和母亲，他们都属于为数不多的重要家庭，是"南徐州老年人、商人和教师"的代表，他们身上体现着汤姆·卡特称赞的"我们小镇引以为豪的作风和尊严"。赛珍珠听洛辛谈论有前途的人，比如说年轻的黄先生，他是一位富有、懒散的花花公子，依靠在自己的农田进行化肥试验发了财；还有一位王先生，他的热情更高，参与了"本地区新型谷物和禾草测试"。在洛辛的预备试验项目中，王先生表现突出。这个项目于

1918年11月启动,有12个学生参与,两个月后结束时等候批准加入此项目的人就达到了100个之多。洛辛曾经自豪地写信给自己的父母:"农民王先生(我常常提到他)有天晚上说'这是在南徐州4000年或者更长时间的历史上的第一期农业课程。'"早在王先生同意把自己的名字或者其他的一些事迹借用在《大地》的男主人公身上之前很久,洛辛就在《教务杂志》的通报栏里描述过他的形象。

正是王先生提醒洛辛,说被官方任命为安徽军政府首脑的小军阀倪嗣冲穷凶恶极。在强大、残忍、野心勃勃的上将们和政客们耍弄各种手腕夺取政权的年代,战争极为普遍。布克夫妇在南徐州定居下来不久,城镇里的三万多居民就受到了七千名士兵的侵扰(赛珍珠曾给公婆写信说:"这些士兵处于社会的最底层,他们懒散、鲁莽……无法无天……被看作是无赖。")。这些士兵属于因战败而失势的张勋的部下。张勋是一名忠实于清政府的军阀,1917年7月他试图恢复大清皇帝的统治,却惨遭失败。他的军队带着不满情绪,驻扎在当地居民的房子里,洗劫商铺,恐吓民众,就像《大地》一书临近结尾所描述的大群的人蜂拥着从北方跑出的场景:"他们占据着街道,拥堵在城镇的各个角落……由于密密麻麻的穿着灰布衣服的人们踏着一致的步子穿过城镇,突然之间空气和阳光都仿佛被阻隔在了空中……还没等恐惧万分的王龙移动脚步,人群已经越过他直接拥到了他家门口……人们恶毒地往他家院落里泼污水,把水洒满每一个角落,每一条缝隙。"

赛珍珠亲身体会到了生活在被占领地区,以及在定期枪战的最初阶段,躲避在紧锁的大门之后的感觉,那时候南徐州的四扇大城门都被关闭,城镇里强制施行了戒严令。洛辛给父母写信时生动地描述了发生在1918年秋天的一次战斗,当时城墙外面数以百计的盗匪几周来一直聚集在火车站,而城镇里的居民则思考着从遥远的电波那头传来的掠夺和纵火事件的报道是否真实。战斗持续了一天,子弹嗖嗖地穿过布克家的院子,并且每隔四、五分钟城镇里就会有一次炮轰回击。赛珍珠一生中对盗匪屡见不鲜,后来对这些攻击就不屑一提了,声称一个人只要采取了预防措施,就没有什么好怕的了("一年中子弹至少有一次或者两次会穿过我们的城镇……倘若一个人呆在射击的范围之外,这些见怪不怪的战斗就往往会让人觉得可笑而非危险了")。然而洛辛和格蕾丝都并不认同赛珍珠的这种乐观。格蕾丝针对姐姐的说法曾经写道:"她并没有讲出盗匪袭击的真实情况。它没有描绘出偏远村庄的送信人给大

家带来消息说土匪来了时,笼罩在中国城镇中那令人窒息的静寂。也没有使人看到店主是如何急匆匆地把货架上一切值钱的东西秘密藏起来……它没有刻画出父母对女儿和婴孩的担忧,以及人们如何迅速地把他们藏在阁楼上,柴火堆下……最重要的是,它没有指出人们心窝揪紧时的担忧,这是一种对人类暴力的恐惧。所有这些都会在漫长的夜里发生。"在这种时候,到处弥漫着家家户户设栅防守、街道上空无一人的气氛,大家都在等待伴随战斗而来的尖叫声、呼喊声和碰撞声,继而是砰砰的敲门声。"响亮的敲打声传来……门的铰链支撑着一次又一次的敲打。一个人大喊'开门!'另一个人却小声说道:'这里住的是外国人。'"

盗匪们依靠勒索赎金而生存,赎回外国人要花更多的钱。像赛珍珠这样富有经验的人知道,从某种程度上来说盗匪们往往不会长期停留在一个地方,如果被严重击败,他们就会遗弃亡故的同伴继续前进,否则就会带着战利品和大量的贿赂离开。还有一些掉队者,他们掠夺成性,在路上伏击,甚至连赛珍珠也很害怕这些大批出没于各个村庄的饿得半死、极其贪婪的无赖散兵。布克夫妇买了一辆摩托车来解决这个问题。洛辛把赛珍珠载在身后高速行驶。赛珍珠在年末给家里写信时得意洋洋地说道:"这样哪个盗匪都追不上我们了。"

然而在一个几乎要求男人和女人完全分开生活的社会,对于在什么时候和在什么地方妻子可以跟丈夫在一起是有限制的。传统上中国妇女的生活范围局限在家庭之内,根据同一家族的不同分支和不同时代而被安排多重事务。相对来说,美国夫妻两个人一起单独管理家务的模式就有点索然无味了。自从家里的厨师和男仆因为想要互相谋杀而被解雇了之后,赛珍珠就开始自己做饭了。然而除了明火和煤油灯外,没有加热和照明设施,没有自来水,也没有卫生设备,有的只是每天都要清理的便桶,所以非常需要有仆人来帮忙。洛辛越来越专注于自己的工作了。赛珍珠的世界陷入了一个圈子,而丈夫的活动范围却开阔起来了,她给公婆写信说:"洛辛似乎总是很忙碌的样子。"玛丽安·加德纳曾说道:"农业研究就是洛辛的生命。"玛丽安很喜欢洛辛,但又因为他对历史、文学或者艺术毫无兴趣而感到沮丧("赛珍珠嫁给了洛辛让我觉得不可思议")。

赛珍珠重新投入到了中国人的世界中，以对抗自己的孤独。她妹妹对赛珍珠殷勤好客的小家记忆最深的就是那些进进出出的拜访者，"到这里畅所欲言的中国人源源不断。"结婚后赛珍珠重新获得了行动的自由，少女时代她不被允许单独外出从而丧失了这种自由。她重新开始一个人在凉爽的夜晚长时间地漫步在城镇的壁垒上，又一次游移在自己的两个世界之间：

　　我还记得那迷人的月光……照在城墙上，照在城墙外平静的护城河上，亦真亦幻，在这个南方的小城镇里我第一次感受到了夜间中国街道的奇异之美。没有铺砌、满是尘土的街道很宽阔……街道两旁是低矮的单层砖房或者泥土房，开着各种各样的小商店和小行当、铁铺、锡铺、烧饼铺、热水铺、干货点和蜜饯店，这被限定为古老偏远地区的生活，既然在地理上被这样限定，人们在思想上和精神上也就接受了这种限定。我在昏暗的街道上慢慢行走，注视着敞开的大门内一家人围坐在桌边吃晚饭的情形，他们只点着粗短的蜡烛或者豆油灯来照明。我觉得跟小时候相比，此时此刻我跟中国人走得更近了。

　　赛珍珠与近处的邻居以及城镇里有教养且极端保守的大户人家的女主人们及她们的儿媳交朋友。她和玛丽安一起为一家姓周的女人们举办了一场极为成功的茶话会。期间主人和客人都以高雅的礼仪对待彼此。主人布置了精致的美式餐桌，上面摆着银器，铺着浆洗得发硬的白色亚麻桌布；客人享用了像盐罐一样的古怪小玩意儿和像面包和黄油一样的奇特美味，他们兴奋、惊讶地叫喊。赛珍珠最好的朋友是张氏家族的女族长，她是一位寡妇，跟自己的孩子和孙子们住在赛珍珠家所在的铺有鹅卵石的街道上，她们的家是离赛珍珠的住所较远的一个宽敞的老式大房子。这个大房子里有很多院子，屋顶是用弧线型的瓦铺设的，高墙保护着整个院子，一个看门人则看守着壮观的石雕门楼。张太太比赛珍珠年长很多，"她身材高大，体格丰满，穿着及脚的长裙，外套一件及膝的大衣……头发从慈祥的圆脸往后紧紧地束在一起。"虽然脚被缠得只有六英寸长（"她走路时好像是踩在钉子上一样"），但张太太很有权威，精力充沛且非常活跃。她认识城镇里的每一个人，而且大家都信赖她给出的实际

生活中的建议。张太太善于交际，总能摆平一些事端，使大家和睦相处。她慷慨大方、心胸开阔、公平正义，是一个佛教徒兼热心的基督徒(她告诉赛珍珠说她去教堂做礼拜是出于对外国人的礼貌，她很赞赏外国人做的善事并鼓励他们继续做下去)。

通过张太太的例子，赛珍珠学习了如何按照儒家思想耐心地或者心平气和地把一个庞大、复杂的家庭管理得井井有条，那就是"要心地善良，对人有礼貌、温和且恭敬"。"张太太一直是我所认识的最伟大的女子之一。"赛珍珠三十多年后这样写道(那次她拿以埃莉诺·罗斯福为首的在国际上很有影响力的朋友作对比)。作为一位年轻女子，赛珍珠常常遇到棘手的问题，无人可咨询，无人可依靠，这个时候她就到自己的邻居张太太那里寻求安慰："每当我的心因为不能说的理由而抽痛时，只要把头依靠在她那宽阔柔软的肩膀上，哪怕只是一会儿，我就会感觉好多了。"

布克夫妇有一个邻居，是令人敬畏的寡妇吴太太。她专横却优雅，虽然已不再年轻，但风韵犹存，头发梳理得整整齐齐，脂粉擦得匀称细致，身穿昂贵的丝绸长袍，戴着上等的珠宝首饰，还有一双完美的三寸金莲(吴太太是由两个年轻女仆搀扶着来拜访的)。她对自己和他人的要求都很严格，态度傲慢，操纵一切，以绝对的权威管理着自己的大家庭。据说她故意让自己最疼爱的大儿子娶了一位相貌平平的妻子，而当大儿子爱上妻子的时候她妒火中烧，逼迫年轻的大儿媳自杀身亡(传统上这是那些没有权利的人想要改变无法忍受的处境时的唯一出路)。当这个女子最终上吊自杀的时候，赛珍珠被马上叫了过去，虽然她及时赶到时发现女子的身体还是热的，吴太太却制止她实施急救措施："佛教超度亡灵的法师已经到了，并且死亡圣歌已经开始唱了。当我想要坚持的时候，迎来的却是敌对的眼光，张太太……赶忙把我支开了。"作为儿子，首要的责任就是对父母孝顺，这使得吴太太的大儿子除了继续生活在家中自己的院子里而不再跟母亲讲话以外别无选择，"即使吴太太觉察到了这些，她也会不动声色。"

在赛珍珠首次出版的描述南徐州往事的文章中，吴太太都是其中所刻画的盛气凌人的有声望的老妇人们中的一个原型，"一个严肃而乏味的贵妇人，穿着梅红色的缎子衣服，眼睑下垂，目光中却透着傲慢，牙齿因吸食鸦片而被染色，手拄一根长长的竹棍，棍尖还镀了银。"她的这种形象是由无情、僵化、残酷的社会环境所造成的。但在对待与赛珍珠的友情上，吴太太却表现出了截然不同的另一面，大概是因为赛珍珠那尚未开发的潜能和尚未形成的富有幻想的感受能力，都让吴太太看到了很多年前的自己的影子。跟同时代的所有中国女子一样，吴太太是不识字的(赛珍珠说过："我身边的朋友都没有阅读和写作的能力")，然而出嫁前她却跟父亲学了很多知识，父亲意识到了自己的独生女儿的才能并且对此高度重视。他教了吴太太很多关于中国诗歌的东西，吴太太又把这些知识再加上自己对诗歌风格的理解，以及一些当地适用的礼仪，传授给了接受能力非同一般的赛珍珠。赛珍珠曾写道："她教会了我很多东西。"

张太太和吴太太这两位不同凡响的妇人，完善了赛珍珠那由孔先生启蒙的儒家教育。她们用自己的方式为赛珍珠提供了一种行为榜样，在赛珍珠的脑子中以前从未有过这些行为榜样，而由于自己远在镇江的母亲被一些烦恼缠身，她就越发需要有这些行为榜样了。她从自己的两位邻居身上学到了礼貌和镇定、谦逊的威严、出人意料的缄默、总是令人震惊的对性的直言不讳，以及开阔无偏见的洞察力，这些在一生中都被认识她的人称作是继承自中国的东西。赛珍珠写道："我自己故意不按照美国的方式做事，而是深深地投入到中国人的生活方式中去。我……大部分时光都花在了拜访中国家庭上，他们家以前从没有白人女子来过。在那里，通过跟生活模式与我截然不同的妇女们长时间静静地交流，我又一次了解了中国家庭的本质。这次是作为一位成年女子去了解，与我小时候和中国孩子一起玩耍时所了解到的是不一样的。"

想要和自己年龄相仿的年轻女子交朋友是几乎不可能的，在这遥远的内陆地区，年轻女子还被严格地限制在家里，她们的地位太低了，连单独活动的地方都没有。在赛珍珠为数不多的能接触到同龄人的机会中，有一次是拜访一户李姓家庭。那时赛珍珠跟洛辛一起到一个有城墙的古镇实地考察，他们可是第一批进入这座古镇的外国人。李家最小儿子的妻子偷空在她紧锁的卧室门后跟我解释说，除非别人对她讲话，否则她是不允许说话的，姻亲们都无视她的存在，只允许她跟比自己更无知的下人和女仆自由讲话。只要她丈夫走进房间，她就会被要求离开，她还不能当着她丈夫的面讲话，除了晚上他们俩单独呆在卧室的时候。她问我的第一个问题就是在外国，丈夫是否真的可以当着他人的面公然跟自己的妻子讲话。和吴太太的儿媳一样，她聪明而无助，渴望接受教育，而且极度抑郁。

对于像这样的女孩子来讲，把中国摇醒、带来变化的地震来得太迟了，但对于下一代人来说情况就不一样了。吴家和张家的孙女们都是她们各自家族里首先接受教育并且不再缠脚的女子。她们是当地女子学校的首批学生,这所学校由南方长老会于 1912 年在南徐州创办,不招收缠脚的学生。学校在一位基督教皈依者许女士(当她凭借自己的努力也成了一名劝别人改变宗教信仰的传教士时,就开始和赛珍珠一起工作了) 的帮助下, 由教士卡特的妻子作为对中国古老传统的反抗而开办起来。1916 年赛珍珠的朋友玛丽安·加德纳刚从美国过来就接管了这所学校,她以令人信服的美国信条——"她们和男孩子一样优秀, 有头脑并且可以把她们的聪明才智加以好好利用"为依据,教学生们写作、阅读以及接力赛跑。1924 年赛珍珠首次在《大西洋月刊》上发表有关南徐州记事的文章。文章一半是纪实性的,一半是虚构的,其中描写了一位革命者早期的经历——许家的一个女孩子在上海寄宿学校的转变。这个害羞、安静、从不敢正视他人的女孩儿,拖着缠了绷带的双脚步伐不稳地离开了城镇,而一年之后回来的时候却变成了一个开朗、健谈的少女。虽然还身穿全套中式的精致缎子衣服,却洋洋自得地把衣服底下的一双顺应潮流放开了的双脚露了出来,脚上穿着结实的方头黑色皮系带靴("看起来就像是美国粗野的小男孩穿的鞋子,鞋跟上钉着钢制掌子")。勇敢年轻的许女士是属于将来的。张太太曾做了很独特的总结:"小脚女孩儿可以找一个思想保守的丈夫,而大脚女孩儿如果受过教育就可以找一个新式丈夫。但是,无论是小脚,还是教育,一个女孩儿必须拥有其中的一样。"

玛丽安·加德纳正是这个时候的赛珍珠所需要的伙伴。她聪慧、学识渊博、注重实践且易于相处,她喜欢并且欣赏赛珍珠(赛珍珠比她小四岁),不仅意识到了赛珍珠有着更为优秀的才学和更丰富的经验,而且认为一个 20 岁出头的人能有她那样的洞察力和见解是极不寻常的:"那个时候她能够客观地看待发生的事情, 能够轻而易举地从某件事上得出总结性的一个结论。这些对于我来说是很难做到的,但是她却做得很出色,好像这种能力是她天生所具备的。"玛丽安是赛珍珠的第一个听众,赛珍珠向她打开了被大部分西方人所不屑的封闭的中国世界。玛丽安回忆了她跟赛珍珠一起在南徐州度过的充满了兴奋和探索感觉的那一年。这两个年轻女子把她们所遭遇的困难——通常是恐惧,变成了一部尖锐生动的系列喜剧。赛珍珠很喜欢她的中国朋友制造喜剧的天分,他们任意拿本地人开玩笑,无情且毫不伪饰。比如说校长和镇里面唯一的富人。作为徐家的一家之主,这位富人的家庭生活,弥漫着妻子和三个竞争力极强的小妾之间的战争硝烟。赛珍珠以自己的男仆为素材,写了一个很好的故事。这个

男仆是个虔诚的基督教徒，娶了一位不顺从的女仆——"我为他们播放了婚礼进行曲，但我却不是为如此悲伤和不乐意的新娘播放的"——成婚后才发现，当他试图以基督教所信奉的温顺和容忍的态度对待妻子时，却被妻子残酷地欺侮和羞辱。

　　赛珍珠转述给玛丽安或者写信告诉家里的搞笑事例，也有令人恐惧的阴暗面。这两位女子起初被安排在一起是因为她们首次见面的时候，没有其他人来管理传教站。洛辛完全忙于创建自己的农业项目；卡特夫妇请了病假；胡德一家也因休假而离开，并且当他们回来之后又专注在自己严重残疾的新生婴儿身上；威尔西医生的妻子因为第一个孩子得了脑膜炎刚刚夭折，正在痛苦且愤怒地跟极其艰苦的生活条件做斗争，这种生活条件使人类生命在中国如此不安全。威尔西太太因为太忧伤而不愿意出门，她丈夫在做紧急手术时就不得不请赛珍珠或者玛丽安做他的麻醉师和手术助理师。这些手术在肮脏、挤满人的小屋里进行。由于被踩平了的泥土地面上点了明火，屋里常常烟雾弥漫。在这项工作中，赛珍珠学会了如何把枯树枝点燃，烧开一锡罐热水后放入仪器消毒，以及如何把氯仿从瓶子里滴到放在病人鼻子上方的棉垫上。赛珍珠回忆道，"有一次病人的呼吸停止了，我小声说道'她没命了'。医生伸手拿来一管皮下注射液，推入她的胳膊后她又勉强开始呼吸了。"这些手术通常是当着一群安静而充满敌意的亲属和邻居的面进行的，这些人睁大眼睛监视着外国医生的一举一动。中国医生无能为力的病例，人们才会把外国医生作为最后一个选择请来。赛珍珠曾经描述了作为威尔西的麻醉师救治一位病危的妇女的事情，她脱离了险境并且在两三天的治疗后出现了病情好转的迹象，然而在她完全恢复意识之后却不允许这些外国人靠近她一步（"最后我们听说她又病得更厉害了，我想她一定活不了"）。

　　赛珍珠的自传里，对诸如上述事件的回顾，通常都没有她在信中所描述的事件残忍和真实，那个时期她那令人愉悦的沉着冷静正面临着消退的风险。她说一次又一次地目睹悲惨事件的发生，作为一个旁观者却帮不上多少忙，这使一个人的神情麻木，心肠变硬，或者造成容易引起精神崩溃的过度敏感。面对这些，唯一有效的方法就是让笑声使她们重生。玛丽安说道："我们只能如此。饥荒地区有太多的悲哀和伤痛，人们深遭贫穷所带来的苦难。如果有场旱灾，我们就会受到影响。《大地》就是以南徐州为背景的。我认出了里面所描写的人物……你永远都濒临着可怕的饥荒的边缘。雨会下个不停，直到你被淹没。当整个陆地上都是水的时候，我就会看到这般

景象,还有绝望。每样东西都经过了修补,甚至船帆也是由成百个补片制成的。"

　　玛丽安和同道的一个传教士定了婚,并于1918年夏天结婚,这样赛珍珠就成了传教使团唯一的一名工作人员。她被委任为负责妇女和儿童的工作。赛珍珠管理着女子学校,自己开设了周末班课程,为新近改变宗教信仰的人设立了进修课程。她成立了一个女子俱乐部,还组建了一个年轻母亲小组,教她们基本的卫生学和儿童保育知识。赛珍珠同时和徐女士一起开始了定期的"召唤"工作。她们俩每周有四个下午,都要从一个村庄走到另一个村庄,去宣传基督教教义和发放宗教小册子。赛珍珠每走进一个村庄,总会出现相同的境况。还没等她开始指出妇女们所崇拜的神灵都不是真的时(更别提让他们了解真神),她就不得不先给出时间让她们适应自己。她们盯着赛珍珠的大脚和笔直的鼻子观看,用手指摸她的衣服,详细而又亲密地询问她的个人习惯和私人生活, 当她回答的时候, 她们惊奇地发现居然能听懂她的话:"真神奇! 我们还能听懂洋文,竟然跟中国话没什么两样!"

　　有一样东西总是把赛珍珠和传教使团的其他人区分开,那就是当其他的美国同事都觉得这个世界几乎陌生到无法想象时,她却能坦然接受。所有的人第一眼看到南徐州的时候都惊呆了:"平坦、肮脏、狭小……简直就是一个泥洞",这是玛丽安很久之后说的,"整个地方都充斥着恶臭味……街道简直就是污秽不堪。"恶臭味总是最能给来到中国的游客留下最深刻的印象。在中国做了40年的传教士,赛珍珠自己的母亲还是不能习惯人类排泄物的气味, 而人们每天都把这些排泄物当成肥料,直接浇在田地里。在南徐州人们把牲畜的粪便涂抹在房子的外面,晒干了当做燃料用;猪可以自由地在大街上行走,下雨的时候脚踝就浸在泥里面;每一头小公牛后面都会跟着一个小男孩,随身携带一个大篮子来接小公牛那大量冒着热气的粪便。赛珍珠列数了这些令人震惊、令国外人士苦恼不已,甚至快要歇斯底里的现象——"没有卫生设备,堵塞的交通,满是臭味的街道,街上肮脏且有疾病的乞丐……到处乱窜的狗"。美国人对此的普遍态度可以以露丝·奥斯本为例来说明, 她是赛珍珠在伦道夫—梅肯女子学院上学时交的一个朋友。露丝永远都忘不了任何物体表面都少不了的一层苍蝇,镇里各个池塘的水面上也浮着一层,而人们平时就在池塘里洗澡、洗衣服、舀水喝,也常常把粪便排在里边。当她和赛珍珠一家呆在镇江时,露丝很喜欢赛珍珠的母亲。但是,一打开复合门就能闻到街上的恶臭又使她厌恶不已。更让她困惑

的是,中国人对传教士所讲的原罪和赎罪的信息表现出了极大的冷漠("我们所认为的罪恶对他们来说却是无关紧要的")。

赛珍珠到村庄里传教时,最喜欢以赎罪的教义开始。日后,当她回忆往事时,一定会把在南徐州做传教妻子这一时期的经历,看作是自己与中国平民百姓最为亲近的时候。妇女们把赛珍珠看作同一战线上的人,吸收她作为一名名誉成员一起反抗男人,尤其是自己的丈夫。她们反抗男人的观念根深蒂固("女孩子们从一开始就知道她们有自己的事情要做……中国妇女聪明、勇敢、机敏,她们深知如何在各种限制下自由自在地生活。她们最现实,最不感情用事")。然而,那时她又沮丧地写信给远在美国的公婆,告诉他们"不信上帝的人那些极端堕落和邪恶的行为",暗指"那些由于不可言喻的恐惧而不能讲的事情"。在为资助南徐州传教事业的纽约教堂所作的年度报告上,她逐条列举了这些事情:偶像崇拜、杀害婴儿、酗酒、赌博以及吸食鸦片上瘾。赛珍珠重点强调了村子里那暗淡无光、布满尘土的房子,"不讲卫生、爱吃大蒜的人身上散发出来的味道"以及那些围着她窥探和呆看的妇女们的无知,这些无知对她们来讲是极其有害的。她把这些妇女看作是"本地人",而非朋友或者同一战线上的人。使她们信服自己的道德败坏的行为是不可能的,这在以前让赛珍珠的父亲很困惑,如今又使自己深受其烦。她曾写信给 1918 年刚刚嫁给一个传教士的埃玛·埃德蒙兹说:"我独自一人负责有着两百万人口地区的妇女布道工作!自然,这很荒谬,不时地让我不堪重负。"赛珍珠对玛丽安说,去布道的时候如果没有宣讲教义,她就认为是浪费了时间。在 1918 年 12 月份的年度报告中,赛珍珠描述了中国的困境:"我们如何才能把中国从自己的软弱之中拯救出来呢?我们如何才能碰触到中国的心灵去感知她自己那可怕的罪恶和脆弱呢……这些问题日日夜夜折磨着我们。"

传教士们每次书写供慈善捐助者传阅的信件时,普遍都会用一种妄想症般自以为是的语调,来陈述"忏悔"和"赎罪"这两个术语,而且会把它们讲得恰如其分。如果赛珍珠一旦最终决定要跟传教使团划开界限,那么她往后的人生中她都将明确地、毫无条件地反对这种思维模式。然而在 1918 年的冬天,没有玛丽安陪着她,让她欢笑并强化她的平衡感,赛珍珠可能重新回到自己的美国世界中去,关上大门过日子。她常常需要面对让人难以忍受的奴役、逼婚、溺杀女婴以及像她一样的年轻女子的自杀所造成的恶果,应付它们的唯一方法就是依靠宗教。赛珍珠说她所设立的由 11

个会员组成的妇女小组中,有9个人都承认曾经至少杀死过一个刚出生的女婴。"平均每个人杀死过三个或者四个女婴。一个妇女曾经接连生了八个女儿,每个都在一出生就被杀害。有的把女婴掐死,但通常情况下并不劳烦自己动手,而是直接把婴孩扔出去喂狗。"在南徐州,赛珍珠几乎同意了传教士们普遍的观点,这种观点认为中国人不是一个个的个体,而是一个危险的、无个人特征的群体,他们在道德上令人憎恶,在人数上却是占压倒性的:"他们面目可憎、嫉妒心强、充满好奇、毫无同情心和教养", 就像美国长老会会长在一次参观长江流域时所说:"见到外国人他们就一窝蜂似地拥上来,把他团团围住,就像一群蚂蚁见到了一片面包一样。"

这也是南徐州传教站的意义所在。它在1911年辛亥革命的余波中成立,革命时中国曾毅然地向西方求救。"这个时刻对于美国教堂穿越这扇打开的国门向中国行进并占据这些地方是绝佳的机会。"托马斯·卡特起初为获得纽约富有的麦迪逊大街的长老会的资助时这样写道。他指出,没有其他的传教使团竞争去贫瘠、饱受饥荒之苦的安徽地区,它的面积和缅因州一样大,或者说比英格兰还要稍大一些。"这正是我梦想中的传教生活",托马斯·卡特在中国传教的第一年年底汇报说。那时他还在努力征服中国人,而且据他所讲,他对自己进驻并计划接管的地方以及这里的人民还太缺乏实际经验。反复发生的洪灾冲毁了春季地里的小麦,从而造成了冬季里经常性的粮食短缺和饥饿,而那一年的洪水来势更为凶猛。"我们没有计算损失,但是思考各种可能性时,真的是倒抽了一口气。"两年之后他解释道,两年期间传教站只使得一个当地人皈依了基督教。士兵们毁掉了女子学校,民众当时也极少愿意合作的。"除非意识到我们所反抗的罪恶是很深重且深植于人心的,否则没有人能够理解我们所从事的工作的意义。"卡特在汇报中说道。他概括了有可能成为教徒的人的不良倾向,他唯一的皈依者所受到的迫害,以及皈依者自己和下属的堕落,他们"缺乏基督的情操和成为基督徒应有的修养,因此不能在为正义的工作中支持我们,与我们合作。"不久之后,卡特和他的妻子就因为健康原因被允许离开这里了。1917年,布克夫妇的到来给这里的传教站带来了新的希望和力量。很久之后玛丽安曾经伤心地回忆说:"那个时候,有那么多人在南徐州生病和离开。"

赛珍珠开始憎恶这里的生活,并觉得自己所做的工作都是徒劳无益的。在玛丽安离开这里六个月之后,威尔西一家也带着挫败感于1918年底返回了美国。"没有

威尔西一家在这里,赛珍珠非常沮丧。"玛丽安曾说道。她一开始就怀疑好朋友的婚姻会不幸福,很久之后她的疑虑被证实了,赛珍珠亲口向她吐露说婚后没多久,她和洛辛之间就出现了矛盾。问题在于洛辛一心专注在自己的工作上,对其他的人和事都漠不关心。工作之外,洛辛天性保守,对一切都墨守成规,为人低调,这跟他所来的这个严肃而讲求实际的国家倒是完全协调一致。作为一个丈夫,他要求不高且没有好奇心,对妻子极其满意,对于赛珍珠作为一个尽职尽责的年轻传教妻子所付出的精力和努力他也深感自豪。几年后他弟弟订婚的时候,他写信说:"我们……都拥有世界上最好最完美的女子。结婚是一种很美妙的体验。美好的日子就在前方。"洛辛对于宗教信仰真诚却敷衍,这对于一个想要在两个世界的钢丝上找到平衡点,且面临着失去立足点的危险的妻子来说是没有任何帮助的。

　　一位英国医生带着他刚成立的家庭,被委任代替威尔西医生来到了南徐州,但他们在这里只呆了几个月。史密斯医生和他的妻子被这个地方、这里的居民(史密斯夫妇的仆人用传统的方法报复他们,把他们家的便盆直接倒在了窗户底下),以及新建的房子所排斥。这所新建的房子作为耗资巨大的医院大楼的一部分,由威尔西一家设计,医院大楼由洛克菲勒公司出资建造。"他们气得大发雷霆",赛珍珠说道。从此往后,赛珍珠开始用外人的眼光来看待事情,她以前都是从内部人的眼光来看的。在赛珍珠写给公婆的一封信中,她表达了对一些事情极其强烈的反感,她的情绪已经到达忍无可忍的地步。信中她提到了又一位女子,为了永远摆脱恶毒的公婆,她在门梁上上吊自杀。这种事无论在中国的哪个城镇都再普通不过,邻近的人都很明白接下来该如何去做。第一步是把上吊者的身体放下来,并用绷带把鼻孔包好,以抑制残存的呼吸。接下来则要吸引刚刚跑出人体的灵魂的注意力,人们鸣锣并大声呼喊灵魂回来。这个过程中,外国人的任何干涉都会阻挡灵魂回家的道路。赛珍珠发现上吊的女子被撑起放在一间狭小不通风的房间里,周围挤满了人,她感觉到这个女子还有脉搏,并且此时还跳动得很强烈。

　　　令我感到恐惧的是,我发现他们遮住了她的眼睛,堵住了她的耳朵和
　　鼻子,并且塞住了她的嘴,这样她就呼吸不到空气了。我马上告诉他们,如
　　果她现在还活着就一定会被窒息而死。我试图说服他们把她移到外面的

院子里，或者至少大家都往后退并且拿走堵塞物，给她一次机会，让我尝试一下人工呼吸……我想让他们至少允许我掀开她的脸部看看是否还有呼吸的迹象，然而他们死活不让。所以我不得不离开，心里明白这个女子正在被谋杀。她被谋杀了……她死得毫无理由，是他们使她窒息而死。甚至女子自己的母亲也是帮凶……那天晚上，我站在那里说正是他们杀害了这个女子，但是他们根本不信。这些人的无知和迷信是无止境的……几乎在我生活中的每一天都会听到或者接触到这样一些悲剧，这些事情如果发生在美国就会轰动全国，但是在这里却被理所当然地接受……中国啊……已经受到了恶魔的控制。

赛珍珠于 1919 年 3 月 15 日写了这封令人惊愕的信件，这天是周六，距离上周二那个女子的死亡过了四天了。在赛珍珠已经出版的自传中，对这件事或者类似的事件也有描述，但是它们叙述得不够具体。因为后来赛珍珠是在头脑更清醒的时候写下的，都没有这封信来得直接。这封信是她在痛苦和愤怒的当口写下的，里面用的都是短句，就像因为震惊而发出的一声声喘息，同时带有一句句严厉的重复，好像她依然无法相信自己所看到并试图去阻止的事情真的发生过一样。通过母亲，赛珍珠一生对中国普通妇女那令人忧虑的表面之下的生活现实都很了解。她母亲听别人讲这些故事的时候总是专心致志，好像这些不幸都发生在自己身上一样。母亲凯丽对这些事情的反应是出于本能的，而她丈夫却从教义的角度来看待它们。"他不是像她一样用自己的灵和肉去感受他人的苦难，"赛珍珠两年后写道，那时她已经离开了南徐州，"人们遭受苦难时所发出的哀鸣声……通常情况下对他来说是因为这些人犯下了罪恶，在面对公正的上帝所给予的公平处罚时所发出的哭喊声。"然而赛珍珠是他们两个人的孩子，那种无法控制的悲痛使她重新相信惩罚学说，她小时候听父亲赛兆祥讲过这种学说。"在赛珍珠的'猛烈攻击'中，我感觉到了她父亲所提倡的加尔文主义和基要主义。"玛丽安曾写道，她认同赛珍珠对农妇们的描写，但是对于她的反应却大为震惊，"在潜意识中，她认为这些人都犯了罪，应该为此赎罪……这在我看来却是毫无意义的。"玛丽安看到了赛珍珠尝试去教导那些已经被无知和贫穷逼得残忍的村民时，内心的愤怒和绝望，"在那些很容易就能够解释的情形中，一个开心的人是不会像赛

珍珠那样生气的……她那时是痛苦的,在信件中就难免带有不快的情绪。"

那时候赛珍珠没有别的选择,除了重新回到母亲逐步灌输给她的堡垒式心态中去。赛珍珠的母亲每到一个新的地方,总会先为她的家庭建立一个避难所。她会用鲜花、书籍和漂亮的窗帘把自家和窗外的世界隔开。凯丽自己也仍旧和恶性贫血做着抗争,并最终不得不接受了自己永远无法返回故国的事实。1918 年秋天,赛兆祥送女儿格蕾丝到美国上大学。第一次世界大战快要结束的时候,美国和欧洲兴起了举办喧闹的欢宴的浪潮,赛兆祥回来的时候还处于这种浪潮引起的眩晕和颤抖之中。他给赛珍珠和她的母亲讲那些粗俗下流、爱吵闹、穿超短裙及酗酒的当代年轻人的故事,使她俩听得毛骨悚然却又大饱耳福,"'我们每到一处都能看到人们的衣着已短至膝盖。'我和母亲这时就惊得一句话都说不出来,只是盯着他看。"这些年来,我和母亲定期相互拜访,并且一起在牯岭度过了 1919 年的夏天。由于洛辛无法抛下自己的工作,在蜜月之后,她们错过了父母每年一次的休假。然而这一次赛珍珠把丈夫撇在了南徐州,自己一人于 6 月 7 日出发,到母亲在山上的新房子享受为期三个月的修养,出发的时候离入夏还有三四个星期呢。在牯岭的这个夏天她发现自己怀孕了。

继威尔西医生一家之后,布克夫妇也即将获得一所自行设计建造的传教士住所,赛珍珠满心希望自己余下的岁月都能在此度过。当她离开南徐州去牯岭的时候,房子才刚刚开始搭建屋顶,而当秋天洛辛把她接回来之后,他们就搬进新房居住了。她的中国朋友都只见过布局不规则的只有一层楼的家庭住房,这些住房按照传统的方式围着院子而建,因此在赛珍珠家的新居乔迁宴上,当他们第一次在私人住房里见到楼梯台阶时,对此感到困惑不解(他们小心翼翼、摇摇晃晃地往上走,张太太想出了一个下楼梯的方法,那就是屁股坐在台阶上一级一级地往下滑)。当赛珍珠宣布她丈夫希望她所怀的是个女孩的时候,他们直接表现出了难以置信的态度。玛丽安曾说:"竟然有人想要生一个女儿,你无法想象这将给南徐州的妇女们造成什么样的印象。"还没等布克夫妇安顿下来,传来消息说用于洛辛农业试验的教会资助已经被中断,这对洛辛来说无疑是个沉重的打击。然而他马上又接到了新成立的金陵大学农学院(College of Agriculture and Forestry at the University of Nanjing)院长的工作邀

请。这样布克夫妇的新居乔迁宴自然而然就变成了一个欢送宴。在赛珍珠最后动身前，大家满怀深情地互赠礼物，依依不舍地落泪，信誓旦旦地承诺以后相互拜访。这一次赛珍珠还是孤身一人于9月份前往南京，她将在那里等待孩子的出生，就住在学院院长约翰·芮思娄及其妻子家里的一个房间。南徐州爆发了一种传染病，洛辛很担心自己的妻子和未出生的孩子受到任何风险，计划元旦的时候到赛珍珠那里去。

洛辛离开南徐州的举动，让他在麦迪逊大街教堂的资助者以及南徐州传教使团的同事们深感失望。虽然卡特一家两年后也要离开中国，胡德一家(他们的确把余生的工作时间都奉献在了这个传教站上)依然希望能劝说布克夫妇回来，但是南徐州对赛珍珠和洛辛来说都是翻过去的一页了。几乎是20年之后，赛珍珠描述了一幅在南徐州继续生活下去的恐怖画面，还好他们当时逃离了这个地方："想象一下，两个、四个、五个、六个——不可能再多了——白种男子和女子，有些人彼此结婚，有些人饥饿而死，并不因为他们献身给了独身主义而得到补偿。想象一下那些被丢弃到一起的人们，无论婚后生活是好是坏，把他们安排在一起时根本就没有考虑彼此是否情趣相投。在中国内陆的一个城镇或者城市里，他们要一直一起生活下去，得不到解脱；作为传教复合体，他们被强制彼此亲近，被迫一起工作。由于思想观念的局限性，他们在围绕着自己的文化中找不到逃路和解脱。"

赛珍珠的医生霍顿·丹尼尔斯，是接替史密斯医生的人，预估到了赛珍珠可能遇到的麻烦，但是实际上她在怀孕期间一切正常，除了在日期计算上出现了一个错误。原来预计孩子会在12月底或者1月初出生，却一下子晚到了1920年3月20日。凯罗琳·格蕾丝·布克取自外婆和小姨的名字，这个小女孩给每一个见到她的人，尤其是自己的母亲，留下了深刻的印象。"她拥有不同寻常的魅力，深蓝色的眼睛透着智慧的光芒。"格蕾丝说她姐姐在来信中，用无比欣喜的语气宣告孩子的诞生"就像是一首母亲的颂歌"。然而，丹尼尔斯医生的疑虑从一开始起就是正确的，他诊断出赛珍珠的子宫里长了一块肿瘤，并建议她立即动手术。布克夫妇带着卡洛尔(凯罗琳的简称)回到了美国，那时卡洛尔才几个月大，她躺在一个从市场上买来的篮子里，横渡了太平洋，像是很多年前凯丽带着赛珍珠乘船渡洋时一样。因为担心姐姐的生活，格蕾丝从学校过来照顾婴儿，卡洛尔被留给了住在纽约欢乐谷(Pleasant Valley)布克农场的爷爷奶奶照看。洛辛和赛珍珠的哥哥埃德加陪同她到纽约市的长老会医院做手术,6月初她身上的一个良性肿瘤被成功移除。赛珍珠原本指望组建一个大的家庭,却被告知以后再也不能怀孕了。她出院后和公婆呆在一起度暑假,等待身体的康复,期间她对卡洛尔百般珍爱,毕竟以后再也不会有别的孩子了。

深秋的时候,赛珍珠一家三口返回了南京。那年冬天赛珍珠把自己的时间分给了女儿和母亲。母亲住在镇江,已经瘦弱得皮包骨头,令人怜惜。从南京到镇江坐火车两个小时就到了。第二年春天,母亲的病突然复发,医生宣告说已经没什么希望了。赛珍珠最后一次把她带到了牯岭,轿子里垫着被子,由苦力们抬着上了山。凯丽听说这次自己的病情已经无药可医的时候,还苦苦地与病魔做斗争,而到夏末当她得知要回镇江等死的时候,不得不承认斗争的失败。格蕾丝于九月初从美国回来,发现母亲坐在床上嚼着口香糖——"我听说美国这些时候正流行嚼口香糖呢"——并满怀期望地等待着崭新的手摇留声机和一包要播放的唱片的到来,她已经从上海预定了这些东西。这是她反抗情绪最后一次迸发。格蕾丝写信说:"疾病的毒素已经悄无声息地遍布了她的全身,她的每一种感知能力都变得迟钝了。她像是在昏迷中睡着了。"

她最后的请求之一是让她的护士在留声机上的爵士乐伴奏下,为她跳一次狐步舞,这位从上海来的上了年纪的护士以前是一个英国妓女,面部被毁了容,金黄色的头发很是干枯,她出乎意料地给赛珍珠的母亲留下了很好的第一印象。凯丽对赛珍珠说她小时候放弃跳舞是个错误,并恍恍惚惚地补充说,如果她的人生可以重新来过,她会把整个一生都奉献给美国的。病魔夺去了她的信念,以及对自己丈夫的尊重。他的出现让她觉得烦扰,弄得自己极其紧张和不舒服,所以女儿们就不让父亲靠近。那些她喜欢并唱了一辈子的圣歌现在从留声机上传来,貌似在取笑她。"噢,到上帝这里休息/耐心地等待他",这是她以前最喜欢的,但是当女儿现在为她播放的时候,"她极其痛苦地柔声说道'把这个唱片取下来,我不会耐心等待——任何东西。'"1921年10月21日,她在睡梦中离开人世,当时父亲和格蕾丝陪在床前。

很多年后,赛珍珠在《正午时分》中虚构了一个女儿,她远远地站在一边,仿佛是被强迫着从自己母亲临终时所睡的床边拉开:"有些东西遮蔽了她的双眼——却不是眼泪,她没有哭泣。她喉咙沙哑,眼前雾蒙蒙的,心跳快得使整个身体都在颤抖。她是太恐惧了。她盲目地转向窗户,站在那里望着窗外。"在为母亲作的传记中,赛珍珠认为这一刻彻底使自己摆脱了童年世界,摆脱了曾被各种限制所束缚的自我。"每每想起母亲的去世，我依然记得那里的风景。在窗下随风摇曳的竹子，小山另一边的山谷，小小的农舍以及黄褐色的麦田。收割末期，穿着蓝色农家服装的妇女和孩子们，正慢慢穿过田地，捡拾遗落在地上的麦穗，在他们另一边的远处又是山脉。在那漫长的几分钟时间里，我觉得我自己的肉体正在和她的分开。我想到她那里去，却又去不了。"赛珍珠在书末对凯丽的勇气和镇静的描述，跟民族女英雄花木兰的故事很相似，小时候读花木兰的故事时赛珍珠就兴奋不已。花木兰建立的伟大功勋很大程度上都归功于她那无所畏惧的母亲。一位中国评论家在刊物上发表文章评论《异邦客》："每一个读这本书的中国人都会想起……花木兰的母亲!"凯丽应该是很享受这种比拟的。在用墙围起来的洋人公墓里，她被安葬在已经去世的儿子克莱德的旁边。公墓就在镇江牛皮坡，从赛兆祥家出来走下山坡，穿过山谷就到了。

赛珍珠写道："小说是绘画，传记是摄影。小说是创造，传记是梳理。"在三本传记和两本小说中对母亲死亡故事的描述，她都亲自作了修改。第一本是《异邦客》，母亲凯丽刚去世时赛珍珠就写了这本书为她作有力的辩解。书中内容由凯丽自己日记中所记载的生活和赛珍珠对她的回忆拼合而成，所以这本书是合作性的、注入了很多个人感情的，而不是对事实的一个重塑。赛珍珠认为传记中叙事要平淡和机械化，按照这个定义，《异邦客》当然称不上是一本传记。两年之后，在自己的第一本小说《东风·西风》中，赛珍珠再次碰到了相同的主题，书中把其他的生活轶事都先置于一边不管，最后一个章节全用来描写母亲历时长久、缓慢且坚忍的去世过程。像要摆脱一个重负一样，她与病魔抗争着，沉默而安静，跟女儿的性格越来越像。疼痛折磨着她，攻击着她，使她脸色变得苍白，呼吸变得急促。最后，对母亲婚姻的实际情况一笔带过之后，赛珍珠就不愿意就此多说了："我最终拉上了帷幕，把母亲跟大家隔离开，重新置入生活的孤独之中。"

又过了十年，赛珍珠在《正午时分》一书中拉开了遮掩的幕布。她说自己坚持要完成这本书——"直到那个时候我不得不摆脱自己所有的生活"——那是一个过渡和迷茫的时期，她看不到自己将来的任何希望。"在这种精神状态下，我开始写《正午时分》……写出我所有的想法和担忧，当然我没有把自己作为主人公来写，而是以我为原型，塑造了一个女子。"迄今为止，书中写得最好也最令人沮丧的，是对照顾自己母亲的牧师女儿直接而愤怒的描写。她母亲在肌肉开始肿胀、视野开始模糊的同时，声音也逐渐变得嘶哑干燥（"死神就坐在那里，通过她的双眼观看，借助她的鼻孔散发恶臭的呼吸"）。父母婚姻的实质是毫无感情的强迫结合，女儿觉得很难也很不情愿面对这一事实。这时母亲对身体机能衰弱的恐惧又因为惊吓和怀疑而加剧了。面对丈夫的抚摸，妻子回避了，声称很疲惫并拒绝他靠近自己，"父亲和女儿彼此对视。女儿在内心里对他怒喊'你对她做了什么，使她觉得如此之累？'父亲用平静正义的眼神回答'我没有做任何不应该做的事情。'"

如果说即将离开人世的妻子和丈夫之间还有什么真感情闪现的话，那就是彼此之间以残暴相对的那一刻。丈夫发现妻子计划性地为孩子们攒着钱，这些钱都来自她本来就不多的用作家务开支的津贴。他责备她，因自己用于慈善事业的钱财被欺骗而恼怒不已，之后翻箱倒柜地把这些钱找出来擅自拿走了。后来他们的女儿发现被仔细搜过的大衣柜里的东西都像垃圾一样被扔到了阁楼的地面上，这些东西有家里的证件、婴儿穿的衣服和鞋子，以及母亲小心保存了一生的纪念物，"她突然想到这些东西里面没有任何一件是她父亲的。他已经把所有他需要的拿走了，一件自己的东西都没有落下。"

1921年的冬天，赛珍珠一回到南京，就开始把母亲一生的故事写到了纸上，重新把象征意义上的大衣柜填满，带着痛苦和愤怒一气呵成，刻在记忆中的母亲形象驱使着她这样来做。她写的时候就没想着要发表，压根没意识到她这是在写书。《异邦客》一开头就描写了凯丽充满活力的形象，那时她风华正茂，这也是婴儿时期的赛珍珠最先记住的母亲形象。在清江浦传教房子的花园里，她顶着烈日，手里拿着一把小泥铲，容光焕发、精力充沛，这与赛珍珠陪伴和照看的那个伤心、无能为力、被病魔战败的生命即将结束的妇女截然不同。凯丽的一生都毫无意义地献给了徒劳的事业。书籍最后还有一则感情横溢的附录（15年后添加上的，那时《异邦客》最终得以出版），但这附录使整本书看起来更像是为自由女神作的传记，而非为一个实实在在的人所做："一生在精神上都保持着年轻，不屈不挠，慷慨助人，渴望追求生活中美好的事物，即使不得不处于贫困之中依然能够热情地生活，追求真正的理想主义，永不满足于不能成为现实的理想主义……对于世界上每一个知道她的人来说，她代表的就是美国。"把这两个伟大形象放在一起再现，有人表达了严肃的拒绝、屈服和抵制，在母亲这面镜子中，我们一次又一次地看到了作者的身影。

　　由于只有一些最基本的证明文件，写作《异邦客》时，赛珍珠主要以母亲给她讲过的事情为依据，并辅以她出生以来存于脑海中的图画性的记忆作为支撑。这些图画性的记忆表面看来还是能说明事件发生的前后顺序的，但是，因为甚至连赛珍珠自己也不知道她出生之前发生的一切，所以她以自己近来的经历为原型，塑造了母亲的早期形象。作为一个年轻女子，凯丽生活中最大的转折点就是自己母亲的生病和去世，这在一定层面上是赛珍珠自我意识或者潜意识的重现，而她这样做的目的今天已无从得知："她已经开始拯救自己的生活了，已经为展现自己做好了准备。"凯丽拒绝了自己天性中富有激情和注重感官享受的一面，她的初恋情人身上也体现出了这一点——"从她眼中我可以看出，一想到他，她的记忆就活跃起来了"——为了证明她拒绝初恋情人的举动是正确的，她嫁给了赛兆祥，余下的日子中，却要甘心忍受自己所犯下的巨大错误。赛珍珠跟洛辛结婚的理由与此恰好相反，却发现作为一个年轻的妻子，她也深陷于相似的挫败和疑虑之中。你会不时地发现，在《异邦客》中，她写自己与丈夫的烦恼似乎和写母亲这方面的烦恼一样多。她们的丈夫明确表现出妻子对他们的吸引力和意义远远不及他们的工作，这让人觉得十分痛苦。在凯丽的故事中，赛兆祥的形象足以说明赛珍珠对洛辛复杂感情的关键所在。"他那有点学究气的言辞，后知后觉又难得一见的幽默，对工作全心全意的投入，对人类生活中实际困难的无法面对和理解，感受不到人间的美好和乐趣的苦行者一样严酷的生活都使赛珍珠反感。"有人评论道。

　　《异邦客》探讨了在婚姻中找不到出路的、"对女性极其苛刻的年代"。夫妻双方在两性关系和感情上的不协调。"无论两个人之间的关系如何紧张，无论两人结合的外壳是多么空洞，无论两人在精神上有多大的差距，都影响不了两人表面上的夫妻关系。"书末有一个章节让人读来辛酸：凯丽在五十多岁的时候，终于无奈地放弃了和丈夫一起工作的梦想，她意识到自己在婚姻中永远不可能找到伙伴般的情谊。她接受了现实，她所能期望的就是在自己的余生步履艰难地徒步行走在一个又一个的中国村落中，给予当地妇女安慰，并从她们当中获得安慰。这正是赛珍珠近来对自己在南徐州生存状况的设想。

　　无可否认，《异邦客》一书具有片面性，有些事情的叙述不真实，有些地方太富有传奇色彩，然而作者能够泰然自若地赋予主题以创造性。这本书的完成是一项卓越

的成就,它重建了赛珍珠与生俱来的均衡感,同时帮她看清了自己的首要事务。对于她及哥哥埃德加来说,只要父母一方健在,离婚是不可能的事情,但是写了这本书后,她告别了自己的过去,更加尖锐地认识到了自己的窘况,并且设计好了一道不同寻常的解决方案。就像易卜生(1828-1906,挪威戏剧家、诗人——译者注)的《玩偶之家》中的娜拉, 她最终也不得不面对自己婚姻中所出现的胡适所讲的四个恶魔:自私、奴役、伪善和懦弱。

《异邦客》完成之后,赛珍珠没有把手稿给任何人看,而是把它整理好放入了一个壁橱里,好几年都没有再想起过它。后来相似的命运也发生在了《正午时分》上面,在最终被出版之前,它静静地在一个抽屉里躺了三十多年。貌似两本书当初完成的时候,都因未经修饰和过于私人化而没敢跟大众见面。赛珍珠说起当初写《异邦客》是想把它作为家庭回忆录,让卡洛尔以及尚未出生的外孙、外孙女阅读的。然而,虽然那时她从来没想过这是一本书,更别提能够出版,不过她或许已经知道这本书使她成为了一个作家。从赛珍珠写的下一本书来判断,她在当时也一定意识到了中国才是她写作的真正主题——不是让她母亲成年之后过了一辈子流放生活的中国,而是让赛珍珠感到像家一样亲切的中国。

当布克夫妇离开南徐州的时候,他们每个人都具备了出一本书的能力,这能使他俩在一年之内分别登上各自事业的巅峰。接下来的两年半时间里,当洛辛把时间花费在从农民那里收集数据时,赛珍珠用眼睛去观察,用耳朵去倾听,在写作普通中国人生活的构成和模式时加入了自己的创造力。她写的这些故事以前从来没有人写过,如果她没把时间奉献给南徐州的村妇们,如果她没有成为她们生活的唯一见证人和她们的知己,这些故事就会永远被埋没。赛珍珠在南京的新生活标志着自我改变过程的开始,这个改变对她而言意义深远。然而她又花费了将近十年的时间,使自己彻底摆脱西方人对中国的那种狭隘的看法,他们只看到了中国肮脏、散发着恶臭、满是病菌的陋室,而在《大地》中,赛珍珠重新准确地创造了这些景象,并且指出居住在这里的人们宽宏大量,给人以无比的暖意。

▲ 童年时代的赛珍珠。

▶ 赛珍珠一家。
站在后排的赛珍珠
的保姆王阿妈是赛
珍珠中国文化的启
蒙老师，她们之间
有着深厚的感情。

第五章

中式思维

约翰·洛辛·布克夫人到达南京后,表现得完全像是一个典型的传教妻子。她身穿单调乏味的衣服,用一小笔钱给家里置办了家具,而把更大的精力倾注在她大有前途的年轻丈夫身上,为他解决后顾之忧。洛辛几乎是一来就被任命为农学院的代理院长,代替约翰·芮思娄(在美国休假两年)做了即将成为金陵大学规模最大、最有声望的院系的领导。赛珍珠成为接待一拨拨接连不断的国际来访者的女主人。这些人都是先到上海,然后再乘火车北上,或者乘长江轮船往西到内地之前中途停留来视察下南京的农业院系。在没有旅馆的时候,赛珍珠的客人——学者、作家、旅行者、休公假的教授以及在语言学校学习汉语的美国年轻传教士,常常在自己家里一呆至少就是六个月。

布克一家的房子,离金陵大学和市中心都不远,一切都很便利。房子是由灰砖砌成的标准的教师公寓。"房子太大了,看起来有那么一点不雅致。"赛珍珠这样说道。她利用别具特色的布局很快克服了这点不足。房子以底层后部舒适的起居室为中心,透过宽阔的凸窗,能望见窗下的草坪和花园,视线一直被牵引至远处的竹林。赛珍珠在房间里摆满了花很少钱买来的零碎东西:宽阔的柳条椅、低矮的中式黑檀木桌子、上过釉的陶瓷碗罐、蓝色的中式地毯和黄色的窗帘。她还把一捆褪了色的丝绸染成不同的颜色,制成了很多垫子。"起居室本来已经很大,当她住在这里的时候就变得更大了。"格蕾丝写道。她和姐姐一起搬到了这座房子里，后来她嫁给了一个房客——传教士语言学校的一个传教士。"房子加了游廊，南面山墙凸出来，几乎成为门外围墙的一部分。这里满是明朗的阳光和鲜花。屋子里面的色彩丰富而充满暖意……深杏黄色、明丽的中国蓝色、点点的翠绿色和漆黑的乌木色。"而赛珍珠栽种在窗子底下的鲜花形成了另一种绚丽的色彩。这里有春天开放的淡紫色丁香花、桃花、樱桃花、黄水仙和紫罗兰，还有一片橘树园和一个开得正旺的蝴蝶花花圃。穿过一个葡萄架就到了玫瑰花园，这些散发着甜美香味的中国蔷薇在古老的大树遮蔽下依墙而生，花下是一片片金鱼草、罂粟花、福禄考花、蜀葵花以及美国石竹花。午宴和晚宴总是在较高的露台上举行，这样就可以看到紫金山的花园围墙。紫金山远远地耸立在城市壁垒的另一边，明朝的开国皇帝就葬在那座山上。

赛珍珠不仅亲自照看婴儿，经营自己的大家庭，招待丈夫的客人，还同时在私立教会大学——金陵大学以及它的竞争对手——国立东南大学(National Southeastern University)教授英语课程。她和隔壁邻居玛格丽特·汤姆森成了好朋友，玛格丽特也是一位教员的妻子，受过良好的教育，有自己的文学抱负和教学任务。她们的交往对赛珍珠来说是个安慰，因为她总是担心其他的妇女会说她与这里的环境格格不入。"我钦佩她，有时候也会对她有点敬畏的感觉。"另外一位教员的妻子曾经这样说过赛珍珠，"甚至在那个时候她也清楚无误地表达自己的思想。"她的房子简单而朴实，但又跟其他人家的截然不同。"它是我去过的最迷人的家，"第三位传教士妻子说道，"也是最具有知识分子特征的家。"然而很多年以后，赛珍珠却坚持说在那些年早期的日子中她感到窒息和束缚。她家里的客人们还记得每天早上她蜷缩在窗户边的墙角下读书的情形。这一时期，在不多的陌生来访者中，有一位独自一人专程来看望赛珍珠的人，她就是爱丽丝·蒂斯达尔·霍巴特。爱丽丝既是读者，也是作家。她永远不会忘记赛珍珠宽敞、舒适、凌乱的起居室里堆得到处都是书籍，"不是像很多图书馆里一样顺着墙一线排开的书籍，而是那些竖立在桌子上的大小不一的书籍，以及看起来不同寻常的书籍。这些书籍给人一种印象：这间屋子的主人一定品位非凡。"

这间像图书馆一样的工作间，在1922年夏天开始发挥实际效用，那个时候赛珍珠尝试性地迈出了走向自由生活的第一步。当时她带着女儿和妹妹在牯岭的赛氏别墅里消夏，这也是第一次没有母亲陪伴在身边："我十分清楚地记得八月的一个下午,我突然说道,'今天我要开始写作了。我终于为此做好了准备。'"她没有选择刚刚完成的关于她母亲的更具独创性、能装订成一本书的打字稿,而是把在杂志社发表文章作为写作上的首次尝试。现在回想起来,这绝非是偶然的。前者是个人的驱魔行为,后者却是绝对专业的写作。这种类型的文章笔法巧妙、语言亲切、套路固定,面向西方读者市场,故事通常以工业化的数量生产出来。赛珍珠的文章引起他人的注意仅仅是因为它们的内容不同寻常。《也说中国》是赛珍珠第一次尝试以讲述自己在安徽的经历写的文章,采用第一人称,由小说化了的自己来讲述。这个自己正是当时她在南京表现出的样子——温和、宽厚、过早地进入了中年生活。文章中的她伫立在南徐州旧房子上,看着下面街道上穿梭往来的车辆:

大清早的时候,穿着蓝布衣裳的农民,有时候是他们强壮、打着赤脚的妻子们,在肩头挑着满满的还带着露水的新鲜蔬菜的大圆篮子,或者用作燃料的一捆一捆干草往城镇里赶;一队队瘦小、脚步齐整的毛驴嗒嗒地经过,在它们的背上交叉放置着很多圆柱形袋子的面粉和大米,过早地施加给它们的重压使它们站立不稳。有时候它们的鼻孔被撕裂,这样就可以在残忍的重荷之下更加迅速地喘气。一辆辆的独轮小推车"吱吱"地叫着一路向前……它什么东西都能够(负载),无论是带着能够使用六周的寝具、食物和宣传册的清瘦巡回传教士,还是两个装有嘎嘎乱叫的家禽的篮筐——或许装的是鹅。这些鹅从编织得松松垮垮的竹篓里伸长了脖子探出头来,兴奋地欣赏着路边的景色。

文章的基调是轻松愉快的,素材滑稽而生动形象,但是作者的观察却很敏锐。外界人士想要了解真实的赛珍珠,可以从《大地》的内容中探索。《大地》的主题是正悄然变化的潮流,这种潮流甚至早在那个偏远、毫无生气的穷乡僻壤中就已经形成了。《也说中国》描绘了一个对于中国新一代知识分子来说完全陌生的世界,赛珍珠在南京首次见到了这样的一类人:有西方教育背景、思想很超前的教职员工,他们住在铺地毯、挂窗帘的二层楼房上;敢于创新的年轻人和他们时髦的妻子们,她们剪短了头发,不再缠脚,身穿短袖、紧身的绸缎衣服。这一代人坚定地期盼着美好的未来,这个未来却没考虑到难以应付的乡村生活的现实。洪水、干旱、瘟疫和庄稼歉收,在这个生机勃勃的新都市都不可能发生。赛珍珠在南京度过的第二个冬天,也就是1920-1921年间发生饥荒的那个冬天,当听说村庄里发生饿死人的灾难时,她的新朋友们都觉得难以置信。他们没有一个人被说服离开外国人聚居的舒适地方爬上城墙去看看。城墙上成千上万来自周边农村的难民住在临时搭建的避难处,因为饥饿而缩成一团。"这种事情我在芝加哥的贫民窟见过,"一位年轻的中国社会学家沾沾自喜地对赛珍珠说,"但是我保证这种事不会发生在南京的。"

《也说中国》于1924年1月发表在《大西洋月刊》上,继而《论坛》杂志的编辑委任赛珍珠再写一篇文章。两个月之后发表的《中国之美》,仿佛是赛珍珠制作的第二部色彩绚丽的旅行纪录片,像是在庐山上所拍的双面快照的核心部分。回忆起来,这部纪录片似乎带有一定的意图:

> 有一天我站在江西的一座山顶,俯视着百里之内的可爱中国。溪流在太阳的照射下闪闪发光;长江水悠闲地沿着一条宽阔的黄色天堑流向大海;成群的树木惬意地环抱着一个个盖着茅草的小村庄;稻田里满是清一色的翠绿,排列得和智力游戏中的图案一样齐整。这真是一幅平静而美好的图画。
>
> 然而,凭着我对所在的这个国家的了解,我知道如果不是不经意间来到上文所说的这个可爱的地方,我可能会发现溪流是被污染的,河边停满了窄小、破旧、用草席盖着的船只,而这些船只却是成千上万悲惨、食不裹腹的以水为生的人们的唯一的家。树下的村庄可能拥挤而肮脏:苍蝇漫天飞舞,垃圾在太阳的照射之下腐烂,到处都是黄毛恶狗,这些恶狗看到我的到来一定会狂叫……村庄里的房子可能狭小、没有窗子,像山洞一样漆黑。

第一篇文章戏剧性地描述了见到南京时的惊讶之情,而赛珍珠就是在南京成为一个专业作家。第二篇文章发现了一处尚未载入地图的领土,在一切讲究程式化的畅销杂志版面上,是不可能探索这样一个地方的。赛珍珠说正是这两篇文章在纽约的发表给了她信心,使她开始考虑一些更能展现她的雄心壮志的事情。据她自己讲,这件事情是在秘密中进行的——"不把写小说的事情告诉他人对我来说是很自然的……我没有朋友或者亲戚，可以让我把自己的写作情况告诉他们"——然而洛辛好像总能正确地猜出妻子的前进方向，甚至在赛珍珠清楚之前。"我对她感到非常骄傲，"洛辛在1923年2月18日对父母写信说，"并且我非常期待有一天她能写一本关于中国的书籍。这本书将和其他已经出版的东西截然不同，我坚信它一定很有趣。"洛辛正确地预估到，这本书在真正开始书写之前需要几年的准备时间。赛珍珠在起居室里构建了一个自己的工作空间后就开始秘密的写作生活了。这个空间足以放下她的书桌和竖立的钢琴，钢琴的后部装上了一个红木的隔板，由当地的木匠在上面为她雕刻了身形矫捷、具有保护意义的中国龙。

南京到处都是诸如此类具有象征意义的守护者，范围从为私人住宅守门的龙和狮子，到仁立在紫金山皇家陵园礼仪入口处一字排开的威严的石兽方阵。尽管已经有了铁路和由南京的两个大学所建立的现代化飞地(某国或某市境内隶属外国或外市，具有不同宗教、文化或民族的领土——译者注)，中国的六朝故都依然保留着它那腐朽的宫殿、寺庙、花园和宝塔。当赛珍珠起初在这里定居的时候，它依然是一个按照步行者或者手推车的步伐而前进的世界。五百年中，这个城市的内部缩小了雄伟的城墙的规模，它周长25英里，高60英尺，由14世纪的大明王朝修建，是当时世界上最大的城墙，如今它顶端的宽度依然可以使四辆现代化的汽车并列行进。赛珍珠为她的拜访者组织短途旅行，在莲花湖举办船上宴会，还在曾经辉煌、现已破败的紫金山明帝陵举行野炊活动。但是她自己最喜欢的却是夜晚一个人在狭窄、热闹、铺有鹅卵石的街道上行走。这些街道充斥着垃圾堆、出售的货物以及在自己那矮小、拥挤不堪的家门前点着豆油灯喝茶的人们。赛珍珠说这才是真正的小说家觉得最快乐的地方："街道才是小说家应该去的地方。"

跟在南徐州一样，赛珍珠在南京也成了一名翻译，这让她重新回到了自己的美国世界。她为西方人翻译中国和中国人的情况。中国生活的神秘莫测以及这里的景色和气味都让这些西方人感到泄气。"她使一切事情都变得简单。"玛格丽特·贝尔说。她刚刚嫁给了赛珍珠在镇江童年时期的朋友——詹姆斯·贝尔。詹姆斯在布克家的据点学习了六个月的语言课程后，也开始了自己的传教事业。"我有点想家，"玛格丽特说道，"詹姆斯出生在中国……这里的文化冲击让我觉得很难受。"那个时候霍乱和天花时常发生。排水沟总是被垃圾所堵塞。城镇里的菜园和花园每天施的肥料都是人的粪便("当他们施浇这些肥料的时候,我们就想着自己活不长了")。赛珍珠花费了大量的时间帮助新到来的人解决各种问题,比如说贝尔一家以及她大学时候的老友埃玛·埃德蒙兹,现在又在帮洛克·怀特夫人,她于1922年和自己的传教士丈夫以及两个小孩儿来到了南京。这些人在中国的很多困难,都可以归结为对东西方之间的期望和设想的完全无法理解。

向赛珍珠咨询问题的教职员工,学会了信任她对人员管理方面的问题所提出的机智和极其有效的建议("我们都依靠她来寻求那些能够被中国人理解或者欣赏的问题解决方案。"医生的妻子海伦·丹尼尔斯说道)。她在语言学校发表演说,解释中国社会体系的错综复杂,并且指出,被西方人认为是不雅的地方生活习惯,在西方人的行为中也有相似的表现,这些一样使中国人感到厌恶:放声大笑、刺耳的声音、西方妇女所穿的不体面的紧身衣服、男士随意乱发脾气,以及无论男女,把用过后满是鼻涕的手绢放在口袋中。外国人惯常喜欢给他们的中国雇工打上贪婪、懒惰或者不诚实的烙印,赛珍珠打破了这种无知和偏见。"她总是主张给身边的人更多的机会。"莉莉丝·贝茨说道。莉莉丝是另一位大学教师的妻子,赛珍珠坚持戒除对异族人的刻板印象的行为,深深地影响了她,"跟人们相遇后,随着对他们的逐步了解……你会体会到他们的经历,以及在这些经历之后掩盖着的优秀品质,这样,你就不会用以前的标准来看待他们……真的,我们在对待人的态度上会发生改变的。"

赛珍珠对自己所接受的信仰方面的教育不再持绝对信任的态度,现在她甚至更加倾向于相信忍耐和包容。"从宗教的角度看,赛珍珠和自己的父母以及一般的传教士成员都拉开了距离。"詹姆斯·贝尔这样讲道。他很喜欢和赛珍珠长时间地进行有关异端学说的争论,他们讨论《圣经》的历史以及证明耶稣是否算是一位像中国的孔夫子一样伟大的老师。只要赛珍珠能记得住,中国人就一直跟她讲自己的故事,这些年来,她变得更加留意这些故事了。赛珍珠的美国邻居常常为她的一些行为感到窘迫,比如她习惯在大街上吃花生,还喜欢和卖花生的人以及住在城市另一边的那些破旧不堪的房屋里的黄包车车夫长时间地聊天。在其他人家里,靠力气进行的、自由随意的烹饪工作,都被限制在房子后部的专门供仆人居住的地方,而在赛珍珠家里,仆人一家人都住在她的院子里。"赛珍珠的家和墙外边的中国世界没有什么两样,"玛格丽特·汤姆森说道,"我可以看到那些妇女们蹲坐在院子里歇息、缝纫、除草或者晾晒卷心菜。"赛珍珠倾听家庭裁缝讲自己的事情(赛珍珠最后以《饰边》为题发表了他的故事),也让园丁的妻子倾诉衷肠。这位妻子奋力地养育着一个不断壮大的家庭,但他们一家住在一个泥土垒建的小屋里,屋子就顶在布克家的一堵侧墙上。丈夫嗜赌成性,不仅不给家里提供任何帮助,还每隔十个或者十二个月一次次成为新生婴儿的父亲,他们都不想要这些孩子。当赛珍珠自己的小孩儿让她非比寻常地意识到其他母亲的艰辛时,她就开始特别关注营养不良的婴儿,并为园丁的妻子和黄包车车夫的妻子制作了一瓶瓶的婴儿食物。"我觉得自己一生中从来没有这么感动和羞愧过。"玛格丽特·汤姆森说,她度完暑假回来后,发现黄包车车夫的新生婴儿因为吃了赛珍珠每天都送的婴儿食物而长得圆圆胖胖、健健康康,而以前这个婴儿却骨瘦如柴、病病恹恹,她当时还想孩子与其这样受苦,还不如让他及早离开这个世界呢。

　　赛珍珠甚至在自家做鸡舍用的小屋里收留过一个单亲母亲,即一位缠了脚的北方妇女,她潜逃了的丈夫曾经是布克一家在南徐州时的园丁。布克一家到南京后不久的一个冬天,这位妇女就出现在了他们家门口,她怀了身孕、穷困而绝望。"'我到您这儿来了,'她语气感人而天真,但我不得不说这种天真也让人烦恼,'我没有其他人可以投靠了。'"这位鲁妈坚决地拒绝了提供给她的一切实际帮助,不要送她到医院分娩,也不要布克家的任何房间,她坚持一个人在鸡舍里把孩子生了下来。鸡舍已经被擦洗干净,墙壁用石灰水粉刷了一遍,地面上铺上了新砖,里面还放上了一些由赛珍珠提供的基本的家具。鲁妈已经生过五个孩子,但这些孩子都在出生的时候或者出生后不久死于破伤风。刚出生的这个孩子被叫做"肉蛋",因为他对生的欲望特别强烈。由于自己的母亲在养育孩子方法上的极不谨慎(一次是她错误地把碘酒泼在了孩子身上,一次是无意中让孩子遭受了严重的氨灼伤),他两次被赛珍珠悉心护理才得以恢复健康。然而这个孩子在刚学习走路的时候还是离开了这个世界。鲁妈接下来一次的怀孕是由于遭到了一个士兵的强奸,那些年中,很多军阀部队在国内暗中巡行。结果是她自己实施了残忍的堕胎,这也差点要了她的命。幸亏赛珍珠及时发现并把她送到了医院,这样她才没有因为败血症而离世。当鲁妈最终恢复健康的时候,她的命运就和赛珍珠无法避免地连在了一起——至少她自己是这样认为的:"她宣告说她的生命是我的,虽然有时候我真希望她的生命可以属于任何人,只要不是我,因为她固执己见、富有牺牲精神且嗓门很大,然而我知道她对我是忠诚的。"

跟鲁妈在一起感觉就像是被捆绑到了一个人形坦克上。鲁妈把每一次生活中的障碍都看作是一场战斗的机会,且认为自己坚不可摧、无可阻挡。无论是占据布克家的鸡舍,为他们清扫起居室,还是强行进入他们的生活中。从跑腿、做零碎工作到表现得像是家里的阿妈和管家,她很顺利地成为了布克家的支柱,而且当赛珍珠最终离开中国的时候,还成了汤姆森家的支柱。"这个不认字的妇女很快就表现出了过人的智力、极度的忠诚以及钢铁一般的意志,"哈佛历史学家詹姆斯·C.汤姆森写道。他是玛格丽特最小的孩子,主要由鲁妈养大("鲁妈是我的第二个母亲,也是赛珍珠留给我的最好的遗赠")。她那用之不尽的精力和忍耐力、她的不善辞令、她简单而不俗的潜在洞察力,都为《大地》中阿兰角色的塑造提供了原材料(阿兰第一次生孩子的情形简直就是"肉蛋"在家被分娩的重现)。最初激发赛珍珠创作《母亲》这本小说的是对鲁妈堕胎事件的记忆,从那以后赛珍珠就立刻开始写这本书了。

作为一名小说家,赛珍珠回到了她写小说的根源:"是中国小说而非美国小说,造就了我在写作方面的成就。我最早的知识……关于如何讲和写故事都来自于中国。"南京家里起居室中摆满的书籍都是赛珍珠小时候最先接触到的,现在作为一个成年人,她依旧阅读或者重读这些书籍。她有计划、有步骤地贪婪地阅读所有触及到的文章,利用它们的生气和活力为自己想象力的电池充电。小说在中国总是一个受欢迎的文学形式,它是个"野生的事物",具有煽动性,内容变幻莫测且丰富多彩。传统上小说总是被鄙视,有时候还会被有权力的文学机构大力禁止,或把小说排除在经典艺术形式之外。英语中的"故事(story)"翻译成汉语为"小说",指的是微不足道、没有价值的东西("甚至英语中的'小说(novel)'就是'长篇小说'或者篇幅更长一点的文章,意思还是不重要和毫无用处"),仅仅通过学习经典文学来学习汉语的传教士们认为,用本地语写成的小说粗野、鄙俗、"难登大雅之堂"。

赛珍珠自己发现了中国小说内容的宽广、多样和深刻,它们语言的率直和活泼,以及它们能紧紧抓住读者心理的能力,这些小说不自觉地就反应出险情、戏剧性变化以及中国人的世界中每一天都发生的熟悉的骚动。赛珍珠说中国最伟大的小说——《红楼梦》、《三国演义》和《水浒传》——包含了整个人类的创造性发展,经常是通过讲故事的人的"口口相传而非手手相传"的方式被人们不断地阅读和保存至今。赛珍珠这些年的读书行为都是她特殊的创作计划的一部分。"只有思想上自由自在的人,才能做好写作的准备。"爱丽丝·霍巴特写道。当她发现赛珍珠在她小说的镜子中搜索中国的影子时感到非常吃惊,"赛珍珠已经得出了一个基本的,虽然不能说是叛教的结论:真正的中国是在经典文学中找不到的……伴随着城市的喧嚣声,穿过自己家的组合墙,软弱无力地传入耳中,赛珍珠坐在起居室里阅读……她一本一本地欣赏着中国小说,带着极大的愉悦感和越来越强烈的好奇心,仔细地研读着成年累月积累下来的大量故事。"

赛珍珠也贪婪地阅读自己同代人写的最新的小说以及由小出版社出版的发行很大的平装本作品:"我用一美元就可以买差不多满满一篮子这样的书籍,足够读上几天。"这些年,赛珍珠经历了南徐州周边村落村民的再教育,语言的斗争已经分出了胜负。"白话",即人们日常生活中使用的语言最终得到了政府的支持,成为全民通用的语言。当代文学如今已变成一个开放的领域,不再由那些独占和控制文学界的学者一手把持,因为正如赛珍珠所说,"以前只有他们知道如何阅读和写作。"被戏谑地称作"引车卖浆者"的作家们毫无顾虑地尝试写作各种主题的文章,他们打开了被禁止的领域,对先前的忌讳满不在乎,探索自己的生活和问题,笔锋史无前例地直率,这使他们的前辈作家们惊骇不已。小说中有关感情的流露,在形式上差不多都以西方的模本为依据,这在中国激起了战斗的号令。新派人物对外国形式的模仿是一种重复,有可能站不住脚,然而赛珍珠却直言不讳地对他们的创造力和理解力的大胆突破做出评价:"他们给我提供了最清晰的一面镜子,让我看清楚了我们那时共有的世界,通过他们和他们的书籍,我明白了很多有可能无法理解的东西。"

文化革命总是跟政治巨变紧密相连。日本侵略的不断威胁在第一次世界大战后激起了中国人民怒气的爆发。那时候,此前德国在山东占领的土地被得胜的欧洲协约国直接交接给了日本而不是中国。西方的背叛和投机主义让中国人彻底死了心,因此产生了自发的罢工浪潮和学生示威游行运动,也迫使持有不同政见的年轻的理想主义者朝着俄国革命提供的马列主义规范靠近。未来的希望取决于新青年(同名的刊物后来成为了共产党的机关报,青年毛泽东参与分发,这大概是他为党做的第一份工作)、新文化以及新人类的新语言。对于大部分的知识分子来讲,他们需要效忠的不是弱小、依然缺乏专业经验的共产党,而是孙中山重组的、正在迅速扩大并且获得俄国支持的国民党。教育开始在各个层面上显示优势。南京的东南大学原本是一个教师培训学院，1921年重新作为一个政府支持的一流大学开办。东南大学勇敢无畏、高瞻远瞩、极富竞争力，它成为中国第一所招收女学生、任命女院长以及教授自然科学的大学。赛珍珠对这所大学的喜欢程度远远胜于传教士们那条件更好、设备更精良的机构，该机构舒服却保守，全是男学生。跟男女同校的那些急切地在东南大学寻求免费教育的大帮人相比，这些男学生们在课堂上的反应更容易想象出来。

那些饥饿、寒冷、付不起学费的学生，一窝蜂似地涌进了赛珍珠的英语课堂。教室很空旷，没有装饰，也没有供暖设备。冬日里的北风夹杂着沙子从安装不得当的门框中吹进来，散落在糊窗户的纸张边沿，这些窗户都没有装玻璃。学生的英语差强人意，有时候讲的根本谈不上是英语，但他们的热情常常使赛珍珠在下课的时候迟迟不愿离开教室："我从他们身上学到的东西，远远多于从教会大学里的那些文雅、顺从的男学生身上学到的。每次我离开的时候身体虽然是冰冷的，但心里是暖洋洋，精神上是振奋的。因为在我和这些急切想要获得知识、衣不蔽体、食不裹腹的年轻学生之间没有任何交流的障碍，他们想要谈论世界上发生的一切事情，我们就一起探讨。"十年之后，赛珍珠把这些人写进了《分家》之中，其中王龙的一个孙子也在同一所大学教文学："王源把自己裹在大衣中，站在他那冻得瑟瑟发抖的学生面前纠正他们论文中的错误，当他在黑板上为学生们写下诗歌写作的规范时，风沙正吹过他的头发。然而他所做的这些几乎没什么用处，因为所有的学生都专注于把他们的衣服裹得更紧一些，尽管在裹紧，对于很多人来讲还是远远不能抵抗严寒。"像王源一样，赛珍珠逐渐开始喜欢和重视这些小店主、教师或者商人的孩子们，以及少数几个克服了几乎不可战胜的困难才从乡下来到这里读书的聪明孩子，如今这些孩子们正在尽力理解远远高于他们现有的正规预备水平的文章和概念。

这样的学生在赛珍珠早期的小说中进进出出，他们被难以名状的对知识的渴求所驱使，有些人急切地想要改变现状，另外一些为无望独立颠覆已经确立了成百上千年的文化禁忌而极为苦恼。赛珍珠整个一生中，都见到一些迫切想要得到教育的年轻人，来到她父母在镇江的家里，在把他们送到南京金陵大学神学院(赛兆祥是神学院创建者之一)之前，她的父亲尽其所能地教给他们知识。赛兆祥跟自己的女儿一样，满怀激情地信奉民主才是学习和交流的手段。"文言文是一种已经死亡了的语言，就像中古时期的拉丁文一样，僵硬……模糊……不精确。"他写道，早在1900年他就开始反对使用这种90%的国民既读不出来又理解不了的语言。有人指责母语在本质上有失庄严和体面,他对此进行了气愤的反驳。"一种被几百万人使用的语言形式……当然不能被称作不庄严。"他辩论说,并且发现"真正的庄严……存在于人们的口头语言中,而非呆板虚饰的书本文体之中。"在她女儿的时代,同样的指控发生在一批南京的教授们对"引车卖浆者"的反对上。他们那拼死抵抗却无望取胜的行为,被赛珍珠以前的精神导师胡适巧妙地扼杀,胡适自己如今已成为北京最有影响力的学者之一。在赛珍珠看来,胡适自己的写作已证明口头语可以成为"一种非常清晰优美的写作语言,灵活而充满生命力,能够表达最深远的意义和思想。"

赛珍珠自己说她总是更乐意用白话而非英语讲话和思考。她早先写的故事都是先用白话构思,只有开始把这些故事付诸于文字的时候才在头脑中把它们转换成英语。她以赛珍珠·布克的名义发表的第一篇故事《祖先的束缚》1924年9月刊登在《教务杂志》的"中文作品翻译"栏目。文中描写了一个年轻学生,他痛苦地意识到自己所渴求的知识总是无从得到。在南京的那些年里,这种独特的写作方法被赛珍珠不断练习和完善,使得她的小说在一定程度上更加接近中国的当代作家作品而非美国的。西方读者能够一下子感觉出来这些作品的奇异。一位评论家针对赛珍珠的第一本小说写道:"《东风·西风》中那优美的遣词造句是赛珍珠·布克用中国思维来写作英语而直接造成的。"

赛珍珠开始生活在自己的想象之中,其如痴如醉的程度使她跟自己最亲近的人都疏远了。她认识的唯一一位具有文学品味的人是住在隔壁的玛格丽特·汤姆森。玛格丽特把写作当成爱好,只是偶尔为当地的英国出版社提供几篇文章。洛辛的热情是真的,但却很有限。他对文学作品一无所知("赛珍珠觉得他什么书都不读。"埃玛·怀特说),而且越来越时刻专注于设立一个高速发展的大学院系的需求上,这占据了他所有的精力。金陵大学农学院被建立了起来,其办学宗旨是引导革命之后的新中国的发展。洛辛采取的第一个行动就是和学院的领导约翰·芮思娄一起为农业科学研究以及农村地区的重建起草宏伟蓝图。为了在全国范围内分配改良过的品种,他刊发了一本种子目录,并制定了计划来调查各种相关因素,包括使用工具和农田规模到作物分配和土壤肥力。洛辛亲自动手的方法类似于激进的文学革命,使一些学生大为震惊,这些学生从小就认为学者和任何形式的手工劳动之间,从远古时期就竖立了一道不可逾越的鸿沟。"他们不仅对自己的国家人民一无所知,甚至不清楚应该如何跟人讲话,如何称呼他人。"赛珍珠写道。在接下来的几年中她对年轻的左翼知识分子对普通工作者和农民表现出来的习惯性的、根深蒂固的蔑视越来越感到不安了。

洛辛教导自己的学生对农业种植第一手的实践经验,是他们向农民介绍科学种地方法的唯一希望。传统上,这些农民把庄稼的枯萎病和虫害都归咎于邪恶的妖魔作怪,并且通常会向他们贴住墙上的神咨询求助。"如果想要改变它,你就得理解它,"这句话成了洛辛的口头禅。他定期到村庄里跟农民们交谈,视察他们的庄稼,并询问他们种了什么以及生长得怎么样。"他一个人来,吃住都在农民家里。"他最早的学生中有人回忆说。1923年这个学生把自己的老师介绍给了家乡的村民,并且在第二年又陪洛辛回来考察农业生产,"这些村民都觉得很震惊,因为这个外国人好像比他们自己更加懂得当地的农业情况。"洛辛建立了中国第一个农业经济系,1921年的时候它还只由洛辛和两个学生组成,而十年之后它的成员就超过了六十个,还有个一百人组成的团队为他进行全国范围内的土地使用调查。1976年《美国农业经济杂志》(*American Journal of Agricultural Economics*)的一篇文章认为:"他把有关农业的方方面面的学问都介绍给了中国:教学、研究以及公益服务。"洛辛打一开始就走在了其他机构的前面("他们觉得我们应该停下来歇歇并想从我们这里挖人。"他在1922年对东南大学的报告中说)。他为当地的农民开设了延伸课程,并组建了专家组为他们提供洪灾和饥荒时刻的危机应对措施。1923年,当中国灾荒基金(China Famine Fund)把一百万美元中的三分之二捐给布克以促进他在南京的工作时,他还意外地得到了来自于美国和英国更大数额的资助。20世纪30年代初期,学院在国民政府政策里的地位越来越重要,而布克的远见、实际中的组织能力以及团队工作中的天赋被普遍认为是促成这一切的驱动力。他发表文章、做演讲、参加会议,并利用假期时间考察中国各处的偏远地区。见到布克的人影很不容易,他不是忙于公事就是在办公室里工作,即便他在家里,来访者也认为他是极其沉默的人。"我不觉得他有任何亲密的朋友,"布克的上司的妻子伯莎·芮思娄说道,"他完全沉浸在自己的兴趣和事业上……在他自己的工作领域他做得很出色,他专注于自己的工作,那就是他整个的生命。"

洛辛和妻子之间毫无共同之处,这点是显而易见的。"他根本不是赛珍珠想要的类型,"伯莎·芮思娄说道,"我觉得他对她毫无兴趣可言。他不理解她,她也不理解他。""他们俩真不应该结婚,"莉莉丝·贝茨说道,她对洛辛在处理和妻子关系问题上的不敏感很是失望。他对待赛珍珠的态度就像是中国农民对待他们的妻子一样,认为她的作用是绝对实际的——努力干活、积攒钱财、做饭、打扫和养育孩子——他根本不会在乎她进一步的需求。面对这些,赛珍珠的反应是逃离现实,不再注重自己的外表并且开始增肥,就像她大学最后那年所做的一样。在他们恋爱和刚结婚的时候,赛珍珠简直美极了:肤色姣好,蓝绿色的眼睛衬托着金黄色的头发,她的身材本来就曲线优美,再加上时下流行的服饰,就更加漂亮了。然而到了1922年,连赛珍珠最忠实的朋友埃玛·怀特都被她的尺寸吓到了。一个年轻的中国同事还记得那个身材肥硕、衣着过时、在东南大学教授新生课程的布克夫人。对于年轻的玛格丽特·贝尔来说,赛珍珠看起来"就像是一袋子谷物粗粉,袋子中间用一根绳子环绕系了起来。她的身躯极其庞大,得把自己蜷缩在一张大椅子上看书……总之,她只是把头发弄得引人注目,她的腰带看起来恰似系袋子的绳子。"

赛珍珠非常清楚在别人眼里自己是怎样的形象,尤其是在中国人眼里。在她1924年写的长篇故事或者说中篇小说《一个中国女人说》中,小说的叙述者——一位年轻的中国人,第一次见到了一位外国女士,这位女士也极有可能是赛珍珠这样的人:"她身穿一件长外衣而不是裤子,腰间还束着一根扁平的带子。她的头发……平整而顺直,虽然颜色是不怎么吉利的黄色。她的鼻子很高……手掌很大,指甲短而方。我低头看她的双脚,发现它们和打稻谷用的连枷一样大。"整部小说充满了私密的笑话,但像这个笑话一样,故事中暗含着忧伤。这部小说题目中的中国妇女,打扮精致,头发弄得香喷喷的,指甲平滑,有着一双三寸金莲,她带着不解的同情对见到的外国人做出了以下反应:"有哪个男人想要像她那样的女人呢……那么轻飘飘、毫无生气的眼神和褪了色的头发,那么粗糙的手和脚?"然而她也有一段痛苦的历史,那就是她年轻的丈夫拒绝跟她有性接触。他丈夫爱好科学,被培训成了一名西方医生,他接受了信奉传统教育的父母给自己安排的婚姻,却通过给新娘灌输严肃的有关男女平等的说教使她伤心欲绝,他还拒绝完成两人的结合,认为这是不平等和残酷的社会强迫他们去做的。他们新婚之夜的惨败,巧妙地演绎了西方小说中充满色情味的婚内强奸——"我跑到门口,盲目地认为我可以逃回自己的娘家"——结果却是被吓坏了的年轻妻子那么无助,独自睡在婚床上暗自流泪。

在接下来的几个月,赛珍珠尝试去吸引丈夫的注意力,却没有成功。她丈夫每天都累得筋疲力尽,因为他正在为推行合理的现代化方式以解决由中国的迷信和陈腐的信仰引起的问题而奋斗。在一座完全依照布克一家在南京的住宅建造的房子中,赛珍珠也开始跟自己的困惑和被忽视的存在进行抗争。赛珍珠扭不开这里的门把手,楼梯太陡爬不上去,难看、扎人的柳条椅根本无法入坐,厚得笨重的方形羊绒地毯既抖不开也不能在上面吐唾沫。习惯了南京家里装了垫料的各种丝绸表面、保护性的屏风以及巧妙地过滤过的灯光,置身于西方世界中,她感到极其沮丧和不舒服,就像白色的墙壁、光滑的地板,以及透过起居室明亮的玻璃窗照射进来的刺目耀眼的阳光给她的感觉一样。《一个中国女人说》是一部手法高明的喜剧,由中国的叙述者和西方的读者演绎了她们之间的过失,错误的假设和相反的期待。从另一方面来讲,这部小说也恰如其分地映射了赛珍珠自己的婚姻,她从中探索另外一个虚构的自我——那个每天都把大把的孤独时光花费在准备迎接丈夫回家的自己,她尝试在脸上涂抹乳液,在头发上佩戴装饰品,并穿戴精心设计的套装:"他的眼神总是很快就逃离到了其他地方——放在桌子上的信件和他的书籍。我被遗忘了。"她把家里摆满了鲜花,他却从没注意到;她为他准备了一碗碗清香的茶水,他总是顾不上喝就走了;她为他准备了一道道可口的饭菜,他甚至尝都不尝。"因此我不再尝试这样去做了。丈夫对我没有任何的需求。他不需要我为他提供任何东西。"在小说结尾的时候,情节发生了童话式的逆转,失败变成了胜利,丈夫以一种绝妙的含蓄形式开始把注意力转向自己的妻子,"正如春天的河流源源不断地流入因冬天的干旱而枯竭了的运河。"

赛珍珠感到这个时候自己的轻松是无可比拟的,无论是婚姻之内还是婚姻之外。她在 20 世纪 20 年代为报刊所写的很多故事(后来被收录在《第一位妻子与其他的故事》中),不是以自杀、两性上的束缚而收笔,就是以完全丧失了生活的希望而结尾。其中两篇中的主角为了逃避无爱的婚姻而双双自杀;还有一篇中的老妇人因遭到家人的遗弃而威胁说也要自杀。赛珍珠在《异邦客》中描述自己母亲的问题时她的不满情绪又有所表露,而当 1923 年父亲搬来跟她们一家一起住的时候,这种情绪就更显而易见了。父亲的出现改变了赛珍珠家庭生活的平衡状态。赛兆祥一向不怎么看重洛辛,如今他的这种态度已经人尽皆知了。"当赛登斯特里克博士跟赛珍珠他们一起住时,我们都看得出来,他非常看不起洛辛,"伯莎·芮思娄说道,"整个社区的人们都知道他不满意赛珍珠的丈夫。"他们两个人只有在吃饭时才会碰到一起,而且两人都很明显地避免跟对方讲话。这真是一个棘手的问题,要知道从严格意义上来讲,赛兆祥可是洛辛家的客人。只要有公开冲突的苗头,都会被赛珍珠通过机智巧妙地应对她的父亲而消除。"只要他住在这里,他就必须是这个家的一家之主。"赛珍珠在她的自传中淡淡地写道,"一个不争的事实是,他不喜欢自己的女婿,并且毫无顾忌地无数次通过跟我进行'我早跟你说过'式的对话让我明白这一点,他对洛辛的成见是一点没有减少,要不是出于我对他与日俱增的爱和自己的幽默感,这还真让人难以承受。"

需要通过中伤他人来显示自己的优越,这至少在一定程度上是因为自身受到的伤害。妻子去世之后,赛兆祥在镇江度过的最后十八个月是极其悲惨的。凯丽在世时可以在背地里跟他讲道理,在公众场合维护他以对付批评他的人;凯丽去世后,他的固执和专横造成了自身的失败和羞辱。这两个缺点几十年来不断惹怒他的同事,大家对此几乎是忍无可忍。问题终于浮出水面:由于长期对资金管理不善、缺乏透明度,以及存在近似于犯罪的违反传教规定的行为——即由一个美国资助者捐献的用以建造纪念小教堂的钱被赛兆祥挪作他用。他把这笔钱用在私人目的上。在他巡回布道的时候建造的另一个小教堂莫名其妙地被本地牧师所拥有。第三个小教堂被用作鸦片集团的总部。这些证据也被拿了出来,他受到了指控。他无法合理地解释他的中国帮凶们的行为,他们不仅强行占有他的小教堂用以进行非法的,有时候甚至是丑恶可耻、不正当的行径,还有计划有步骤地擅自取用意外获得的现金和实物。针对赛珍珠父亲的案件很费工夫,过了好几年才逐步立案。"苏北传教使团中不存在自由工作者或者自由工作。"远在1915年,一份正式报告就这样宣称,用意明显是在警告赛兆祥对传教使团政策一贯的藐视不会被容忍,"任何传教使团都不会以珊瑚礁形成的方式发展壮大,不是每个人都可以在自己需要时和需要的地方随心所欲地往上面堆砌东西。一个刚愎自用的人如果企图改变传教事业的航线,那是不会被传教使团所允许的。"

赛兆祥总是认为,对教会委托给自己管理的钱财去向做出解释是有损尊严的事情,他觉得不需要改变自己的行为。"他依然我行我素,平静而自信,坚定地认为自己没有做错什么,"赛珍珠写道,"我从来没有见过他不顾脸面地跟人争论。"一些年轻的传教士们试图弥补已经造成的损害,在他们看来,赛珍珠的父亲几近摧毁了他们的事业,他轻信他人、缺乏判断力还坚信自己的动机不应该受到人们的指责。"传教站所开的那些会议让我觉得极其痛苦,"他的女儿格蕾丝说道,"我记得当时坐在那里听他讲话,他已经濒临崩溃的边缘……然而世界上的任何东西都阻挡不了他。"感到被自己的同事背叛,赛兆祥开始盲目地依靠他中国的追随者,他在中国第十七年的年初,这些人就送给了他一个镀金的卷轴,几面红丝绸锦旗和一个用杆子撑起的红色防护性覆盖物。然而谙于识人别上的缺陷又一次让他失望了。在生日后不久,他最终被自己同行的传教士们用计谋击败了。1922年8月在牯岭的年会上,一项新规定成了正式政策,即要求年龄一旦达到70岁就必须退休——这是专门针对赛兆祥的,他是苏北传教区唯一一个完全接近这个年龄限制的传教士。赛珍珠把她父亲的垮台以小说的形式写在了《正午时分》中,她描述了父亲被迫辞职后拖着身子回家的情形:"他双唇颤抖,做着愤怒而徒劳的动作,比如软弱无力地连声吹气。"他"在一种麻木不仁的沮丧中"度过了当年冬天,而又及时恢复了精神,开始他一年一度的春季巡回传教,由勇敢的马逢伯(他曾经和其他人一起被指控贪污)陪他一道。他发现自己的小教堂和学校都关了门,当地的牧师被解雇,并且他们的圣会也被解散了。"一切都不复存在了——他一生的工作都被毁掉了。"接下来,就在1923年4月,赛珍珠把他和格蕾丝接到南京的家中之前或者之后不久,他又得了轻微的中风。

如果不是赛珍珠完全通过个人能力勉强促使神学院董事会任命父亲为其函授部领导的话,这些连根拔起性的变故早就把赛兆祥彻底击垮了。"良好的谋划、无穷尽的智慧和极大的善意使整件事情得以完成。"格蕾丝写道。和赛珍珠一样,她也不愿意看到自己父亲在中国40年的生活以失败、羞耻和死亡的形式告终。劝服上级传教组织为她父亲提供工作是需要策略的,而说通父亲接受这个工作更是难上加难,然而赛兆祥(很多年前他首先在神学院开设函授课程)在大学的环境中很快就找到了家一般的感觉。他致力于宣讲《新约全书》,在街角布道,并且非常关注学生,学生也相当配合。"他一生都相当羡慕潇洒聪明的年轻人,"赛珍珠写道,"很多潇洒聪明的年轻人自然和他一起做了很多喜欢的事情。"他不断资助贫寒学生,尽管他自己生活并不宽裕。他向他们提供课本,付学费,甚至把自己的厚大衣让给他喜欢的学生穿。赛珍珠为他织补羊绒内衣,给他那穿到露了线的外套打补丁,还经常为他救急,就像她母亲之前所做的一样有耐心,这让她的朋友们吃惊不已。所有的邻居都开始熟悉赛兆祥高大瘦弱的身躯,他总是穿着黑长的牧师服,每天都目不斜视地从他们家门口经过。"他在路上甚至看不到你的存在。"赛珍珠的朋友雷·凯尔西说道,她丈夫迪安曾经和洛辛一道在康奈尔大学读书(正是凯尔西夫妇在牯岭举办的野餐会上,布克夫妇首次相遇),"我忍受不了她父亲。"他们都认为他冷漠、强硬而专横。"我觉得哪个人都不会喜欢他的。"伯莎·芮思娄说道。"没有人会爱他这种人的。"雷·凯尔西说道,她在牯岭的时候认识了凯丽·赛登斯特里克并且极其厌恶她丈夫对待她的方式。

　　然而在父亲生命的最后十年,赛珍珠和他之间出乎意料地形成团结。他们发现彼此有很多的相似之处。他们都固执、傲慢,甚至都热爱中国人民和他们的语言。"像少数几个白人一样,他讲汉语的时候准确而富有表情。"赛珍珠写道,"结果,他讲汉语比讲自己的母语更地道——他讲汉语的时候更多。"既然对宗教短暂而一般的热情已经消退,赛珍珠放松而迷惑,就像十岁那年被教会接收的那天一样的感觉,她喜欢跟父亲之间的那种彼此能够理解的友谊,这一点是她的丈夫所给不了的。和自己的女儿一样,赛兆祥一生都对书籍情有独钟。"他具有卓越的思想,这种思想不是一闪而过的,而是从不间断、长期保有的。"赛珍珠在他离世的时候写道。白天赛珍珠陪他一起散步,晚上就独自陪他坐着:"他那些时候讲的话比其他任何时候都要多。"格蕾丝在父亲最后的日子中也住在赛珍珠家里,据她所说,《战斗的天使》中很多的素材都来自于那无数个夜晚,赛珍珠问问题,而赛兆祥第一次带着动人的、羞涩的表情跟她讲自己童年时期、年轻时期的故事以及他的婚姻。"在这本书中,我残忍地撇开凯丽不谈,"赛珍珠说道,作为一个传记作者,她已经非常善于从两个焦点来处理对象,"关于他自己的回忆……跟凯丽的回忆大不一样。"

　　赛兆祥开始了在南京的新生活,他冷酷无情地处理掉了很多东西。他拒绝住在赛珍珠为他准备的充满阳光的大房间,扔掉了窗帘、垫子、柔软的家居设备,以及妻子的照片和其他一切让他想到家的感觉的个人纪念物,如此一来他就住在了厨房上面的一小间空得只有一张铁床的像是修道士住的屋子里。他把相同的俭朴应用到了赛珍珠建议他写的回忆录上。他们俩成了家里的作者——"我过去常常听到他的老式打字机在炎热的午后断断续续地打字,这个时候其他人都在午休"——然而当他把25页包含了所有他认为值得记录下来的内容打印出来交给赛珍珠时,赛珍珠惊呆了。《我们在中国的生活和工作》是对他在为教堂服务的宗教旅程的真实记录。其内容不带什么人情味,对自己的妻子和孩子们也是偶尔提及,寥寥几笔地一带而过(对凯丽最喜欢的儿子克莱德竟然提都没提)。赛珍珠至今仍然对父亲由天性中的缺陷造成的超脱世俗耿耿于怀。莉莉丝·贝茨记得在上海发生的一件令人寒心的事情,那一次赛珍珠非常生气和心痛。那时赛兆祥宣称他找到了儿子亚瑟的墓,而当赛珍珠询问他另外两个孩子的墓时,他却一头雾水,显然他已经完全忘记了他的两个女儿莫德和伊迪丝曾经的存在。

赛珍珠后来开始羡慕甚至说是妒忌父亲的目标专一:"他一早就有了信奉的事业,并且一生中都对此坚定不移,连自己的思想都无法改变他的信仰。他牢牢掌控着自己的思想。"然而令赛珍珠感动的是他晚年时期的宁静和快乐——"他总是那么快乐,他身上有一种魔力"——他喜欢使人不知所措却又极其简单的笑话,这些笑话他更乐意跟同事而非家人分享("干掉赛登斯特里克!"成为了苏北传教士之间广为流传的一句俏皮话,"只有这样才能阻止他继续讲笑话")。这些年来,赛珍珠发现了父亲身上有一些她以前从来不曾注意到的东西,这改变了她对父亲的态度,也在不知不觉中影响了自己对丈夫的看法。她这个时候理解到赛兆祥那可怕的严厉原是为了保护自己,而他的童心和对他人的依赖是对母性本能的呼吁,而赛珍珠的这种本能是被自己的小女儿唤醒的。

卡洛尔·布克已经从一个异常漂亮的婴儿长成了一个吵闹的孩子。她比同龄的孩子结实,个头也要大些,然而却很好动、淘气、学东西慢、动作不协调且缺乏身体上的控制力。她和邻居的孩子们玩狂野的游戏,还喜欢跟父亲在房子下面草坪的坡地上玩闹嬉戏,他们滚来滚去,欢笑着、尖叫着。她叽里咕噜地表达自己的需要,好奇地看着来访者或者像小狗一样跳起来。她有一处患了严重的湿疹,皮肤干燥而发痒,无论白天还是夜晚她的双手都要用绷带扎起来以阻止她抓挠。卡洛尔不会讲话,对于能引起其他孩子哭笑的东西她却毫无反应,然而她却非常懂得对母亲的写作表现出妒忌之情,因为写作就像磁铁一样吸引着母亲的注意力。贝尔夫妇记得她曾经把粥或者起居室花盆中铲起的土壤扔向母亲打字机的键盘以阻碍她写作。

洛辛有时候尝试去管教孩子,但是赛珍珠受不了眼睁睁地看着她被如此管制。丈夫乐观地坚持说他和他的三个兄弟开始讲话也很晚,但这些都无法使赛珍珠信服。相对来说,洛辛更容易冷静而现实地接受女儿的缺陷,而赛珍珠却无法做到这点。她拿卡洛尔跟朋友们的孩子作对比,并且痛苦地意识到有些母亲不愿意让自己的孩子接近卡洛尔,甚至埃玛·怀特也不放心让自己的两个孩子同赛珍珠的女儿一起玩耍,尽管她们的孩子年龄很接近。汤姆森和芮思娄的孩子们假装着跟卡洛尔玩得很开心,然而赛珍珠却没有从他们母亲们的话语中再次确认。她在南京所有的朋友都比她更早地认识到孩子有些地方很不正常。"近四年来我都愉快地无视她的情况。"赛珍珠写道,她自己很小的时候就知道如何忽视警示性的信号,以及把目光从想起来就恐怖的事情上转移开,"卡洛尔三岁的时候我才开始对她的情况感到怀疑。"

赛珍珠发现问题之后很久才开始采取行动,"直到最后我都很不情愿,不相信这是真的。"1924年夏天,布克一家在中国北部海岸的著名海滨胜地北戴河租了一套海滩房。这样一来,洛辛可以到满洲(中国东北的旧称)考察当地的农业生产,同时他的妻子和孩子去游泳、划船或者在沙滩上租一匹小马来骑。有一次,一位美国儿科医师从北京到北戴河作报告,赛珍珠意识到女儿有报告中提到的患病症状,她第二天就请作报告的这位医师和另外两位医生在自己的住处给卡洛尔做了检查。那天早上卡洛尔从海滩上走进来的样子,永远留在了赛珍珠的脑中。她穿着白色的泳衣,看上去很结实,皮肤被晒得黝黑。她手里拎着一个水桶,在太阳的映照下她的外形很像《异邦客》中描写的儿时的凯丽,"尽管我很害怕,然而当她站在医生面前的时候,我为自己的孩子感到自豪。"几位医生拒绝做具体的诊断,但是建议应该马上带卡洛尔返回美国接受专家会诊。布克一家回到了南京后,雷·凯尔西记得当时赛珍珠紧紧地抱着她,眼中满是泪水,一遍遍地询问:"我该怎么办呢?噢,天呐,天呐!我该怎么办呢?"

夏末的时候,赛珍珠一家乘坐"女皇号"渡过太平洋。就在这艘船上,赛珍珠写了《一个中国女人说》。它是赛珍珠空闲的时候,在正餐接待室里迅速写在由船上提供的五十页便签纸上的。写作这个故事可以让她摆脱自己的窘况,同时用中国的镜子来反映她的困境中的一个方面。当到达目的地的时候她已经把手稿的事情全然抛掷脑后了。他们要去纽约州的伊萨卡,休假中的洛辛计划在这里的康奈尔大学攻读农业经济硕士学位。当洛辛开始认真地在学校附近的临时住处工作时,赛珍珠独自带着女儿开始对医学专家们进行一系列的访问,这些专家们所研究的领域只要跟卡洛尔的病哪怕是有想象中的相关性,她都会去拜访。她们在明尼苏达州的罗切斯特梅奥诊所进行了全方位的检查后有了结果：孩子身体上发育良好，智力上却有原因不明的缺陷，而且没有什么可以帮助她。会诊医生善意地建议赛珍珠不要放弃尝试。她一直很感激那位矮小、说着一口蹩脚英语、很难给人留下好印象的临床医师，这位医师在她离开时拦住她强烈要求她不要再欺骗自己了："除非你放弃希望并面对现实，否则你会操劳一生，全家人也会被拖累。这个孩子会成为你一生的负担，你要准备好承受它。"

赛珍珠永远忘不了这位医师的话——"我想当时的震惊已经把这些话深深地印在我的记忆中了。"——这些话语道出了赛珍珠同时作为一位女性和作家的未来。大约又过了四分之一世纪，科学家们才最终确定了卡洛尔的病症（她得的是苯丙酮酸尿症，简称PKU，是由于新生婴儿不能处理一种叫做苯基的化学物质而引起的大脑退化，这种缺陷只能在早期发现治疗）。赛珍珠说，虽然她不相信这一切是真的，但是在内心深处，她已经认识到那位医师说的是正确的，因为她已经在无意中放弃了希望。很久之后，她把这次打击的影响比作内心在滴血、肉体在撕裂和一种"心灵上的剧痛，它延及身体，痛彻骨髓和肌肉"。在小说《正午时分》中她说在确定病症的第一天晚上，她躺在床上时觉得"好像自己躺在床上主动迎接死亡。"

赛珍珠重新和丈夫一起住在伊萨卡的两间小屋子里，小屋是从一位牧师手里租来的。无可名状的内疚以及作母亲的失败感，使她在面对陌生的灰色水域和积雪覆盖的山峰时有一种沉闷的恐惧，而美洲印第安人关于伊萨卡无底湖的传说又加深了这种恐惧。赛珍珠想通过做可以使思想麻木的、带惩罚性的苦差事来忘记这一切。第一次不用奶妈来照顾卡洛尔，意味着繁重的体力劳动和金钱上的捉襟见肘。她亲自做饭、打扫房间、洗衣服，由于自己没有工作，她只能依靠仅有的微薄积蓄来为一家三口贴补家用。如果精打细算，他们可以在主食上每周一次加上一块儿便宜的肉。他们的主食一般是一片面包和一夸脱牛奶，卡洛尔和洛辛每人每天还有一个鸡蛋。当地的一个农民在他们的地下室囤积了一满车的土豆、洋葱、胡萝卜和苹果，够他们吃一个冬天。这样其他的日常开支就只剩下给一个邻居看管费了，当赛珍珠去上英国文学课时，由她来照看卡洛尔。"我觉得投入到一些别的脑力活动中是明智的，这可以让我没有时间去考虑自己的事情。"她写道，这可以解释她为什么和丈夫一起攻读硕士学位。把卡洛尔哄睡之后，赛珍珠就深夜到学校图书馆学习。

从那时开始，赛珍珠所做和计划做的每一件事情都从属于卡洛尔的需要。当一个医生建议说有个伙伴有可能帮助女儿的智力发育时,她在心中有了再要一个孩子的愿望。她说服洛辛他们应该从附属于教会的私人小孤儿院领养一个婴儿,这个教会即纽约特洛伊市第二长老会(The Second Presbyterian of Troy, New York),也是洛辛的资助者。二十个婴儿躺在宿舍里一排排的婴儿床上,赛珍珠从他们中间选了一个瘦小、秃头、严重营养不良、耳朵畸形的孩子(由于几周来这个孩子都侧向同一边躺着,她的耳朵向前凸出,而不是平贴着脑袋)。这个孩子什么都不吃,三个月来体重毫无增加,一直保持着出生时的七磅。有人建议不要把时间浪费在一个活不了的孩子身上,但是赛珍珠不为所动,她在这个新女儿身上看到了执著以及和自己一样的需求。詹妮丝以一回家就开始喝奶的方式回报了赛珍珠,这意味着赛珍珠重建作为一位母亲的自信的开始,这是一条长期、缓慢且崎岖的道路。她内心的绝望之情并没有消减,然而由于她在生活中安排了用以抵抗的障碍——为获得学位而学习,在没有仆人和机械帮助的情况下以小额资金管理家务,以及对两个不到五岁的生活不便的有缺陷的孩子的全职照顾,这种绝望情绪就容易对付了。

由于家庭收入的不稳定,赛珍珠又开始写作了。洛辛靠教授周日学校来付房租,然而学费、家里的开销、冬装以及不断增加的账单都远远超出了他的应对能力。赛珍珠把在船上写的故事找了出来,整理后送给了《亚洲》杂志的编辑。这位编辑在1925年6月回了信,给她提供了一百美元的稿费,并说故事在来年春天出版。《一个中国女人说》被认可的事实使赛珍珠开始成为一名职业小说家,然而却没有给她带来一年前在《大西洋月刊》和《论坛》上发表文章时的激动。现在的成功对她而言只不过是经济陷入困境时期的意外收获。她曾经尝试写续篇,但还是放弃了,继而把注意力集中在康奈尔大学研究生奖学金(Laura L. Messenger Memorial Prize)上面,这个奖项将授予"人类进步领域"中以历史为根据写作的最优秀的文章,获奖者将获得250美元的奖励。通常情况下,即使不是在理论上,在实际中也总是由一个男性历史专业的学生获得这项奖励。小时候在《上海信使》获奖的时候赛珍珠就是一名有经验的战略家了,她很有策略地调查了学生获奖情况——"我非常冷静地问最大的奖项是什么"——并且她对康奈尔大学研究生奖评委会欣赏什么样的文章的估计是完全正确的。她对传教运动的成功和失败之处,以及美国对外对内政策的帝国主义和种族主义内涵进行了彻底的、学术性的、令人信服的分析,从而赢得了这个奖项。这篇文章标题是《中国和西方》，赛珍珠在其中首次直言不讳地表达了自己今后将会采取的立场。《中国和西方》的成功给了赛珍珠完成第二个故事的动力，它完成后马上就被《亚洲》杂志所采用，"我找回了自信，在生活比较悲惨的时候这些信心曾经丧失。"

"忍耐仅仅是第一步。"赛珍珠很久之后写道，她解释说，要独自一人才能学会忍受那种一开始就无法忍受的悲痛。这是一门残忍的学问。回想起来，她把这门学问分成了几个阶段，以伤心欲绝和濒临崩溃作为开始："绝望的情绪能够极其深刻和明显地毒害整个身体系统和摧毁一个人的思想和精力。"1925 年秋天，赛珍珠一家离开康奈尔大学回到了中国，而在这之后很长时间里忍耐成了她潜在的生活现实。她无法和洛辛分享自己的感受，洛辛实事求是地接受了卡洛尔的病情，但是这似乎只是加强了赛珍珠的内疚和担心。她责怪洛辛没有把他家里人也有过相同问题的事情告诉她，她试图通过这种方法使自己摆脱负罪感和恐惧(实际上，只有父母双方都携带隐性基因，PKU 才可能遗传给下一代，这就意味着赛珍珠和洛辛肯定都是这种基因的携带者)。赛珍珠的日程安排变得极其繁忙，每一时刻都有要做的事情："一直进进出出的客人、特殊宴会和总忙不完的一些事情。"格蕾丝说道，她觉得光去想想姐姐生活中的压力就够累人的了。

赛珍珠没有时间去听音乐了，她的注意力都被日常生活所占据——房子、花园、植物、书籍、学生和朋友聚会，虽然把时间花在这些事上并没有什么价值和用处。"哪件事都没什么意义。"她说道。赛珍珠只是活着生活的表面，就像三十年后她写的一本虚构的传记小说中的孀居太后一样，她奋力地去克制那些威胁要淹没她的情绪："她生气和焦虑得要命，为了隐藏自己的情绪，她强加给自己的训诫耗尽了每一根骨头里散发出来的力量。"除了在雷·凯尔西的厨房里她的情感得到一次爆发外，没有任何其他的朋友，包括格蕾丝在内，都没有见过她放声痛哭。她说她跟卡洛尔独处的时候才哭泣，也只有在那些时候她才能真正感觉到自己的存在。赛兆祥还是一如既往的健忘。凯尔西觉得赛珍珠的哥哥埃德加在这段时期"对赛珍珠来说更像是一位父亲"。埃德加现在已经是个经验丰富的统计员了，洛辛邀请他作为一位访问学者和他们一家一起回到了南京。

表面上的快乐逐渐恢复了，然而几乎是 15 年后，赛珍珠才吃惊地意识到自己的反抗已经屈从于听天由命了。"已经感受不到痛苦了。"她严肃地写道。她能够做到

平心静气地去探索女儿生活的意义以及这对自己的影响，这花费了她更长的时间。"这一点都不是羞耻，"她对埃玛解释为什么这么多年来她一直不谈论卡洛尔，除了老朋友之外，甚至不能向其他任何人承认她的存在，"一旦触及到这件事情我就觉得痛心，而且我不能忍受别人哪怕一丁点儿的同情。"

赛珍珠对女儿的接受过程是在内心深处进行的，在外部只留下微弱的迹象，即使在她的小说中也是不露声色。《大地》中王龙残疾的女儿和《母亲》中的小女孩儿都是以卡洛尔为原型塑造的。《母亲》中的小女孩儿无休止的抓挠动作、啜泣声以及边缘红肿的眼睛都没有引起家人的重视，而当她的母亲意识到的时候已经太晚了，小女孩的眼睛已经瞎了。赛珍珠自己的思想状态总是在《正午时分》中的母亲（她的孩子脑部受损）身上体现得最为直接："她可以稍微睡一会儿，然后总是在憋闷的早上醒来，因为人在浓烟中或重压下会被惊醒。在她还没有完全清醒过来，还正在把思绪从睡梦中拉出来的时候，她意识到有些事情不对劲——恐怖的事情正等着她。然后她一下子就清醒了，恐怖的事情在早晨显得新鲜而清晰。"

那些年中，除了中国内部局势的不安定，对外关系也出现紧张局面。当1925年布克夫妇在康奈尔大学双双取得学位时，中国的情形过于动荡不安，以至于他们不敢考虑直接回家。孙中山在3月的意外逝世引起了抗议的集会浪潮和警察的镇压运动。长期强压着的对外国在经济和军事上侵略中国的怒气终于以罢工、罢市、暴乱、学生示威游行等激烈形式爆发了。中国政府依靠西方的战舰和机关枪极度残暴地镇压学生示威游行。未来的希望和忧虑都聚焦在广州的国民党总部，这里正在蒋介石的领导下进行全面武装斗争的准备。蒋介石是一名勇敢的军人，也是国民党空缺领袖的主要竞争者。外国势力密切关注中国的局势。"我最同情的是中国人民。"赛珍珠写道，她已经在获得康奈尔大学研究生奖的论文中阐明中国长久的高压政治和遭受侵略的历史，正是它们造成了现在的混乱状态，"发生混乱的驱动力……是一种强烈的愿望，这种愿望想通过贸易、宗教和战争把中国人团结起来，摆脱西方列强对中国的控制，并建立起一个能为自己国家的改革和现代化着想的政府。"

来自全中国各地的具有理想主义的学生们蜂拥至广州，参加蒋介石的国民革命军。国民党在莫斯科的资助下,由俄国顾问依照苏联模式重建——"一样的纪律,一样的宣传技巧,以及一样无情的政治委员"。国民党与中国共产党建立了联盟关系。布克一家在当年秋天回到了那个即将又一次发生革命的国家。11 月,南京成为了东部军阀孙传芳的首府,而孙传芳将在一年之后被国民党打败。赛珍珠在花园里种植飞燕草和金鱼草,同时在金陵女子大学(Ginling Women's College)和南京的两所大学任教。在思想上,她觉得自己跟真诚、喜欢辩论的中国学生走得更近,而非美国同胞:"我越来越意识到分开的这么多年跟自己国家的人民产生的距离。我的童年跟他们的截然不同,他们的也不同于我的……随着日子一天天的过去,我知道已经形成的距离还在不断拉大。我的世界被分割了,而总有一天我不得不在这两个世界中作出选择。"

在 1926 年那个闷热的夏天,布克一家没有随着成群结队的外国人到牯岭避暑。洛辛要到农场做研究,而赛珍珠总是对新环境中针对她的两个小女儿的闲话极为敏感,所以她更喜欢留在自己所熟悉的世界里。这就是她所谓的"等待的夏季"的最后时光,每个人都知道变化会不可避免地发生,但是没有人能确切指出它什么时候及如何发生,"除非看中国报纸,否则很难知道正在发生的事情。这些报纸刊发的内容简短而不严谨,在一定程度上来讲,需要通过思考和猜测同时辅以学生们的抱怨和小道消息才能看明白。"赛珍珠晚上在家里教授校外英语课程,她还记得和学生们一起坐在门外的游廊上,观看月亮从花园围墙外越过宝塔高高升起的情形。在这些潮湿、蚊子丛生的长江下游,38 摄氏度以上的高温是很正常的。"把美国华盛顿特区的温度再升高几度就是南京的温度了。"洛辛的一位同事说道,"你会感到像是头上戴着铁环一样,而且每一分钟都有人把这铁环不断拧紧。"7 月国民革命军开始从广州出发向北挺进,他们攻占一个又一个的省份、占领城市并从各省战败了的或者叛变了的军阀部队中招募士兵。有关国民革命军传奇事迹的传言总是先于他们到达下一个地方。蒋介石的军队对宣传和心理战术的依靠,与对军事战略的依靠是一样多的:"关于蒋介石军队的强劲有力和永不失败的传说,在他们身前、身后、四面八方,传遍了全国的大小城市,"几年后赛珍珠在《分家》中写道,"那些统治者的雇佣兵们总是跑在最前面,就像被强风吹起的叶子一样。"

在所有丈夫和妻子之间的纷争中,赛珍珠和洛辛在一点上达到了共识,那就是把对中国最美好的希望寄托在国民党身上。随着中国内战的战场越来越接近南京,

夫妻俩都把时间花到了写作有可能出版的书上。洛辛把农田调查作为一个核心内容，融入了他的学生实践培训项目，并且开始把调查获得的数据显示在后来刊发的《中国农田经济》的文本中。赛珍珠刚刚发表了一篇叫做《农民老王》的短篇小说，其中戏剧性地展示了古老的具有乡村气息的中国和现代化的西方世界的冲突。目前她正在思索什么样的素材能最终被写进《大地》。自从赛珍珠到朱厄尔女子学校图书俱乐部第一次读到了一些文章后，她就开始断断续续地致力于写作各种各样的小说。如今，拥有了单独用于写作的一个房间后，赛珍珠表现出了更为认真的态度。房间在阁楼的三角墙下，可以透过窗子看到下面的花园和弧形墙包围着的城市全景，以及远处双峰相对的紫金山山顶。在这里她重新获得了空闲时间，可以整个冬天来写小说，这些时间以前都被自己的学生和家务活占用了。

西方国家提醒在华侨民，要做好被围困后逃难的准备。伯莎·芮思娄说她早在一年或一年多之前已经把行李打好包了。12月，国民军队（国民革命军）控制了中国南部和中部最重要的五个省份。后来分裂成了两个敌对阵营：共产党在湖北武汉建立的民间政府和蒋介石在南昌建立的政府。南昌距离南京等东南地区将近有200英里。蒋介石准备向南京和上海进军，攻打孙传芳的部队。长江的船上挤满了难民，很多传教士前往沿海地区，有一些干脆离开了中国。冬末的时候已经有将近二十四艘西方战舰停靠在上海的江中，随时准备投入战斗。比起中国的战斗，洛辛更害怕美国军队的干预——"我们活在……对自己国家将会采取何种行动的担忧之中"——他说服127个南京的传教士，在一封电报上联合签名劝说美国政府，任何武力干预都会产生适得其反的结果。1927年2月初，布克夫妇接纳了赛珍珠的妹妹格蕾丝及其家人。格蕾丝三年前嫁给了一个传教士，并搬到了具有乡土气息的湖南岳阳。湖南省是国民党内共产主义干部接管的第一批省份中的一个。格蕾丝那时候已有身孕，她和丈夫杰西·约基以及他们的孩子逃了出来。像其他的外国人一样，她们只带了能拿得动的东西逃了出来。他们给大家带来了有关学校关闭、群众集会、乱民暴动、强制性重新划分土地以及对任何一个跟西方帝国主义者有联系的中国人都要进行迫害的报道。激进的学生们强占了他们的房子，帮他们把行李运送到河边的人被游街示众并关了起来。

在一个月之内，孙传芳接连溃败，随后杭州也被国民革命军攻占，南京成了北方

军阀们的下一个战场,这些北方军阀是为了反抗南方的军队才联合起来的。城内的安全问题被强化,一些真正或者疑似的革命者都从赛珍珠在东南大学所教班级中消失了。洛辛说他的学生们很怕在大街上被看到,怕被砍头。"南京所有关于布尔什维克主义的宣传都被政府铁腕镇压了,"2月15日,一位英国传教士带着赞叹的语气向大家报道,"一些来自国立东南大学的学生煽动者已经被处死,他们的头被挂在了城门上。"赛珍珠把这些人写进了她的另一篇故事中,这次是关于一个叫做王龙的农民。当王龙观看了一群面带嘲笑的人聚集在南京的"三姐妹桥"上时,他被自己第一次跟年轻革命者的接触弄迷惑了:"在桥上的七根竹竿头上挂着七个鲜血淋漓的人头,参差不齐的、被切断了的脖子向下弯折,这些人头上的黑色刘海垂在死气沉沉、半睁半闭的眼睛上。有一个人头上的嘴是张开的,舌头向外伸出,在两排整齐洁白的牙齿之间有一半的舌头已经被咬掉……这些都是非常年轻的人的头颅。"

2月的最后一天,南京被军阀张宗昌的士兵侵占,张宗昌早先是个强盗头子,现在却当上了山东的军事长官。他带着五万士兵从被打败了的孙传芳手上接管了南京城及其周边地区。这些士兵粗野、凶残、肮脏,依靠掠夺和抢劫为生,正如洛辛所说,"穿着制服的强盗"。他们依靠步行、骑骡子或者鬃毛粗而蓬乱的矮种马从北方过来,随身装备着鞭子、枪、剑和军刀。洛辛看到一队五十人的步兵带着装了红缨的长矛沿着狭窄的铺着鹅卵石的小道走来,当他们经过的时候,货摊不见了,商店关了门,街道上空无一人。"上周一,当南京的人们一推测出城市已经从孙传芳手中到了张宗昌手中时,整个城市就处于害怕被抢劫的恐惧之中。"洛辛在3月6日写道,"人们都相信一两星期之内国民革命军就会到达这里……随着张宗昌带领的北方士兵的到来,南京每一个原本保持中立或者反对国民革命军的人都转而支持他们。"国民革命军纪律严明、积极性高、奖惩分明,如果打赢了战斗就可以依靠他们来恢复秩序。国民革命军的领导已经承诺保护外国人的生命和财产。最糟糕的威胁是被打败了的北方士兵被逐出城市时有可能造成大破坏。"人们害怕北方士兵,就好像他们是大灰狼一样,"赛珍珠的一个朋友莉莲·威廉斯写道,她是金陵大学副校长的妻子,"因为他们抢劫、破坏,并做些坏得无法形容的事情……街上到处都是这些长相古怪的北方士兵,他们身穿灰色的军装,戴着皮帽,佩戴着匕首、刺刀和枪支。"

赛珍珠和洛辛在去留问题上争论不休。其他大部分妇女和小孩都走了。3月21

日已经能听到远处的枪炮声。美国领事最后一次提醒所有外国人离开南京,然而赛珍珠夫妇最终还是留下了,因为赛兆祥本来就没有打算和全家人躲到一个安全的地方,正当大家准备离开时,他病倒了。赛珍珠写道:"他不是在有意装病——由于不能随心所愿,父亲真的感到很苦闷。"到了下午,他感到好了很多,能够下床时,城门已经被彻底锁上了。枪炮的轰鸣声更近了。当天晚上,赛珍珠家的阁楼和地下室挤满了他们的中国朋友、仆人和小贩,大家呼朋唤邻到他们家避难。战乱时期,外国人的住所因为有军舰和外交条约保护,反倒比中国人的房屋安全。"我笑着…告诉妹妹地下室里人多得好像要把地板挤破了,"赛珍珠写道,"压低了的声音聚集在一起,越来越大,以一种平静的喧闹直冲屋顶。"

　　战斗持续了三天。3 月 24 日凌晨,枪声终于停了下来。北方士兵四散逃命,甚至没来得及抢劫。全家人醒来的时候发现屋子里已经空无一人了,原来挤在阁楼和地下室的人都在夜里悄悄地走了。赛珍珠写道:"我到那时候还没有看出来,他们是害怕被别人发现同我们在一起。"八口之家——赛珍珠夫妇和两个孩子,赛兆祥,格蕾丝和她丈夫及儿子——聚在一起吃早餐,庆幸暂时躲过危险。赛珍珠从花园里采了迎春开的第一支水仙花。"那个晚上很奇怪,"格蕾丝在《流放者的女儿》中写道,"城市被攻破了,战斗也结束了。街道上静悄悄的,安静得让人感到一丝害怕。中国的城市无论什么时候出现这样的安静,总会给人一种不祥之感。"刚过八点,赛兆祥正准备去神学院上班,洛辛也要去学校,家中的裁缝突然间闯了进来,"他吓得浑身发抖,几乎说不出话来,"格蕾丝写道,"'快跑! 快跑! '他叫嚷着,'他们正在杀洋人。'"金陵大学的副校长、莉莲的丈夫杰克·威廉斯被附近街道上的士兵枪杀了。成队的士兵正在搜查白人的房子,逮捕住在里面的人。赛珍珠让守门人拦截赛兆祥乘坐的黄包车,还说如果他不听劝阻,要强行把他拉回来。佣人们都劝赛珍珠一家人躲起来,但是都不知道能躲在哪。突然,院子后面墙角里的那扇小小的后门打开了,鲁妈跌跌撞撞地奔了过来。她住在隔墙可望的那一排土房子里,"没有梳头,灰褐色的头发披散着,衣服半开半系,"格蕾丝回忆道,"大门外已经响起敲门声和吵闹声。"

　　全家人带着两个小孩子,跟着鲁妈连走带跑。他们穿过后门,沿着崎岖的道路经过一片菜园、池塘和坟地,来到一排依墙而建的土房子前。住在那儿的中国人默默地看着这家逃难的人进了鲁妈租住的小黑屋。那间屋子高十英尺,宽八英尺,屋里放着一把椅子、一条凳子,木板床上摆着一床棉被,不远处还有一个马桶。远处街道上先是有几个人的尖叫声和哭泣声,后来演变成很多人的哀号。全家人躲在小屋里都没有说话,孩子们也没有哭。他们听见一百米外他们家结实的门被砸开了,人们拥进前厅。三个星期后,赛珍珠在写给对外传教委员会的报告中说:"我无法真切地描述当时的恐惧。"她在《大地》中描写了一个非常类似的场景,当王龙发现自己被挤在一群准备抢劫城中富户的暴民中时,"一群呼喊着的人们涌向前去,像虎啸般怒吼。他听见这种声音在街上不断高涨…人们挤得密不透风,整个人群像一个人似地往前移动。"

五个大人和三个小孩一整天都沉默不语,站着或者坐着听外面的枪声、木头裂成碎片的声音和房屋倒塌的声音。大家现在都清楚,任何人都有可能随时把他们的藏身之处泄露出去。住在他们对面的医生家着火了,接着其他邻居家的房子也被烧了。赛兆祥透过屋顶上的一个小孔向外窥探,给大家报告说神学院也正冒着黑烟。赛珍珠八岁时听大人讲起"义和团"运动,那时候她只比现在的卡洛尔大一岁。她的大女儿卡洛尔在战乱爆发的前一天刚过完七岁的生日,小女儿詹妮丝快两岁了,和理查德·约基同岁。大家似乎都清楚他们的处境,卡洛尔表现出大人般的沉稳,詹妮丝和理查德安静而警觉地坐在各自母亲的大腿上。后来赛珍珠和格蕾丝都回忆了当时的心情,她们发现彼此都想过,如果自己遭遇不测就先结束孩子的性命:"比死更糟糕的是,看到孩子们落到这群疯狂的人手里。"

士兵们蜂拥着走过他们藏身的小土屋,据洛辛估计,到下午时外面街道上足有五百士兵。快到傍晚的时候吵嚷声达到顶点——"我们以为将很快被人发现、杀死,都快坚持不住了"——突然炮声轰鸣,人们不再吵闹。全家人不敢讲话,又等了四个小时。在他们躲难的一天里,不时有中国朋友偷偷地过来给他们送食物、衣服和铺盖,有的还答应替他们向驻扎在这里的军官求情。到了晚上,获救的机会还很渺茫,他们随时都会被人发现。透过小孔能看到远处房子燃烧的火光,就在这时候,金陵大学的一名中国教师赶来告诉他们说午夜前他们会被处决。"他…屈身下跪,进行了古老的磕头仪式。"大约九点钟的时候,他又回来了,同时带来一名军官和一名卫兵。军官命令他们离开屋子,他们走了出来,——"每个人都想着现在是必死无疑了,等了一天,这一刻还是到来了。"——他们被带回学校,沿途都是成排的士兵和被烧毁或者正在燃烧的房子,"他们都很年轻,每张面孔上都写满稚嫩、天真…可能是喝过酒

的缘故,红红的眼睛透出野性的眼神。他们回过头来瞪着我们,发出令人恐惧的笑声,因为他们看到了长期欺压他们的洋人也有失势并遭受侮辱的一天。"

　　赛珍珠一家平安到达了农学院的小楼,顶楼上挤满了像他们一样来自金陵大学的难民。所有人都被洗劫一空,有的还受了伤。汤姆森一家被士兵囚禁在他家的房子里,士兵洗劫了他们家的金银首饰。玛格丽特的母亲因为上了年纪不能取下她的结婚戒指,士兵还威胁说要砍去她的手指。每个人都有相似的恐怖经历,少数来不及逃脱的传教士被士兵满大街地追赶着打耳光、殴打。他们的东西被抢走,更有甚者被剥得只剩内衣。大多数传教士被中国邻居冒着极大的危险藏在一堆席子、柴火下,或者藏在水缸、煤箱、储料仓或者厢房里。英国领事严重受伤,英国籍的港务长、码头医生和两名天主教神父像威廉斯博士一样遇害。传教士的情况要比外国商人和外交官好一些,因为后者住在靠近码头的宽敞的白人社区里,同普通中国人联系很少,所以战乱爆发时没有得到中国人的救助。他们的妻子和孩子已经撤离,留下来的男人聚集在一所大房子里抵抗士兵侵扰。下午五点钟,停在江面上的军舰向城中开炮,用足够的火力开辟了一条走廊,掩护四五十名外国商人、企业家顺着系在一起的床单爬下城墙,撤退到军舰上。

　　几乎是在同一时间,中国军队将领命令国民革命军第六军制止士兵在城中抢劫。后来国民党宣传部门谨慎地称之为"南京事件",宣称此次悲剧是自发性的偶然事件,把责任推给北方士兵、共产党和城中的暴徒。尽管北伐的军队将责任推给别人,但是现场目击者的描述证实了实施抢劫的士兵都操着南方口音,穿国民革命军的灰色军服,在国民革命军官的统一指挥下,按照协商好的计划驱赶外国人,鼓动当地居民和他们一道闯入外国人的住所掳掠财物。那时,为了系统地清除国民党各级组织中的共党分子,蒋介石的第一个举措是实施严厉的清党运动,不仅如此,要想获得西方国家对新政权的承认,蒋领导的国民党必须同它以前的合作者共产党彻底决裂。当时被低调处理的"南京事件",如果当今的中国还有人记得,也只被看作是西方国家的军舰无故袭击中国军民酿成的又一惨案。

　　"南京事件"的亲历者都明白其潜在的含义。大多数的外国人可能找到像鲁妈那样富有同情心的人提供的避难所,然而,尽管大家都曾经很畏惧北方军的抢劫,当抢劫转而只针对西方人的时候,他们的畏惧却被痛恨、愤怒和贪婪所取代,所以很多南京市民参与了暴行。他们砸毁门窗、栏杆、地板后把它们拿回家当柴烧,卸下管子、铁栅格和家居用品,至于对他们没有用的澡盆和钢琴就把它们砸碎,把他们从前主人的家,用一位传教士的话说,"洗劫得像中国人吃饭的碗一样干净"。3月25日,星期五,下午的时候住在南京的外国人开始离开了。他们蓬头垢面,筋疲力尽,在经受了几天的煎熬后,从金陵大学步行七英里来到江边。一队穿着北方军军服的士兵经过他们身边,向相反的方向走去,他们很不幸,做了国民革命军的俘虏。那天路上的相遇准确地预示了中国将来发生的事情。

一些抱小孩的妇女,比如赛珍珠和格蕾丝,乘坐由红十字会提供的马车前往江边。水兵帮助她们登上美国驱逐舰并为她们提供了面包和肉作为晚餐,但是大家吃完后却因为食物中毒,身体很不舒服。赛珍珠无法吃饭,也无法睡觉,她整个晚上都在读一本残破不全的《白鲸》。《白鲸》是赫尔曼·麦尔维尔的作品,其中表现了异化和幻灭的主题。"我的生命之根被突然拔掉了,"她写道,"从此以后再也不能扎得那么深了。"第二天她们乘军舰到达上海,尽管除了穿过三天两夜的衣服外一无所有,她的心中还是升起一种重获自由的兴奋感。赛珍珠全家带的唯一物品是洛辛正在撰写的论著的打印稿。他有先见之明,睡觉的时候把打印稿装在床边的公文包里,大家逃难的时候他立刻想到要把它抓在手里(洛辛后来回忆说这次避难的经历使他最终有时间写完他的著作,"从某种程度上说简直就是上帝的恩赐")。"南京事件"发生前,赛珍珠的小说刚刚写完放在阁楼的书桌上,后来回去后再也没有找到。此外在这次劫难中还有大量的书和论文被偷或者被毁坏。

那年夏天赛珍珠三十五岁。虽然无法选择自己的路,但是她的人生突然一下子变得轻松了很多。也不管前方还要经历多少痛苦,她现在感受最深的是因为放松和不顾一切而产生的刺激感。"有时候我对自己二十五岁到三十五岁时期的生活感到郁闷,因为大部分时光都浪费了," 很多年后她对她妹妹说,"那些年我都干了些什么?我为什么没有去工作?现在看来,我当时处在一种奇怪的潜水状态。就好像困在一个被隔绝的小牢房里,没有人也没有东西进来,似乎不能同任何人交流……想起来我就有一种在牢房里度过部分人生的感觉。"

第六章

小说之镜

　　他们和其他逃难到上海的外国人一起，在一个难民所里惊慌地度过了十余日后，全家人乘坐一艘小汽轮，经过二十六个小时的海上颠簸后从黄海到达日本长崎。到长崎后全家人分开了。当时格蕾丝还有一个月就要生孩子了，她带着儿子同丈夫一块儿去神户找最近的西医。赛兆祥不愿在琐事上浪费哪怕是一天时间，于是独自前往朝鲜考察那里的传教工作。赛珍珠夫妇在距离长崎三个小时车程的旅游胜地云仙租了一幢度假别墅。虽然樱花已经盛开，但是天气并不炎热，来避暑的人很少。一开始他们是当地唯一的租客，后来汤姆森一家也赶来了。房子掩映在一片松林之中，是那种不很结实的小木房。墙壁上有裂缝，没有供热设施，只用纸屏风隔出几个房间。赛珍珠说即便是小声嘀咕，屋里其他人都听得到。住在那里的第一个星期，他们被一阵细微的声音吓了一大跳，原来是树林里有人在打猎。洛辛在 4 月 15 日写给他父母的信中谈到："几乎每天晚上我们都梦到拿着刀枪的士兵攻击我们。"赛珍珠告诉伯莎·芮思娄说，望着宁静、安全的松林，她曾经希望有一天醒来后，发现南京城发生的一切都是一场噩梦，"但随着时间的推移，我越来越记不清其中的一些细节。"

　　他们在这里没有用人，没有朋友，身上只有一些从对外传教委员会借来的钱，日子似乎又回到了在伊萨卡康奈尔大学求学时期的生活轨迹。洛辛忙着写论文，赛珍珠操持家务。她把炭炉子放在后门门厅上，蒸米、烧鱼、烤面包，在溪水中洗衣服。"我整天忙着做饭、打扫卫生、照看孩子,"她对伯莎说,"洛辛还像往常一样工作。上午八点到十二点,下午一点到五点我们不和他讲话。"赛珍珠去当地风景点游览,当天往返。在景点她常常看到女孩子们在树林里野炊、玩耍,在温泉里煮鸡蛋。几个星期后,鲁妈找到了他们。她之前跟着赛珍珠一家到了上海,又坐统舱渡海来到云仙。鲁妈想着赛珍珠需要帮助,所以既没有向导又不会讲日语的她跟到了日本。赛珍珠写道:"当我看到她穿着靛青色的棉布衫和棉裤站在后门门厅上时,我突然意识到我的确需要她。我们紧紧地拥抱着,没过多久,她就像往常一样收拾起东西来。"鲁妈的脾气一点没改,古怪、暴躁、固执。她来的第一个星期就被日本警察盘问过三次,分别是因为乱丢垃圾、非法生火和无护照旅行。

鲁妈到达云仙后不久,赛珍珠的妹妹格蕾丝一家也带着新出生的孩子搬来了。小房子原本只能住四五个人,但是现在一下子挤进来九个人。"房间很拥挤",格蕾丝写道:"晚上纸屏风受潮后纸会脱落,整个房子就成了一个大单间了。(婴儿)哭个不停。外边下着雨,有时候还是瓢泼大雨。稍大一点的孩子们在玩泥巴,因为除了小屋子,整个世界都是泥泞的,他们没有其他的东西可玩。"赛珍珠带着她的两个女儿离开了,也不论哪趟火车,买一张三等车厢的票,在站台上买些食物,住宿在乡村旅馆。后来她说她已经忘了当时为什么要离开,她只记得通过临时旅行她的情绪能够平静一些。她从日本人身上学得一种秩序感和控制力:他们干净整洁、彬彬有礼,他们做的午餐小巧精致。在一个个无眠的夜晚,她透过卧室的窗户看到小花园沐浴在皎洁的月光下,呈现一种简洁之美。很多年后,有人问她那段时期洛辛在忙什么,她说,"我不知道我为什么是独自一人,但是这恰好说明了婚姻对我来说已经变得不那么重要了。他有他自己的生活,而且沿着自己的生活轨道过得很好。我也要准备过我自己的生活了。"

遗忘对赛珍珠来说是一个有用的武器。从她早年的人生开始,遗忘已经内化成她的本能,她一直致力于这种遗忘机能的训练。在人生的尽头,她写道:"我有一个习惯,就是我不喜欢记住的事情都会选择忘记。"她的自传中到处都是被隐去或者删去的片段,而被删去或者隐去的几乎都发生在她人生重大转折的焦虑和精神煎熬的时期。在义和团运动爆发的那个夏天,她们家逃离镇江,但是她不记得随后发生了什么事情——"接下来的几个月,我原以为是将近一年,我的记忆常常卡壳,"就像她忘记镇江逃难十年后离家去美国上大学的日子一样,"当我离开家后,有关中国的记忆突然间变得模糊不清了。"她也忘记在伦道夫—梅肯女子学院度过的不愉快的日子（"我很惭愧,我对大学时光只留下一点点印象"）,她和卡洛尔在北戴河度过的那个夏天（"在那里我第一次听说我的孩子的智力可能无法发育,所以我不知不觉就忘了这段经历"）,以及次年在伊萨卡康奈尔大学的日子（"我几乎忘记要提到它,因为它与我的人生没有关系"）。

1927 年秋天,赛珍珠全家从云仙返回上海,接下来的经历赛珍珠也尽量不想提及。她自己很想回美国,至少回去住上几年,但是洛辛不为所动,他决心继续在中国追求他的事业。中国的政局依然混乱。蒋介石对共产党展开血腥屠杀,国民党的苏联顾问回到了莫斯科,蒋选择了战略性妥协,1927 年的夏天局势暂时趋于平静。中国东部的军阀孙传芳又蠢蠢欲动,但是在 8 月被国民党军队打败,不过没有人能预测最终的结果。尽管南京城还处在动乱之中,金陵大学的中国同事们仍像平常一样上班,农学院还计划在新学年全员招生上课。洛辛希望局势安定下来之后能够尽快返回学校工作。

回到上海后,赛珍珠一家租住在位于法租界霞飞路(今淮海中路——译者注)的一栋楼房。和他们合住的有约基一家和赛珍珠的朋友莉莉丝·贝茨。贝茨和她丈夫及刚出生的孩子当时也在上海避难。直到局势稳定到能够重新开始工作之前,赛珍珠一家一直靠借钱度日。圣诞节的时候,三位年轻的母亲草草做了一顿晚餐,衬托节日气氛的只有一枝冬青和亲手为孩子们制作的玩具。赛珍珠写道:"我一生经历的最苦闷、最可怜的圣诞节是那年在上海度过的圣诞节。"她郁郁寡欢,拒绝接受他人的礼物,却在 12 月 26 日为自己买了一本书,一块六英尺长、蓝色的中国丝绸,以及一个白色的"饰有几枝梅花"的陶瓷碗。她买这些东西意在划出她的私人空间,"在租住的房子里,没有人会在意其他人"。她很生气——"我已经出离愤怒了",也很恐惧,内心有种不祥之感,"关于上海的那个冬天,别的我都记不清楚了,当然是有意忘记,因为我已经受够了那个拥挤的房子。"

赛珍珠和孩子们以及两个年老的保姆住在楼上。可能是因为同大女婿之间有隔阂,赛兆祥从朝鲜回来后同约基一家住在楼下。那年夏天他对洛辛长久以来的不满终于演化成公开的争吵。洛辛在 7 月刊出的《教务杂志》上发表了最新的论述农业的文章, 其中根据美国农业局的成功经验提出了中国教会自立发展的五点建议:"我们认为帮助中国农民,使他们能够自助,是基督教的工作。"他敦促传教团体停止修建与当地不相称的教堂,不要试图把外来的宗教思想强加给中国人,取而代之的是提供他们真正感兴趣的东西:先进的种子和农药,为互助性储蓄计划提供担保,改进公共卫生水平(应从教堂厕所开始)。"几乎没有哪位牧师能仅凭一张嘴就让他们自立生活,"他用罕见的愤怒的语气写道,"当中国的农民不再依靠国家时,我们建立自主发展的教会就变得非常容易了。"布克提出的大的原则和具体的措施(对宗教工作者来说,意味着更少说教、更侧重专业训练)在赛兆祥看来简直是异端邪说。尽管已是七十五岁高龄,他的战斗精神丝毫不减当年。他在《教务杂志》发表的最后一篇文章中对女婿干涉中国农民农业生产的计划进行了猛烈的抨击。"中国农民六十年前的生产方式也比现在美国人的生产方式先进,"他辛辣地讽刺道,"至于说施肥和提高作物产量,他们无疑比我们做得更好……因此,我们可以看得很清楚,根本没有必要提高中国的农业生产条件……我们需要的不是有着文学学士、神学学士等头衔的大学毕业生。"

二十五年后,赛珍珠重复着同样的抱怨,她站在几乎和她父亲相同的立场上贬低她丈夫知识分子式的自负,而且对他在工作上取得的成就视而不见。然而当时赛珍珠还是支持她丈夫的,虽然她从来没有抱怨过自己的处境,但是她的好朋友们都对洛辛很有意见。莉莉丝·贝茨说:"我想她过得不开心。"做了几个月的邻居,洛辛在钱财上的吝啬、对孩子的漠不关心、对妻子的专横和家长式作风,让她感到很震惊,"他给赛珍珠带来很多痛苦"。他拒绝考虑离开中国,赛珍珠尽管很不情愿,但还是接受了丈夫的意见。她没有问过为什么要把他的工作放在第一位,也没有问过为什么是丈夫独掌家庭财权,尽管她也有工资收入。那年冬天她自己要写文章,但是她仍然在晚上抽时间修改洛辛打印好的报告。后来洛辛以这些报告为基础撰写了《中国农田经济》。莉莉丝·贝茨回忆道:"她走进房间,在写自己的小说之前先要编辑、润色她丈夫的论文。"格蕾丝记得她姐姐给洛辛了很多建议以及持久的鼓励,"她积极参与这项工作并做了大量的编辑工作。"

在生活剧中,赛珍珠扮演着模范妻子的角色,并且为这个角色感到自豪,但是在舞台上她尽可能要说服的人恰恰是她自己。在她所有的作品中,她认为最具有自传性的是小说《这颗高傲的心》。在这部小说中,作者的她——"我"说:"我做任何事情都不会失败,我能同时扮演好三个角色,妻子、母亲,还有——我自己。"同样的决心体现在 1927 年赛珍珠在上海写给她婆婆的信中:"我很乐意告诉你,我和洛辛在一起的时间越长,我们就越幸福,彼此能带给对方的快乐就越多。"在这封洋溢着幸福感的信中,赛珍珠这样写她自己和洛辛:"我们的婚姻是两个人思想上、心灵上的结合,看来我们能从中得到越来越多的快乐。"在过去的十年中,洛辛的父母收到很多类似的家书,其中描述了赛珍珠夫妇幸福的婚姻生活,同时赞美了公婆在新英格兰的家是他们学习的榜样,最后还不忘夸奖洛辛和他兄弟们的坚强品质(多么好的家庭……养育了四个优秀的儿子,你们多么了不起……你的儿媳为此必须要感谢您和父亲)。在赛珍珠的自我安慰中有一丝绝望,从某种程度上说她把这些信看作是自欺欺人。当她最终不再试图掩饰婚姻中的问题时,她用跟以往大不相同的眼光看待这段婚姻。她给她和洛辛的老朋友玛丽安·克雷格希尔写信说:"洛辛的家人就很能说明问题,在我看来他们很冷酷,很麻木。"玛丽安一直不相信他们两人的婚姻会长久。

事实上洛辛的父母很平凡,他们是一对住在欢乐谷的农民夫妇,严肃、节俭,过着自给自足的生活。他们大半辈子都在经营一个小农场,养着十几头奶牛(全部是人工挤奶),一百只母鸡,还种植玉米、小麦、燕麦、饲草和苹果。没有雇工,没有机械化农具,父亲和儿子们一天工作十八个小时。他们家没有室内卫生设施,访客也很少。赛珍珠的哥哥埃德加有一次去看望她,布克一家人对埃德加在院子里抽烟流露出厌恶的表情。洛辛的弟弟克利福德说:"你要知道我们不抽烟、不喝酒,也不喝咖啡与茶。""他(埃德加)在那里只呆了一两天就走了",赛珍珠最终把对布克家的印象投射到两部相继创作的小说《别的神》和《正午时分》中。赛珍珠说这两部小说是以她同洛辛的婚姻为原型的,而小说中的荷姆农场和庞德尔农场则更是对布克家的生动描写。《别的神》的女主人公嫁给了新英格兰地区的一个农民的儿子。他受教育程度很低,但是仪表堂堂,很有男子汉气概。她结婚前对他了解很少,但是让她感到懊恼的是,她发现她的丈夫原来是个笨拙、没有情趣、缺乏想象力的人。他没有远见,只关注眼前的事情。她的挑剔和反感情绪在回到丈夫的老家之后更加强烈了。她的公公浑身散发着像奶牛一样的汗味,而且在厨房的水池边洗漱。"让她感到最吃惊的是荷姆先生的手——像火腿一样骇人的巨手,手掌上的褶皱里永远都藏着泥土……这让她联想到被连根拔起的树根。"也许是因为赛珍珠的父族赛登斯特里克家族和母族斯塔尔汀家族也都是农民,所以赛珍珠没有在这一点上继续写下去。

《正午时分》中的女主人公的遭遇更悲惨。她闪电般地嫁给了一个长相滑稽的年轻人，他是农民的儿子："一个高个子、粗脖子的身体畸形的年轻人"，他身材臃肿，四肢发达，被风吹裂的发白的嘴唇很厚。肥胖的手掌稍微一碰她就会使她缩成一团。她丈夫的家人都像牛一样壮，但是思想保守，感觉迟钝，爱挑剔人，这一切压得她喘不过气来。任何感官上的享受都被他的家人斥为"婊子"，无论是炒菜时放盐还是穿漂亮衣服，甚至包括她同丈夫在床上呆太多时间。她的孩子出生后有些残疾，起先家人矢口否认孩子有毛病，后来让她不要动不动就把孩子抱出来，省得大家难堪。

最让赛珍珠对洛辛感到寒心并导致她疏远他的事情是，她坚信洛辛默认了同样降临在女儿身上的不幸——身体残疾。在南京的时候，他们出城躲避战乱。但就是在那一天，她明白即使女儿卡洛尔能活着走出那个小棚子，在中国混乱的局势下也不可能有好的未来。她唯一的希望就是全家人能够回到美国，给女儿一个安全的环境。这个决定出于本能，就好像是处在流沙中的人会紧紧抓住别人抛过来的绳索寻得解脱。"我握紧它，慢慢地把自己从绝望中拉出来……我知道应该做什么，也知道如何去做，这虽然不能治愈无法释怀的伤痛，但是可以帮助我继续生活下去。"她永远没有办法从洛辛那里获得支持，因为洛辛倾向于把女儿寄养在美国一家儿童福利机构。这让赛珍珠非常忧心，也促使她更加急切地要为女儿的将来早做准备，毕竟她不可能照顾她一辈子。

1927年冬天，洛辛和约翰·芮思娄、莉莉丝的丈夫瑟尔·贝茨一起从上海回到南京。此时南京政府被军人把持，城内的士兵对外国人不友好。三个人开始偷偷工作，他们白天被中国同事藏在校园里，晚上住在威廉斯废弃的家中。洛辛和瑟尔大多数周末都回到上海，他们的妻子和孩子仍旧住在上海霞飞路上临时的家中。鲁妈像往常一样把家中收拾得井井有条，可是有一天她把一个男人锁在地下室的厨房里。鲁妈解释说这个英俊的男人在南京时勾引过她，后来因为别的女人而把她抛弃了(就是因为他的负心，鲁妈去了日本)。再后来鲁妈在上海的菜市场买菜时偶然遇到了这个男人，就把他抓了回来。这位窝囊的楚先生(音)接受了赛珍珠的建议，娶了这个把他关起来的女人。但不久楚先生又跟别的情妇私奔了，再后来他又回到鲁妈身边，安心跟她过日子。

赛珍珠天生具有很强的安抚能力，这是一种能够在想象中融入他人生活的丰富的感性力量。她的第二个女儿詹妮丝已经三岁了，说话很勇敢，长得很漂亮，有着一双褐色的大眼睛和一头金色的卷发。在詹妮丝的成长过程中,父母和孩子双方都存在问题(他们一直压抑着对不听话的小詹妮丝进行严厉批评的冲动)。洛辛也许从来没有把她当亲生女儿看待,但是赛珍珠从这个养女身上找到的是安慰和治愈伤痛的力量,就像她自己当年带给母亲的安慰一样。玛格丽特·汤姆森从一开始就知道这个刚抱来时羸弱而不讨人喜欢的小女孩,她说:"赛珍珠爱这个健康、漂亮的小女孩的方式,最完美地表现了爱的创造力。我从来没有见过比这更真挚并且不求回报的爱了。"没有人见过赛珍珠是如何收留两位农妇的,虽然她们不能胜任保姆的工作,但是她们当时无家可归,赛珍珠还是留下了她们。莉莉丝·贝茨回忆说,很多年后两位保姆收到了赛珍珠从美国寄来的包裹,里面是两件名贵的羊毛质地的长袍。她们之前从没有触摸过这种衣服,连做梦都没有想过要拥有一件。她们很高兴,有点不敢相信,"她们把礼物拥在怀里,激动得热泪盈眶。"

但是按照赛珍珠自己的说法,她学会抵御伤害是一个痛苦而又漫长的过程。她躲在硬壳下面,他人只能接触到她的表面。她在回忆这种保护性外壳下的心路历程时写道:"毫无疑问,他人能感受到外表的光鲜,可能理解不了光鲜外表下的艰难和冰冷,但是拥有外壳是必要的,因为外壳也保护我自己。那些年与他人分享我的内心情感是不可能的。"她找到了一种控制、至少说是承载对女儿卡洛尔的强烈之爱的方式之后,就开始着手开发女儿的智力,并最终体会到卡洛尔在心理和情感的发展中会遇到怎样的阻碍。住在上海的一年中,赛珍珠把精力毫无保留地倾注在卡洛尔身上,同她玩耍,为她唱歌,教她唱歌、说话、辨别颜色,哄她识字,甚至还可能教她写作。格蕾丝和莉莉丝都对赛珍珠的耐心和决心感到吃惊:"每天都要花上几个小时教卡洛尔,这是一项痛苦的工作。因为效果很不明显,只有赛珍珠能觉察到她的进步。"每个人都上床之后还能听见卡洛尔在楼上叫喊或者笨拙地走动,她的母亲每天晚上要起床三四次使她安静下来。

这段时间赛珍珠很苦闷。20世纪20年代和30年代任何形式的畸形和残障所带来的耻辱,怎么估计都不为过。学校一般都会拒绝接收身体有残疾的学生,邻居对这样的孩子不太友善,其他小孩子会嘲笑或者欺负他们。赛珍珠在谈到残疾儿童的父母受到污辱而没人倾诉时这样写道:"这不是罪恶,但是人们的行为……说明残疾就是罪恶。"家人很团结,把残障孩子藏起来,但是依然会被众人认为是乡野白痴。上海的白人社区和其他西方人生活的地方在这个问题上没有什么不同意见。赛珍珠无法带她女儿去购物；每个礼拜天带她去教堂，她都要斥责那些对她女儿指指点点的人。在公园里，其他母亲经过她身边时不是正常地走过去，而是有些夸张地往后退。有一次赛珍珠对莉莉丝说："你几乎能听见她们小声说的话，'就是那个女人，她孩子有残疾。'"莉莉丝对陌生人一贯的冷漠感到很吃惊，对赛珍珠直面歧视的勇气和决心也很惊奇。

赛珍珠说这些年她和她女儿单独相处的时候，她比她女儿学到了更多的东西。卡洛尔取得了一些进步，但是大家给她的压力太大，她不得不放弃学习。她学习只是为了讨好她母亲，除此之外她理解不了所学习的内容。"她不是真的在学习，"赛珍珠写道，"我的心好像再一次被撕碎了。我在控制自己的情绪后，站起来把书永远拿开了。把她的思想引到她永远不能理解的地方有什么用呢？"赛珍珠意识到她自己的自尊心和抱负——她渴望女儿能自立、有作为甚至有所成就的想法——不得不改变。她必须学着接受无法改变的现实，学着对已经拥有的感到满足。她说这种尝试教会了她谦虚和耐心："我生长在一个对愚钝的人缺乏耐心的家庭，我很晚才有了包容家人的思想……正是我的孩子让我清楚地了解到，所有人在人性上都是平等的，所有人都享有同样的人权。"

赛珍珠一家人很清楚，中国的局势在那个冬天很不稳定。国民党军队残酷镇压了共产党12月份在广州发动的起义，此后中国政府与苏联正式断绝了外交关系。当局为了稳定上海的局势，派兵在上海通往古老、拥挤的内陆城市的路口，盘查过往行人，从五万流亡中国的俄国人中招募的士兵驻守在大桥上。1928年元旦，蒋介石在装甲列车的护送下从上海前往南京。在华外国人可能不再享有特权，不再受到特殊保护。国民党计划继续北伐，推翻北洋政府。洛辛预计还会有重大的战争。埃玛一家已经回美国避难，赛珍珠建议他们不要回来，因为局势还很危险，"在国民党控制的地区，传教士要随时准备逃命。"国民党没有真正打算进行社会和教育改革，新政府在社会各界的失望和质疑中举步维艰。赛珍珠这样评论蒋介石："他是行伍出身，有军人的思想，无论是从性格还是经验来看，他都不适合担任一个国家的领导者。……

他对现代民主政府一无所知。"她失望地看到曾经充满理想的革命者一旦掌权,很快堕落得像这个国家从前的统治者一样残暴:政治腐败,横征暴敛,残酷镇压反抗者。

上海黑社会组织因为向妓女和从事非法产业者收取保护费而暴富。蒋介石的新婚妻子宋美龄年轻貌美,时髦新潮,从小在美国接受教育。身为社会名人,他们引领社交界的时尚,短发、旗袍,彻夜狂欢的爵士派对,暴力和贪腐支撑着的纸醉金迷的生活。赛珍珠在这年冬天写道:"我感觉像是生活在法国大革命爆发前路易时代的首都,这种糜烂奢侈的生活不会长久。我个人认为除非发生什么事情能改变现状,否则我们肯定会经历一场真正的革命,而不是之前发生的像夏日午后举行的球赛一样的革命。"她通过小说《分家》表达了这种危机感。王源在小说中给人以积极向上的感觉,却陷入上海豪门子弟的夜生活不能自拔,但是在他思想的深处总有一个模糊的影子挥之不去。这个影子就像是"蜷缩在街头的流浪汉",随时准备在黎明派对结束时溜进屋子里抓取富人桌子上的食物,"他看着他们扑上来……即使在夜生活兴致很高的时候……他仍然很害怕狂欢结束时他不得不走到灰暗的大街上,害怕看到那里穷人谦卑的身影和狼一般的眼神。"

上海的文学沙龙里到处是颓废的诗人,像王源的堂兄王盛就出版了一本装帧精美的薄薄的诗集。厚厚的、象牙白色的书页上印着这样的诗句:"照在一个死去的女人金发上的月光/公园里凝冻成冰的泉水/明镜一般的绿海上的仙岛……"("这些诗的音韵和格律完美流畅,词句也很优雅精致,内容却空洞无物、故作呻吟")当时留学西方的中国知识分子试图逃避无法解决的政治、社会问题而在文学创作上模仿欧洲,上面所引用的诗文不无讽刺地描写了这种风气。赛珍珠在二十几岁时经常阅读而且很敬佩几位中国作家,但是他们现在走到了自我标榜形象的对立面——积极参与政治。陈独秀在《新青年》上发表文章探讨文学改革的可能性,曾经影响了整整一代中国人。1927年,他被迫辞去中共领导人的职务,后来又成为托洛茨基主义者,被国民党逮捕入狱后差点被杀害。鲁迅被赛珍珠誉为"第一个写中国普通人的作家(后被公认为中国20世纪最伟大的作家)",但是他在这几年倾向支持马克思主义。赛珍珠最喜欢的诗人是郭沫若,"他思想高尚,诗风真挚,性格最率直",但是此刻他也开始探索用文艺为中国左派宣传的道路。赛珍珠同时代的中国女性作家谢冰心和丁玲——"我很为这两位无惧无畏的女作家感到自豪。"谢冰心宣称她的作品没有政治色彩,所以逐渐淡出公众视野;丁玲参加了中国共产党,为争取妇女权利而斗争,成为共产党作家队伍里的佼佼者。

没有材料能证实赛珍珠真正接触过这些中国精英(一群触动她心灵的人,就像在不同的环境中触动她父亲心灵的人),除了颇有魅力的诗人徐志摩。徐志摩1924年5月短暂停留南京,此间他有可能第一次见到赛珍珠。她说她在当年夏天写的文章《一个中国女子说》中以徐志摩为超然自在的年轻丈夫的原型。三十年后,她在自传中又提及徐志摩,其中也批评了当时中国文坛作品的肤浅和"令人作呕的浪漫主义":"模仿西方诗人一时间成了时髦。有一个年轻漂亮的诗人,他才华横溢,颇受读者欢迎,在被称作'中国的雪莱'时,他很是自豪。他喜欢坐在我的客厅里高谈阔论,一聊就是几个小时。他说话时漂亮的双手常常优雅地打着手势……他是北方人,个子高高的,有一种古朴美。他的手很大,手型完美,且光洁得像女人的手一样。……我们这位'中国的雪莱'年纪轻轻就死了,我为此深感悲哀。因为他很有能力,如果能摆脱雪莱的影响,他也许会找到自我的。"

徐志摩是数位享有"中国雪莱"头衔的诗人之一,又被称作是"中国拜伦"。他是中国浙江一位银行家的儿子,曾经在法国巴黎和美国游学,也曾在英国剑桥大学攻读硕士学位。他一回到中国就成为西方文学的权威评论家和人人追捧的才子诗人,《新月》和其他新潮文学刊物的创办者。1927年他离开北京远赴上海时曾经广受关注。赛珍珠也在她的自传中的另外一个地方毫不留情地批评了徐志摩或者像徐一样混迹在沪上的知识分子:"这个城市有很多漂泊无根的年轻人。他们大多在国外留过学,除了整日沉迷于文学和艺术,什么艰苦的事情都不愿干。这些人中有从巴黎拉丁区归来的艺术家,有从剑桥毕业的研究生……他们把双手保养得细嫩,整日泡在文学沙龙里吟诗作赋。他们出版一些颓废的小型英文杂志,目中无人,好像普通中国人根本就不存在。在这些群体中,还有一些来中国冒险的美国女人,这些女人找了中国情人,而她们的中国情人也因此大肆吹嘘……"20世纪20年代后期,一位名叫艾格尼丝·史沫特莱的美国女人在上海同徐志摩姘居。史沫特莱是一名亲共的记者,同时也是勇敢的活动家。像徐志摩一样,她奉行自由恋爱的观念。赛珍珠和徐志摩的婚姻都遭遇过不幸,他们都无视社会的陈规陋习,都大胆、公开追求自由和未来。但是赛珍珠无法真正做到,她不仅嫁给了一名传教士,而且在传教团体的资助和严密监督之下生活。

赛珍珠只年长徐志摩四岁，但是她看起来更像是人到中年的家庭妇女，身材发福，相貌并不出众。她曾经在上海中学(Shanghai High School)发表演讲，多半女学生对她的外表和名望之间的差距感到吃惊。其中一个学生说："她只不过是一个传教士的妻子，有意思的是像她这样的人居然能写我们周边的人和事，而且还发表了。"1927年冬天，赛珍珠在没有事先计划的情况下开始减肥。虽然没有全力投入，到1928年新年，她的体重还是减少了四十五磅，据她的描述，看起来"更像是年轻时候的我，而不是近年来的我。"之前为赛珍珠作传的人猜测她也同徐志摩有暧昧关系，但是这似乎是不可能的，要知道徐是那个时代的文坛明星，而她最多只能算业余作家，只是在教会出版物上和美国杂志上发表了几篇文章而已。徐志摩的传记作家也没有找到有关这份恋情的任何蛛丝马迹。南京国立东南大学的一位年轻教授同徐志摩和赛珍珠都很熟，他可谓是唯一的见证人了。他断然否定了徐志摩和赛珍珠相恋的可能性，即使赛或许动过类似的念头："她肥壮结实，看起来很老气……他向我提起过布克夫人，我的感觉是她没有给他留下深刻的印象。"

赛珍珠在中国的朋友圈中，甚至包括她的丈夫洛辛都不知道这段传说中的情事。五十年后，莉莉丝·贝茨用不太确定的语气说她当年听到有传言把二者的名字联系到一起。赛珍珠后来也承认当她创作《一个中国女人说》的时候，"她设想自己……嫁给一个像徐志摩一样的年轻人。"徐志摩和这则故事中的男主人公一样，由父母包办婚姻，很早就娶了一位他从没有见过的女孩。徐不爱他的妻子，最终同她离了婚，然后在1926年同另一位女士结婚。徐志摩的第二次结婚轰动一时，但是最终以悲剧结尾。赛珍珠还宣称《北京来信》中具有一半中国血统的男主人公有徐志摩的影子。男主人公的原型是赛珍珠求学期间爱上的一个男孩子。这些都表明多情的男主人公决不像泰德·哈里斯(西奥多·哈里斯)所认为的那样，是臆造出来的。泰德·哈里斯是赛珍珠晚年最亲密的朋友，他在赛珍珠的协助下为她撰写官方传记。当论及赛珍珠与徐志摩的关系时哈里斯写道："作家有特权根据一个场景在头脑中想象出所有情节。这种事情(恋情)可能发生过，但是实际上发生了什么我们却无从得知。"1929年徐志摩往返于北京和南京之间，在东南大学授课，但是一年之后他辞去东南大学的教职，后因飞机失事英年早逝，他也因此成为中国文坛的一段传奇。我们可以确定的是，徐志摩对赛珍珠的影响很深刻，正如他影响了同时期的很多人一样，而她对他的

感情也随着回忆而增长。

1927年底,赛珍珠似乎找回了自信。按照她自己的说法,她一度感到非常孤独、苦闷,但她克服了这次危机,而且第一次把命运掌握在自己手中。她决定把女儿送回美国,从情感上,也可以说从身体上同丈夫分开。虽然她所有想成为作家的愿望都落空了,但是从此可以依靠自己的努力争取事业上的成功。赛珍珠在1927年3月完成的小说被南京的抢劫者毁掉了,她似乎已经忘记了关于母亲的一生的整本打字稿(事实上她的学生把它从壁橱里抢救出来了)。美国纽约的布朗塔诺出版公司写信要她把《一个中国女人说》扩写成一个长篇,于是她又写了一个故事作为续篇一并寄给这家出版公司,但是后者说第二个故事不能合并进来,所以拒绝出版。她把作品寄到美国的杂志社,来回要花半年时间才能得到回应,而且她拿到手中的多半是退稿通知。赛珍珠有一次在上海的书店里发现一本《作家指南》,书中列有三个在美国开展业务的文学代理人的名字。她给三位文学代理人都写了信,其中两人回信说中国题材的小说在美国没有市场,第三位代理人戴维·劳埃德来自佩吉特代理公司,他同意代理发表这篇二合一的故事,赛珍珠拟定书名为《天国之风》。故事在美国一家杂志发表后,劳埃德收到稿费又转寄给赛珍珠。支票数额不大,但是出乎她的意料。她在圣诞节把这笔钱挥霍掉了,买了蓝色的丝绸和白瓷碗。这是很有象征意义的举动,意味着她从此拥有和为人妻子不一样的身份,也意味着她的内心生活有了新的开始,这比任何恋爱都要有意义。

赛珍珠的小说常常涉及性。《大地》发表后,有关小说最多的批评或者说是误解之一是赤裸裸的性爱描写。赛珍珠的天性无疑是敏感的。她说在南京家里的花园,如果清晨肉质的栀子花开了,浓郁的花香是如此强烈,以至于能让她从梦中醒来。在早期的作品中,她尤其关注性挫折,受挫的欲望,还有婚内强奸和家庭冷暴力造成的双重痛苦。小说中的中国恋人们从来没有让对方在性上得到满足,甚至在《北京来信》中,虽然男主人公是个混血儿,在床上却表现得像个美国人。在《天国之风》的第二部分,一个美国女孩随她的中国丈夫来到婆家,她不得不承认他们之间有隔阂:"我住在高墙之内,只剩下想象……他似乎变得很陌生……我一直是个爱说爱笑、说话直来直去的人。可是这里的人对我全都很沉默,朝我鞠躬,看我的眼神也是飘忽不定。"赛珍珠在这段时期创作的另一篇小说《遣返》中更清晰地强调了这种困境:一个法国女孩嫁给一个旅法中国留学生。她迷恋他的沉稳、体贴,他修长、笔挺的身姿,椭圆形的脸庞,柔顺的黑发和金黄色的皮肤。但是回到中国后,他变得非常难以捉摸,所以她不得不回到粗俗、猥琐到不可救药的法国情人身边。

　　赛珍珠在 1928 年伊始告诉洛辛,她不打算和孩子们搬离相对安全的上海,但是他还是说服全家在当年 6 月回到南京。北洋政府在春天的时候已经向国民党军队投降,但是蒋介石把政府所在地设在大明帝国的最初首都南京。南京像一座中世纪的城市,缺乏现代公共卫生和排水设施。在仅有四英尺宽的主街两旁坐落着单层的房屋,城市中随处可见被大火夷为平地的学校和教堂。到处都是士兵,他们把掳掠一空的房子当营地,把花园当公厕。赛珍珠一家是第一个返回南京的外国人家庭。回到家,他们发现厨房做过马厩,卧室里的木地板被烧,花园被毁,连凸窗也被人卸走了。房子曾经被临时修葺后住进了政府工作人员,所以赛珍珠全家回来后的第一个月暂住在中国朋友家。整座房子在战乱期间一度被用作收治霍乱病人的军队医院,所以赛珍珠雇了一队泥瓦匠、木匠和油漆匠,给房子铺上沙子,用刺鼻的消毒水擦拭每一处角落,最后把整个房间粉刷一遍。这项工作持续了很长时间,以至于全家搬回来后仍然挤在二楼的两间卧室里。赛珍珠在煤油炉上做饭,家门口不熟悉的声音和空荡荡的教堂里教友偷偷摸摸的出现都令她极度敏感。她回来后做的第一件事情就是把花园墙角处幸存的紫罗兰连根挖出,把它们移植到杰克·威廉斯的墓前。她对埃玛说她已经记不得那年冬天的时候是否拔去了花园里的菠菜和卷心菜后种上紫罗兰。

　　这一幕很像是她童年经常搬家的场景,只是现在外国人已经没有特权。赛珍珠最后一次回到镇江父母的家中,发现她父母住的房子已经被革命彻底改变,花园被踏成了一片平地,"二十来户难民挤在几个房间里……板条上涂着泥灰,地板上积有几英寸厚的人畜粪便,饥饿的人们从窗户的洞中往外看,像绝望中的狗。"即使在南京,食物也很短缺,物价飞涨,大街上的人们忍饥挨饿,都想伺机暴动。城里到处都贴着海报,谴责蒋介石和国民党的统治;城外盗匪蜂起,据洛辛估计,南京城方圆二十英里内的八万农民除了要向政府缴越来越高的赋税外,还要向土匪缴纳保护费。赛珍珠担心会爆发大范围的起义。国民党新政府对贪污腐化毫无办法,即便是最有希望的政府官员——其中有一些是赛珍珠夫妇的朋友和学生——他们还很年轻,对社会各个方面出现的问题完全缺乏应对策略或经验。农业生产投入人力太多,生产效率低下,工业和交通运输业体系不完善,教育覆盖面很窄,公共卫生健康水平很低,上述严峻形势不仅没有得到缓解,反而因为经济恶化、当局极力扩军备战而进一步加剧。尽管政府对西方人还是很友好的,但是老百姓已经忍不住要表现对西方人根深蒂固的蔑视。因为近些年来中国人同西方人打交道时总是丢脸面,所以这种排外情绪一次次被强化。赛珍珠再一次习惯了"杀了洋人!"的咒骂声——她在小时候听过这种声音。有一次一个激进的青年正在向公众发表革命演说,看见赛珍珠走过来,他突然停止演说,辱骂她,还向她吐口水。

南京城迈着坚实的步子向前走,这座宏伟的古城在六百年前建成时足以令世人震惊,然而从那之后它的布局和基础设施基本保持不变。南京成为中华民国的新首都后,城中修建了很多外国大使馆,参观访问团也来了很多,国事访问也会在这里举行,见过世面的越来越多的南京居民意识到城市的破旧、肮脏和落后。政府试图取缔黄包车,赶走娼妓和乞丐。城墙根下穷人们用席子搭起的窝棚像马蜂窝一样挤在一起,但还是被拆除了,其他地方的棚户区被三十英尺高的席子遮起来。人们纷纷议论着要架设自来水管道、电线、下水道、排水管、电线杆,还要建百货大楼和摩天大厦。铺设一新的街道和汽车成为现实。赛珍珠留下了很多五味杂陈的文字,来描述南京城里第一台推土机压过之后形成的宽阔、笔直的大街。她看着机器有条不紊地在老街上工作,先是推倒街道一侧青砖砌成的低矮的店铺、房屋,然后是另一侧的临街商铺。来自革命军队的官员现场监工,围观的人们沉默着,眼睁睁看着赖以生存的家园变成一堆瓦砾。赛珍珠不无讽刺地说:"那一天,国民政府让它的对手共产党赢得了第一场胜利。"

赛珍珠认为失去产业的人的反抗会很恐怖,但她同时也为太过理想化的统治者感到一丝同情,这两种情绪同时折磨着她。年轻的国民党人在向西方学习的过程中意识到中国的落后,并认为这是莫大的耻辱。他们痛斥国家的落后和民众的愚昧,拼命消除社会上各种邪恶和不公平的现象。赛珍珠记得她的父亲当初也有类似的热情和愤怒。赛兆祥向中国人布道,可是他们迟钝、冷漠,无法理解福音的真理,差一点把他逼疯。"他身体瘦削,心里焦虑,浑身充满了传教的热情,"赛珍珠在描写一个演讲者在街角向路人高谈阔论时写道,"他心里对听众很生气,因为他们站着不动,当看到汗珠从他可怜的脸颊淌下时大家才发出阵阵笑声。他气得几乎要哭了。我敢肯定,要是他们都被雷劈死了，他才高兴呢。"她笔下的王源也经历了同样的愤怒和痛苦。在小说《分家》中，王源很同情那些性格单纯、意志坚定的爱国青年。他们正从城外的练兵场返回营地，"士兵们默默地走着，他们的步调很整齐，好像只有一个脚步在走着……他们的脸庞都很稚嫩，都很纯朴，都很庄重。我知道，这是新式军队……看他们的样子就知道，他们冲锋陷阵就像一日三餐一样得心应手。"

　　赛珍珠班上的学生不再固执己见，也不再愤世嫉俗。他们当中有太多人被杀，因为全国各地都在围剿共产党员，赛珍珠的学生们因为被确认或者怀疑是共党分子而受到牵连。"他们中不少人仅仅是因为阅读了自由杂志，或是偶尔不知不觉地和入了共产党的同学打过几次交道，再不就是批评了新政府，发了几句牢骚就被逮捕了。"因为有过惨痛的教训，他们对未来的态度是低调和机警。在返回南京的第一年里，赛珍珠从阁楼的窗户向外看，远处紫金山麓有一座山岩似的白色建筑物，它似乎每天都在松柏翠竹间变高变大。原来在紫金山上正在修建第二座陵园，作为革命先行者孙中山安息的地方。中山陵在规模上堪比附近的明帝陵。1929 年 6 月 1 日，新政府为孙中山举行隆重的奉安大典，同时纪念国民党人在法理上统治了全中国。很多达官贵人和各国驻华使团参加了孙中山的灵柩安放仪式，送葬的队伍延绵几英里，从城门口沿着专门铺设的道路走了足有六个小时来到中山陵。他们穿过一道三门石牌坊，爬上将近四百级白色大理石台阶，再经过天青色琉璃瓦为顶的陵门，最终来到一座白色的碑亭前。葬礼结束后，几乎所有的人都走了，赛珍珠登上大理石台阶，正好看见蒋介石一个人从祭堂走出来。他目光炯炯，直视前方，大步走过大理石地板，在门廊下站住，俯视山脚下的村庄。"我站得离他很近，以便观察他的脸。那太像一张老虎的脸了，高高的额头微微向后倾，耳朵向后贴着，宽阔的嘴巴似笑非笑，总透出一股残忍。他的一双眼睛最吸引人，又大又黑，闪烁着无所畏惧的光芒。这种无畏并不是来自于睿智或者沉着坚韧的品质，而是老虎的无畏，自恃强大，不惧任何兽类。"

　　赛珍珠夫妇在见证完孙中山的奉安大典后的几周内踏上了驶往美国的轮船。洛辛所著的《中国农田经济》一书将于 1930 年出版，其学术价值已经得到"太平洋学会"的专家们的赞赏。他们推荐洛辛主持一项更大型的调查项目，这个项目受美国农业部的资助，主要调查中国农业用地的利用情况。洛辛之所以被认为合适是因为这种调查在中国能够得到最好最直接的实施，而不是从华盛顿收集刊发的数据。他被召回美国接受相关部门的询问，招聘他的团队成员，落实资金来源，同项目最大的赞助方"洛克菲勒基金会"谈判。这是一个重大的契机，不仅影响了洛辛的职业生涯，而且提升了金陵大学农学院的地位。赛珍珠计划利用这次回美国的机会，看能否为女儿找到一个合适的容身之所。赛珍珠这边在美国已经没有直系亲属，洛辛那边的亲戚明确表示不愿意收留卡洛尔。考虑到中国当前局势的混乱和未来的不确定，洛辛不愿意离开就意味着无法给女儿提供一个稳定、安全的环境。眼前的情况加剧了赛珍珠几年以来的焦虑。那些天，心理健康专家警告智障儿童的父母说，如果孩子有学习或者其他方面的困难，不要自以为把孩子留在家中照看就足够了，这是不负责任的想法。赛珍珠为自己的取舍不定感到自责。在这年伊始，赛珍珠给埃玛·怀特写信说："我想我不得不把她送到能受到最好训练的地方，但是我一想到此，心都碎成两半了。我现在还无法完全面对这个事实。"

洛辛突然决定应邀回国使得赛珍珠不再犹豫不决。他们没有得到正式或者非正式的指导，也没有办法联系处在相同境地的父母，只能按照一份特地列出的名单，考察特殊教育学校和护理院。那时候残疾是一个禁忌性的话题，社会在这个问题上总是遮遮掩掩，表面上是要更多地考虑残障人士的隐私权，其实根本没有更多关注他们的需求。赛珍珠参观了一些费用最昂贵、设备最好的私立学校，她被那里无情的约束和严厉的纪律惊呆了。公立的护理机构情况更糟糕，里面人满为患，驯顺的儿童被要求坐成一排，日复一日，没有其他活动，在板凳上一坐就是几个小时。这里的孩子被认为是无法教育的，所以干脆连如何上厕所或者拿汤匙也没有教给他们。他们穿着麻袋布做的衣服，像饲养的动物一样被圈在学校里。工作人员每天用自来水冲刷水泥地板两三次。孩子们像因犯一般的生活深深地刺痛了赛珍珠的心。护理人员工作繁重，薪资很低，他们通常会变得麻木不仁，像放牧牲口一样对待这些残障孩子。二十年后，赛珍珠在《永远长不大的孩子》中描述了残障儿童的不幸遭遇。她对一个朋友说(把卡洛尔送进特教学校)"这是她一生做过的最困难的事情"。1950年《永远长不大的孩子》出版后，读者很受触动，社会反响很强烈。"他们也是人啊，"她在小说中写道，"很多照顾他们的人不理解这一点。这些儿童不再发育了，可是他们毕竟还属于人类，像人类一样会遭受痛苦，他们虽然说不出来，但是遭受的痛苦是很深的。我们千万不要忘记一点，即人永远比动物高级。"

1929 年的秋天,赛珍珠终于选定了新泽西州一家小型的私营护理机构——瓦恩兰特殊教育学校。赛珍珠喜欢而且信任校长爱德华·约翰斯通实行的方法。约翰斯通的治校方案以教育和研究为中心(他说"只有能学习的孩子才是快乐的孩子")。在瓦恩兰特殊教育学校,专心、善良、温柔的护理人员能够人性化地对待孩子们,根据每个孩子的不同情况,给他们非常多的自由。卡洛尔那年九岁,尽管没法向她解释这是怎么回事,但是她能理解母亲的悲伤,两个人紧紧地抱在一起,"我们从来没有分开过,当分别最终来临的时刻,我感觉如同生离死别。"九月末的时候,赛珍珠同意让女儿在特殊教育学校试住一个月。这段时间,赛珍珠每天晚上都从梦中醒来,想象着卡洛尔在学校的感受,她知道女儿是没有办法让父母知会她的意思的。最后的离别很折磨人,"只有当我想到我们去世后女儿的将来会没有依靠的时候,我才控制住没有奔向车站。"三个月后她动身返回中国写道:"如果当初知道这么难舍,我一定不会把她一个人留在美国。如果按照我的想法,我们本应该毫不迟疑地放弃中国的一切。然而可悲的是——我不得不回去,因为洛辛认为他必须回到南京,这是不容置疑的。"

洛辛从没有想过哪怕是让妻子暂时留在美国。他负担不起特殊教育学校的学费,即使他愿意承担。赛珍珠从住在纽约的对外传教委员会的同事那里借了两千美元,作为卡洛尔前两年的学费。她那时候没有考虑过什么时候能还上这笔钱,对外传教委员会提供给她五百美元,让她写一部儿童读物用以宣传传教活动。她说她不敢哭,她怕哭起来就停不下来了。只有詹妮丝是她的安慰,她的热情、快乐、幽默总是能够慰藉和治愈赛珍珠受伤的心。赛珍珠说,要是没有詹妮丝,她无法确定自己是否能和别的孩子们呆在一起。"找遍世界,我发现了她,我一直感到庆幸,"她给埃玛·怀特写信说,"詹妮丝几乎救了我。"赛珍珠对一些人说过她几乎垮掉了,一方面是因为悲伤,另一方面是为卡洛尔担心。格蕾丝·约基认为她姐姐从来没有从母女之间不得不分离的阴影中走出来。

赛珍珠和女儿回美国前最后一件事,就是在看完孙中山的奉安大典之后向对外传教委员会递交一份报告,报告的末尾还有几句很有赛珍珠特色的附言:"如果不提一下数以百万计没有赶来参加葬礼的人就结束这封信是不公平的。他们甚至可能不知道刚刚发生了什么事情……全中国……男人、女人和孩子们的生活都没有发生变化,他们继续做着他们习惯做的事情,没有意识到有什么重要人物聚集在一个陵墓边。他们也是中国的一部分……普通人,劳动人民在这一天或这一刻无足轻重……他们一时之间成了国家的负担。他们提供食物和劳力,他们使我们的生活变得丰富多彩。"这段话用独特的方式委婉地表达了作者的意图。赛珍珠对普通人的同情是一种大爱无言般的关怀,她在美国的经历又加深了她悲天悯人的情怀。麻木、沉默的劳动人民被一群决定他们未来的人忽略、轻视,甚至被剥夺了个性。"没有了大女儿在身边,南京的家显得空荡荡的,并不是所有的朋友和亲人都能充实我的家。我决定从那时开始真正从事写作。"赛珍珠曾说道。

　　小说《分家》的结尾再现了 1930 年 1 月赛珍珠返回中国时,经历的最后一段旅程的情景。王源也是一名未来的作家,他也坐在从上海开往南京的火车上看他的堂兄王盛写的新书:

　　　　正是深冬时节,阴沉的天空飘着细雨。车窗上蒙着一层水汽,所以他很难看清楚湿湿的土地。每一座城镇的街道上都积着污水,车站都是空荡荡的……车窗外的村庄在雨夜中挤成一团向车尾退去。人们在门口望着冬雨,愁眉不展,雨滴敲打着他们头上的草屋顶……淫雨将他们赶进陋屋,逼得他们在争吵和凄苦中几乎发疯……王源看着这些闷闷不乐的脸孔,他心乱如麻地想:"至于我,我什么也写不出来。在我看来,王盛写的作品很精致。如果要我像盛那样写作,不知为什么,在我脑海中总是出现忧伤的面孔、穷人的茅舍和所有这些水深火热的生活。而盛对这些一无所知,也永远不会知道。但是我也没有能力写这样的生活。"……他的旅程结束的时候,雨仍在下。天近黄昏,城市笼罩在迷濛的烟雨中。古老的城墙在雨中屹立着,威严、黝黑、高大。他叫了一辆黄包车爬了上去,凄冷、孤单地坐着。黄包车夫拉着车走在泥泞、湿滑的街道上,突然跟跄着跌倒了。他爬起来喘息着,从水淋淋的脸上拭下一把雨水,王源……看到城墙根的草棚。它们已经浸泡在雨水中,可怜的人们无助地蜷在雨中,默默地期待着老天的变化。

赛珍珠几乎是一回到南京的家中就开始创作《大地》,小说讲述了一个贫苦农民因为家乡发生饥荒,不得不到城里生活的故事。他在城墙下搭了一个草棚,靠拉黄包车勉强养家糊口。这部作品力图深入描写其他作家从未涉及的普通中国人的生活。赛珍珠同时代的中国作家对农村中的无产者了解或者接触很少。即便是鲁迅创作的有关农村生活的批判性很强的作品,其中的典型人物形象也不是真正能够适应农村环境的人,甚至可以说是局外人。老舍的《骆驼祥子》在 20 世纪 30 年代取得了巨大成功,但是赛珍珠认为那只是文人的创造:"一个远离劳动人民的中国知识分子按照他头脑中的黄包车夫的形象进行创造, 我不相信现实中的祥子就是这样思考问题的。"中国传统小说的特点是具有生动的情节和合理的结构,但是没有描绘过普通人的日常生活。中国的古典诗歌无一例外都是由知识分子写的,他们完全忽视虽没有文化但作为一个整体存在的劳动人民。赛珍珠说她的故事构思非常清晰,她要做的就是把它们写出来:"我创作的动力来自因中国的农民和普通人的遭遇激起的愤怒……我的题材随手拈来……我了解我要写的人物,就像了解我自己。"

故事的背景是在南徐州境内偏僻的乡间, 在那里赛珍珠最近距离地接触到农民,尤其是他们的妻子。作为一个作家,她先前已经尝试着把这些素材运用到文学创作中。"南京事件"之后她写了《革命者》,书中描写了一个名叫王龙的农民,他对战争中发生的偶然的暴力事件很困惑,发现自己一不小心也被牵连了进来。很明显,《革命者》中的农民王龙就是小说《大地》中同名人物的原型。但是赛珍珠在类似主题上最早的尝试要数另一篇描写农村生活的文章,即两年前发表在《教务杂志》上的《农民老王》。《农民老王》是邵德馨和赛珍珠合作完成的。邵是洛辛的学生,1921 年毕业后成为洛辛的助手,一直负责金陵大学的试验农场。他是 1930 年实施洛辛调查项目的地区负责人,是中国乡村教育的开拓者。他具有实际农田耕作经验,这在以农学为专业的学生中很少见。他小时候每天的任务是放水牛,它是家中运输和耕作的畜力。邵德馨的另一篇作品是《老王的老牛》,这篇小说更像是作者本人困难经历的记述,是被"约翰·洛辛·布克夫人译成英语的"。

邵德馨出生在江苏,在安徽芜湖上完小学和中学,他的成长环境是像南徐州一样的北方平原。他和赛珍珠在南京相识,他们圈子里的朋友都受过良好的教育。像赛珍珠从事的事业一样,邵是第一个将没有文化的乡村世界和国际大都市南京联系在

一起的中国人。也许是同邵在一起谈话和工作的缘故,赛珍珠创作的小说,按照她自己的说法是:"看起来说出了他一直想说的话。"邵可能提供过素材,给过建议,扮演过类似于赛珍珠的顾问一样的角色。他继续从事作家和编辑的工作,编过农学教科书和学院的学术期刊。如果说他为赛珍珠提供了文学腾飞的平台,那么在赛珍珠的实际创作中他就帮不上什么忙了。赛珍珠写作只用了两个月时间,她先是用汉语思维,然后转换成简洁、清晰、明快的英语句子,"读起来像《圣经》的风格,但是生动形象,如同汉语的思维和写作"。赛珍珠有一位美国朋友和她一样从小说汉语,她说赛珍珠早期所有的小说都具有这样的特点:"如果把它们都翻译成汉语,几乎不需要作什么改变。"根据研究赛珍珠的专家廖康教授的观点,赛珍珠运用英语习语很准确,人物的性格刻画很到位,"她用英语说话的方式如同中国人说他们的母语一样,只有具有英汉双语背景的读者才能完全体会这些。"当时中国非常具有影响力的文化人赵家璧写道:"简直不能相信这样的作品是由外国人写的。"

詹妮丝上午去幼儿园,赛珍珠利用这段时间写作。在阁楼的写字台上放着一台破旧的、常常出故障的打字机。"故事是久熟于心的,我写得很快……尽管现实情况是我所处的环境并不把而且也不会将小说创作或者小说看得很重要。即便是我本人有时候也把写作当成是自我消遣。"她家有很多人,但是当小说写完后居然没有人阅读。赛珍珠说她哥哥很忙(他因为公务回到中国,后来有机会同洛辛一起工作),她的父亲不关心,而且"此外便没有其他人了"。她后来给人留下的印象是写作像做梦一样轻松、迅速,但是往往造成别人的误解。莉莉丝·贝茨就认定在上海大家合住一屋的冬天里,赛珍珠就写过一本关于王龙的书,尽管赛珍珠辩解(她妹妹格蕾丝也支持她)说小说是她在南京花了几个星期写就的,而且她还宣称这本小说"构思了好几年并修改了很多次"。她可能在之前五年内用类似的题材尝试写了很多小说,包括很多丢失或者放弃的小说以及短篇故事。在5月末的一天,赛珍珠把那时候还拟名为《王龙》的小说打印稿捆扎起来,寄给纽约的代理人。

赛珍珠的第一本小说《天国之风》4月份在美国出版。戴维·劳埃德先生在此之前一直忙着为她的作品寻找出版社,不料一年内被拒了二十多次,最后被一家名叫约翰·戴的出版公司看中。这家公司成立时间相对较晚,规模很小,经营困难,其负责人是理查德·沃尔什。在之前的一年,纽约已经给她发电报说同意出版她的小说,但是电报又被打回美国,因为当时赛珍珠已经离开南京。后来终于在 1930 年 9 月份联系上她,可是她当时正沉浸在同卡洛尔离别的痛苦之中,几乎顾不上出版小说的事情。在出版商的建议下,小说以《东风·西风》为名出版,当她最终到纽约签订出版合同的时候,她的文学代理人和出版商都对她拖沓的办事方式感到吃惊。沃尔什对赛珍珠说他的出版公司当初为是否出版她的书争执不下,他为她投了关键的一票。他说他赞成出版不是因为他喜欢这本小说,而是因为他相信赛珍珠能写出更好的作品。在赛珍珠看来,这笔交易的主要作用解决了卡洛尔的学费问题(出版公司没有为她提供预付金,但是她将来能够抽取百分之十的版税,如果出现奇迹,销量突破五千本,她可以拿百分之十五的版税)。

有关《东风·西风》的评论在夏天的时候终于到达中国,各方反映都很好。令赛珍珠感到更加兴奋的是,沃尔什发了越洋电报,后来又写信报告了好消息。"我的出版商给我写了一封私人信件,说我的第二本书卖得出奇地好,"她 9 月 23 日给格蕾丝写信说,"沃尔什先生是个严谨、干练的中年人,他说话还是靠得住的。所以我估计销量比他说的还要多。我现在有一种美好、放松的感觉,因为我现在相信我能写好,而之前却不能确定。"她首先想到的就是从现在起卡洛尔的将来有保障了,詹妮丝的教育也能负担得起了,也能够送一些像"收入微薄的传教士买不起的上等装饰品"之类的礼物给妹妹家了。沃尔什为她提供的合同和上次一样,赛珍珠照例没有把信件给家人看。当几个月后《大地》被"每月图书"俱乐部选中时,赛珍珠收到四千美元的稿酬,小说的初版销量达到一万本。沃尔什对他的同事说:"我们没有一刻不认为它能登上畅销书排行榜。"

沃尔什建议把小说的副标题《大地》作为小说正式的名字,而且把小说删去一些章节。赛珍珠向两位看过小说的朋友征求意见。其中一位朋友是玛格丽特·汤姆森,其儿子后来成为汤姆森家族的传奇,他回忆了他母亲当初看到《大地》时的反应:"佩服,甚至是敬畏,当然还有嫉妒。她当时完全惊呆了,正如我们常说的,其出色程度令其他作品相形见绌。"赛珍珠还有位姓名不详的中国读者,有可能是邵德馨(很多人猜测是徐志摩,但是没有证据证明这一点)。两个朋友都强烈建议她不要对小说做任何改动。她给沃尔什回信说坚决不能删减,并解释她为什么不能破坏全书特色鲜明的异国情调:"当我试着修改时,书中的人物都乱套了,他们就好像被我强制放在外国房子里，都不知道该如何是好。"她告诉沃尔什她正要开始写第三本小说，这本小说将更多地体现她头脑中的思想。

1930年秋天，中国各地再一次陷入内战。北方的主要军阀和南方的共产党军队都在挑战南京中央政府的权威。直系军阀控制北京后，很多铁路沿线地区爆发了零星战争。军队包围了南京。洛辛告诉大家一个消息，传言有人阴谋烧毁金陵大学以及其他教会学校和房舍。他的农田调查团队的三名成员不知被谁抓走了。蒋介石加紧围剿共产党并把他们建立的赤色政权赶到更偏远的西部。在国民党控制的地区，蒋介石实行白色恐怖统治。赛珍珠这时候开始翻译中国古典小说《水浒传》。《水浒传》是中国最伟大、最受欢迎的小说之一，描写了中国十三世纪的一群绿林好汉聚众反抗腐朽、黑暗的朝廷的英勇事迹。当年水浒英雄们活动的区域在山东省梁山水泊，离赛兆祥传教的苏北地区不远。中国共产党很推崇《水浒传》，所以早在20世纪30年代就编辑出版了符合无产阶级革命精神的《水浒传》新版本。赛珍珠翻译的《水浒传》是这本小说的第一个英译本。《水浒传》的意思是河边、湖畔，直译成英语应该是 "The Water Margins"。书名在汉语中含义非常明显，但是翻译成英语却毫无意义，所以她把书名翻译成《四海之内皆兄弟》(*All Men Are Brothers*)。赛珍珠翻译《水浒传》前后用了四年时间。每天中午用过午餐后，赛珍珠和中国学者赵雅楠(音)或者金陵神学院的专职秘书龙墨芗开始合作翻译。赵雅楠或者龙墨芗为她朗读小说原文并翻译成现代白话文，赛珍珠再对照书上的汉字译成英文。赛珍珠知道小说刻画的英雄形象很生动，读他们的故事犹如身临其境。英文译本出版后，北京一家杂志评论说，"她似乎能感受到梁山好汉的一言一行"。她非常清楚故事传达出的反抗精神："在转移到西北的共产党人身上，我看到中国漫长时代里的老百姓对政府的不满和顽强的斗争。"

赛珍珠每天上午写她的新小说——"在写完《大地》后，我的创作冲动并没有消退"——她匆匆忙忙完成了为对外传教委员会写的儿童读物《青年革命者》。她每天下午邀请朋友喝茶，还要招待丈夫一拨又一拨尊贵的客人，其中包括英国社会历史学家 R.H. 唐尼，他在布克家写成《中国的土地和劳工》一书；美国哲学家欧内斯特·霍金，还有她的哥哥埃德加·赛登斯特里克，他当时为纽约麦尔邦纪念基金会工作，负责中国公共健康和农村教育的资金援助项目。赛珍珠还在金陵大学担任教职，但是无法在教学上投入太多精力——"批改作业和考卷压得我喘不过气来"，学生也因

为她的授课方式向校方提意见。

她一刻不停地做事情，为的是不再想卡洛尔，"我一直挂念着卡洛尔，尽管她的情况不会好转，但是我不会放弃，永远不会放弃。"她迫不及待地写信给埃玛，给在美国休假的妹妹，给所有她能够想到、能够去探望卡洛尔的人写信，并且还在信尾附上一长串罗列着可爱的玩具和生活用品的名单。她恳请她们照单买给卡洛尔并许诺支付花费，请她们来信说明卡洛尔近况。赛珍珠正在写的小说是《母亲》，其中描写一个身患残疾的小女孩令人心酸的生活。小女孩艰难地学习生活的技能，她的母亲是一个年轻的农妇，被狠心的丈夫抛弃，独自种地养家。因为生理欲望无法满足，母亲生活中的困难不比小女孩少。小说中没有姓名的女主人公是像鲁妈一样坚强、脾气暴躁的抗争者(鲁妈是《母亲》中母亲的原型)，她感到羞耻的是她的肢体语言出卖了她的内心("她的心渴望被爱抚，通过眼神表达了出来，而她居然没有意识到这一点")。当地的一个地产经纪人无意中发现这一点，施展劳伦斯式的身体诱惑，并且最终得手。小说字里行间流露的感情是如此原始、如此直白，以至于赛珍珠完成初稿后直接把它扔进废纸篓(她后来又把稿子捡了回来)。在赛珍珠看来，这本书像《异邦客》一样，性描写太露骨，所以不适合出版。格蕾丝解释说"小说特别关注了性"。

这段时期，赛珍珠表面上很拘谨，其实她的内心很压抑，但是她在小说中非常直白地描写受挫的性、婚内强奸、女性对男性生理上的排斥。《正午时分》中作者的他我甚至在第一个孩子出生前就与丈夫分居了。晚上她独自睡在阁楼上，还要用旅行箱顶住门。从某种程度上说，赛珍珠也不再同洛辛共处一室了，她对埃玛·怀特说她再也不能屈从于他的性要求了："我简直受不了——对我就像一种侮辱。"格蕾丝说那些年去姐姐家做客，有时候她在晚上醒过来，却看见洛辛站在她床边。1930年2月赛珍珠发表了一篇文章《小说之镜里的中国》，从中可以明显地感觉到她的愤怒。赛珍珠指出中国的小说家把情欲看作是日常生活的一部分，认为这是"肌肤之欢"而不是把它看作"不正常的或者是出于病态的想象"而加以摒弃。这个时期的赛珍珠对性欲的态度是本能的退缩，在《别的神》中，她对这种心理做了非常形象的描写："她转过身……面对他。她身体里的每一个细胞都在收缩、颤抖。鲜血像这样离开身体后都流到哪里去了呢……她以前没有注意到一些细节，但是现在知道了：他的手掌很厚实，他说话的时候嘴唇几乎不动，讲话很笨拙，土得掉渣，但是可能一辈子也改不掉，因为他从小就这样讲话……一股愤怒的情绪忍不住爆发了。"

赛珍珠和洛辛在事业上应该算是齐头并进的。1930年秋天《中国农田经济》在美国出版后获得广泛的认可，洛辛成为了相关研究领域的专家——"非常感谢我的妻子为本书作了很多编辑工作。"他不断获邀担任政府顾问，他的土地调查项目不仅有雄厚的资金支持，而且吸引了规格很高的学术团体和学界同仁来访，参与调查项目的学生也越来越多。20世纪中国经济史专家保罗·B.特雷斯科特说"洛辛的调查项目见证了农学院的辉煌"。在芮思娄和布克领导下的农学院，全体教员占全校员工的一半以上。金陵大学的毕业生去海外留学的，几乎全部是农学院的学生。1925年，金陵大学的西方教员是中国教员的四倍还要多，但是五年之后，中国教员人数超过西方教员，中西教工比是十六比一。洛辛所在系的教工人数很快达到一百人，比世界上其他任何农业经济系都要庞大。上到国民政府政策的制定，下到中国各地的农田耕作，农业生产各个方面无不受到金陵大学的出版物、科研数据以及教师和科研工作者的研究成果的影响。

那年冬天赛珍珠的情绪很低落。一年前与卡洛尔分别后，她一直挂念着她。一年半之后她才能再次休假回美国。她写完了《母亲》，结局是失明的女儿最后被偏僻村庄的陌生人怠慢、虐待而死。洛辛说："她总是想着卡洛尔。"1931年过完元旦后的第一个星期，洛辛带着她坐船南下，看是否能把农业调查项目扩展到广州地区，但是激烈的战事使他们的行程变得很困难。格蕾丝一家刚刚从美国休假回来，很不情愿地接受了湖南省的一个传教职位，因为当时共产党在湖南省的势力很强大。赛珍珠夫妇回到南京后看到出版商从美国发来的越洋电报，告诉她们《大地》已经被"每月图书"俱乐部选中(她居然很天真地回信说，从没有听说过这个俱乐部，"他们难道不知道我不是这个俱乐部的成员？")。詹妮丝患了百日咳，洛辛去医院拔出了坏掉的牙齿，赛珍珠对埃玛说她正准备写一本新小说来打发时光。3月2日，《大地》在纽约出版。赛珍珠说家人都不知道这本小说的存在，"或者听说过又忘记了"。她把《大地》的样书给她父亲看，几天后父亲又还了回来。他出于礼貌称赞了小说的封面，事实上他没有兴趣读完这部小说。月底的时候，赛珍珠陆续收到出版公司的发行简报、大量的评论文章和第一封读者来信。赛珍珠写信告诉埃玛·怀特，如果处在不同的环境中，她可能会感到兴奋——"我想我会激动得浑身颤抖"——但是现在，成功对她最重要

的意义是有更多的钱让卡洛尔的未来有保障。

《大地》在美国社会上产生了巨大影响。事实上小说出版前的首批读者，譬如说玛格丽特·汤姆森的反应就是羡慕和敬佩。赛珍珠的文学代理人戴维·劳埃德甚至在她写作前就认为她一定能成功，他收到她从中国寄来的包裹时，预感到作品肯定会畅销。他的女儿当时还是一个学生，她记得父亲的办公室里闹哄哄的："这是一个真正会写作的女士写的第一本小说，大家都很兴奋。"赛珍珠此刻需要的正是理查德·沃尔什的鉴别力、判断力，以及出版商在合适的时间推出合适的图书的嗅觉。赛珍珠在《长恋》中不无调侃地说："他感觉手中的书已经销量飙升了，他为自己的先见之明而欣喜若狂。"多萝西·坎菲尔德·菲舍尔是"每月图书"俱乐部的评审，在文学界有着举足轻重的地位。事实上赛珍珠那时候还是个默默无闻的作家，多萝西一开始并不看好她的新书校样——"乍一看似乎是在写中国的农村"——但是她熬了通宵把书看完了。多萝西第二天天刚亮就跑去向其他评委推荐《大地》，其他评委全部支持她的选择。文学评论家也给小说很高的评价，美国公众更是人人争相阅读《大地》。在长达两年的时间里，小说一直占据着畅销书排行榜榜首的位置，并且被翻译成几乎所有的语言。此后，《大地》的销量一直很稳定，1932年赛珍珠凭借该书荣获普利策奖，三年后美国文学与艺术院为她颁发霍威尔斯文学勋章（前一届获得者是薇拉·凯瑟）。1938年，赛珍珠成为首位荣获诺贝尔文学奖的美国女作家（1993年托尼·莫里森成为第二位获此殊荣的美国女作家）。

《大地》最显著的特点是它如实地描写了一个东方世界，这个世界对西方读者来说新奇得无法想象。此外，随着小说情节的展开，作者和读者越来越有共鸣。书中描写的生活场景、奇特的生活习惯和思维模式、陌生的耕作方式和家人之间的关系都是可信的，所以读起来很有真实感。读者很同情没有文化但是吃苦耐劳的农民，特别是王龙默默无闻的妻子阿兰。她的性格文静、沉稳："话语对她来说就像是被她一个又一个地收起来、但是很难再拿出来的东西。"在刚刚生下一个女孩不久，阿兰就把她溺死了，她也把另一个孩子卖给别人当婢女。但就是这样一个母亲成了美国读者心中道德的制高点，也成为书中情感热度的主要来源。

这本书并不仅仅是颠覆读者的期望那么简单，尽管一开始大家的期望很高。这些年来西方人，特别是美国人，通常在中国问题上无形中持有否定的意见。海伦·福斯

特·斯诺说:"没有人认为美国会对中国的或者有关中国的东西感兴趣。"她和丈夫埃德加·斯诺一道为反对这种 20 世纪 30 年代的无形的歧视而努力,"有关中国的书是没有人读的,除了《大地》,这一直以来都是一个谜。"在一个世纪以前,中国劳工大量涌入加利福尼亚州。为了保护本国劳工的权益,美国政府制定法律全面限制中国移民,中国人在美国受到排斥和不公平对待,廖康称这段时期为"歧视的时代"。美国政府在 1882 年通过《排华法案》,这是第一个公开的种族歧视法案。当时流行的看法是中国人的形象要么是滑稽的,要么是邪恶的怪物。在《大地》出版的同一年,一位睿智、幽默的中国学者林语堂在上海的一家刊物上发表评论文章,描述了当今的文学俗套:"他很有礼貌,牙齿和脸色一样黄。他穿着长衫,留着长指甲。他最爱抽鸦片烟,最爱玩番摊(中国古老的作庄赌博游戏,19 世纪后半期流行于美国西部——译者注),他除了笑之外,从不张开口,从来是踱着步子走路。他被称作吴博士,或者福满厨。"

赛珍珠的小说腐蚀着无知和偏见之墙的根基。在尘暴肆虐和大萧条时代的最初几年,美国人非常认同发生在王龙身上的富足和贫困境地的循环变化。旱灾、水灾、强盗、饥荒、难民、土匪和战乱接连发生,王龙拼命干活,极其节俭,试图让家人在一场又一场的灾难打击下得以幸存。赛珍珠描写的 20 世纪中国劳动人民的生活就像狄更斯描写的 19 世纪伦敦的穷人生活。读者在她的作品中看到他们自身的恐惧被反映、放大、扭曲,当王龙最后不得不在城里拉黄包车或者当起往城市码头运送重货的夜班工人时,他们看到的是一个被折磨、羞辱的噩梦般的形象:

> 整个晚上,他拉着绳索穿行在黑暗中。他赤身裸体,汗珠不住地往下淌,赤脚踩在石子铺成的街道上……他此刻认为每一个石子都跟他过不去,他熟知每一条车辙,走在车辙里,他或许能够少踩到一个石子,生命就能延长一点点。在黑夜里,特别是下雨的时候,街道是湿滑的……心中对脚下石子的怨恨全部爆发了。在非人的世界里,似乎总有一些石子阻碍他命运车轮的前行。

小说描述了王龙家忍饥挨饿的生活:"他们一家现在几乎都饿得站不起来了。如今断断续续的睡觉暂时代替了对食物的需求。他们吃晒干的玉米棒子,吃剥下的树

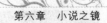

皮"——他们村里已经没有生气——"到处都是寂静,人们没有干活的力气,都呆在自己的家里等待死神的降临"。书中的描写跟当时埃德加·斯诺在《纽约先驱论坛报》的新闻报道相互照应。斯诺是一个年轻的记者,他第一次被派到中国时来到西北地区报道当地的饥荒:"这里是一片奇异的景象,所有植物都不见了,好像被火山吞噬了一般。"他所到的几个城市中在过去的一年内饿死了一半的人:"就连树皮也被剥光了,奄奄一息……大部分土坯房都倒塌了……饿得只剩一口气的人坐在或者躺在房门前,差不多人事不省。"

斯诺的报道没有引起人们的注意,当时很多人没有读过他的文章。他和赛珍珠是美国当时最有影响的中国问题观察家。两人背景不同,写作风格各异,但是两人的作品要比其他任何事物都更有力地改变了公众对那个国家和人民的认识。斯诺后来成了共产主义事业的辩护者。赛珍珠没有意识形态方面的考虑,但是她早期的作品和同时代中国思想激进的作家的创作动机是相似的。与西方作家艾略特、乔伊斯和卡夫卡倡导的现代主义不同,中国作家走上另一条文学道路。廖康教授在 1997 年指出:"开启民智对中国来说是生死攸关的大事,特别是 20 世纪的前五十年,所以文学作品都尽量让更多的人看得懂……但是在美国,最为艺术家所不齿的就是降低自己作品的品位,以迎合资本家的商业需求。"

《大地》展示了一个全新世界的内核。20 世纪 30 年代西方的旅行家、观察家和像斯诺一样的记者已经从外部报道过这个世界。赛珍珠借鉴中国传统小说简略记述英雄事迹的特点,描写了广阔大地上几代人的故事,她在人物性格刻画上着墨不多,重点是全景式、写实性的描写以及狄更斯式的、瑰丽的想象性的描写。她能够吸引西方读者,和她一道深入了解中国普通劳动人民的日常生活。她在《大地》中带给不同国家读者的,正是她在南徐州时曾经亲自为玛丽安·克里格希尔做的事情,在南京时为莉莉丝·贝茨做的事情。莉莉丝后来回忆赛珍珠的作品如何影响了她对中国的看法的时候说:"我们对中国人的态度真的发生了变化。"莉莉丝的话说出了几百万读者的心声。赛珍珠的观点击败了那些年流行的偏见,海伦·福斯特·斯诺认为"她是第一个重塑中国人形象的人,中国人被拉回到'人'的地位,开始变得可以理解了"。《大地》开启了中美之间牢牢锁着的大门,在随后的四十年里,赛珍珠做了她能做的一切事情,来避免这扇大门被重新关闭。

◀ 赛珍珠肖像。

◀ 赛珍珠和她收养的中国孤儿。

第七章

傲慢的腐气

1931 年春天,赛珍珠的成功依然像是做梦一般。她在文学创作道路上的障碍被清除了——"她的故事一个紧接着一个,像滔滔长江之水"——但是成功的喜悦感被百年一遇的大洪水带来的恐惧所抵消。长江水位几个月来连续上涨,农田被淹,运河水位上涨,堤坝被冲垮,村庄和农房被洪水吞没。到3月底,长江上游的水井被泛滥的洪水淹没,那里的人不得不饮用被腐烂的尸体和人畜排泄物污染过的洪水。6月份,两周之内下了二十四英寸的大雨。人们把怨气撒到蒋介石身上,因为之前有人宣称他是河龙转世,所以一场相对常见的洪灾变成无边无际、从未有过的大灾难。据说有的地方开始人吃人了,也有传言说南京附近的农村有人养不起孩子就把他们溺死了。距市中心七英里的长江码头边,浑浊的江水越过石堤,涌进农田,而且"漫过街道"。赛珍珠骑马沿着江堤来到紫金山下,徒步登上山顶。紫金山已经变成一个小岛:"黄色的江水有五十英尺深,浊浪拍打着山腰,远处的农田和房舍已经被洪水吞没了。"

在南京国民政府的支持下,洛辛组织受过良好训练的项目调查队员并在各个地区招募助手,对当地的受灾程度展开调查。宋美龄女士的哥哥、财政部长宋子文以个人名义资助了此次调查活动。美国飞行员查尔斯·林白因单人单机飞越大西洋的壮举而闻名世界,他来到中国之后先同洛辛乘坐舢板到达灾区,然后驾驶飞机从空中勘察灾情。赛珍珠在杂志上发表的故事加深了美国人对中国劳苦大众的同情。饥饿的灾民拥进南京城,绝望的人们蜷缩在地上,奄奄一息,放眼望去,到处都是洪水,水

面上有成堆的漂浮物。《大地》的第一个中文译本的译者胡仲持在小说的前言部分引用了美国红十字会总干事的一封信,这位总干事在信中谈到美国人很大程度上是读了王龙一家的遭遇后,很受触动,激发了对中国的救灾热情。根据洛辛的最终统计,江淮地区共有两千五百万人受灾,还有人统计有五千多万人受灾,其中有五十万人在洪灾中丧生。

8月31日,赛兆祥在庐山牯岭的别墅中去世,享年八十岁。格蕾丝把他安葬在牯岭,陪伴他的是一本希腊文的《圣经·新约全书》。赛珍珠没有赶上参加父亲的葬礼,因为当时南京和牯岭之间一片泽国,无法前往。姐妹二人分别在《教务杂志》和《基督观察者》上发表深情的悼念文章。赛珍珠对格蕾丝说:"我非常怀念他!"很多年之后,她在自传中写道:"在过去的两年中,他瘦长、苦行僧般的体格越来越脆弱,他的性格越来越接近一个圣徒。"在《战斗的天使》中,她毫不留情地指出家人为她父亲圣徒般的心灵付出了代价。赛兆祥离开镇江后,当地教会在城南门为其树立《赛兆祥镇江传教功德碑》,称赞他三十多年来即使面对嘲讽和污辱也始终如一地为传教事业努力工作。碑文由马逢伯撰写:"……念丰功之不朽,徒增伊人秋水之思、勒片石以长存,聊作召伯甘棠之爱。谨铭数语,以志不忘……"(传说召伯是西周初期智慧、公正的大臣,喜欢坐在甘棠树下议事)。

赛兆祥去世的时候,赛珍珠正在和教会第一次发生争执,争执的双方最终不得不当众摊牌。她仍然在教会大学授课,但是当她认识到无论自己如何为女儿祈祷都没有用之后,她就不再去教堂了。她的小说出版后,教会方面迅速做出反应,猛烈批判她的作品。赛珍珠收到的第一封美国读者来信是位于纽约的长老会对外传教委员会秘书写的——"几页信纸上写的全是措辞激烈的斥责"。此外,信中暗示说将对她提出公开批评。这封信写得义正辞严,但是有点故作姿态,以至于赛珍珠一开始并没有意识到信中主要是抱怨性描写太过直白。她的好朋友埃玛面对类似的责难为《大地》作辩解:"当然……这不是一本通常意义上的好书!"赛珍珠很轻松地给对外传教委员会写了回信:"您的朋友或者其他任何人说这本书很低俗,他们说的一点没错,从这个角度来说,这是本很低俗的书。"她解释说她尽可能准确地描写王龙的生活,打嗝、撒尿、做爱等行为举止在文雅的美国社会是不被人提及的,但是对王龙,对大多数中国人来说这些是很自然、很正常的。"他们对包括性在内的生活本能持有实事

求是的态度,这一点我很欣赏。我认为这是有益健康的……他们为这些本能的需求做准备,就像饥则食渴则饮一样自然,而且,他们做这些事情是有度的。"她对哥哥埃德加说她对传教士的冥顽不化感到震惊和难以相信:"对他们来说,性就是魔鬼,但是性似乎占用了人们太多的注意力。"

中国人对《大地》的评论,一开始与其说是热情,不如说是客气。中国古典文学和当代文学中都没有出现过这种接近自然主义风格的作品。(一个中国评论家称赞这部小说的主题是阴郁而严肃的:"几乎没有人研究过……农民的心理,从来没有文学作品将农民作为个体,用恰当的形式单独表现")阿兰称得上是第一个被写入小说的中国女性,而不是那些眉如远山、肤如凝脂、拥有三寸金莲的古典美女。自从《大地》出版发行后,其明显的写实性是小说遭到质疑的根源。1931 年第一次来到中国的海伦·福斯特·斯诺说:"我惊奇地发现中国的年轻知识分子有多么痛恨它,多么猛烈地批判它,特别是当他们认识到它是多么出乎意料地畅销……传教士也不喜欢这本小说。事实上,因为各种各样的原因,所有生活在中国的人中,几乎没有一个喜欢它。"生活在上海这样的国际大都市、有西方教育背景的中国人为书中揭露了无法解决的社会问题而感到沮丧,他们都宁愿把问题掩盖住,"他们想给外国人留下好印象,他们不愿意面对现实,不愿意为改变现状做任何努力。"斯诺教的英文班的学生非常痛恨一个外国人在书中暴露中国的贫穷和落后,而当时这本书已经有迹象表明会成为世界级的畅销书。

无论是在美国还是中国,人们对赛珍珠的态度和对她的小说的态度一样。因为历来遭受西方列强的凌辱,中国的爱国青年对所有针对中国人的种族歧视和诋毁异常敏感。赛珍珠把他们的反应写进《大地》三部曲,其中有一个章节描写王龙的孙子参加了一场传教团体组织的演讲。演讲中播放了印有乞丐、麻风病人、草棚中挨饿的儿童的幻灯片,旨在唤起美国听众的同情心。"王源看不下去了,几个小时以来他越看越生气,情绪中还夹杂着耻辱和伤心,他祖国的缺点被暴露在一群无知的外国人面前……在他看来,这个爱好窥探的牧师似乎把他能在中国找到的每一种病症都摆放在冰冷的西方世界面前。"在 20 世纪后五十年,赛珍珠受到激烈的批判,在中国大陆,她的作品被列为禁书,原因是她的作品编造了反动的、帝国主义式的谎言,诋毁旧中国农民的光辉形象。1985 年出版的南京地方志指出"《大地》的故事背景是黑暗

的清朝,为了说明中国在本质上是落后的,书中描写的男人都留辫子,女人都缠小脚。不难看出《大地》在美国社会造成了多么负面的影响!"

1931年9月,日本侵略军全面侵占满洲里。人们谣传苏联和英国都准备支持日本对中国的侵略。在南京,六千名学生走上街头游行示威,抗议国民政府的不作为。9月24日赛珍珠给埃玛·怀特写信说:"现在局势很紧张,昨天晚上学生聚集在日本领事馆前抗议了将近三个小时,他们高呼'打倒日本帝国主义!'"四天之后,学生们冲击了国民政府外交部。整个冬天形势越来越严峻。1932年1月,在十几艘驱逐舰和重型轰炸机的掩护下,日本海军的先遣部队登陆上海。沪宁线被日军炸毁,国民政府准备迁都到内地。2月,中日军队在上海附近交战,后来在城中展开激战。日军飞机向南京投掷炸弹,军舰溯江而上直逼南京,赛珍珠一家深夜被惊醒,和邻居们收拾行李,离开了南京。赛珍珠给妹妹写信说:"我们从床上爬起来,穿上衣服。我不得不承认我当时很害怕,像一片树叶一样浑身发抖。"而她七岁的女儿詹妮丝因为这次惊吓,从此一看到照在枕边的月光就害怕。

他们在北京找到了临时的住所。赛珍珠在一所学校教授英文,工作之余在国家图书馆研究《水浒传》旧版本中的插图,为翻译这部小说做准备。她游览古老的北京城,去看京剧,拜访京剧大师梅兰芳。她印象最深的是坐落在山脚下、呈半圆形布局的萧索的明十三陵古迹,"阴森、荒凉、起伏不平的地势,明亮的天空下是黑色的、陡峭的山"。整个春天都是寒冷、干燥的天气,沙尘暴肆虐北京的大街小巷,赛珍珠回忆起她当时对未来的选择:"正是在北京……我确信自己迟早要永远地离开中国,回到我自己的国家去。因为战乱将起,到时候是不会允许任何白人留在中国的。"

3月初,中日之间停止交战,相互之间的敌视被暂时搁置一边。赛珍珠一家6月份匆忙返回南京,然后准备回美国休假。赛珍珠在自传中写道:"我好像忘记了这次分别。"丈夫要回康奈尔大学完成博士论文,她急切盼望能够见到女儿卡洛尔。他们计划带上赛珍珠的美国秘书艾德林·布赫,因为她已经被认为能够更好地照料詹妮丝。赛珍珠回到南京后看到一封从美国发给她的电报,电报上说她因为《大地》获得美国普利策奖,小说的电影改编权以五万美元的价格卖给米高梅公司,这在当时好莱坞的所有剧本中是价格最高的。她说她感觉"像是一只普通的老母鸡……原以为只是下了一个普通的鸡蛋,却孵出了金凤凰。"既然现在她的地位可以让她随心所欲,她显然更看重去瓦恩兰特教学校看望卡洛尔的机会,而不是她的出版商安排的向美国公众揭开《大地》作者的神秘面纱的计划。她告诉埃玛一项不切实际的行程安排:"我想逃避公众的目光,我希望悄悄地来到美国,然后悄无声息地离开。一想到要见很多人我的心里就发怵。"

美国读者对赛珍珠几乎一无所知,她的秘密让他们感到困惑,但同时又勾起他们的好奇心。采访她的请求无法得到满足,人们无法获知她的个人信息,有人甚至怀疑是否确有赛珍珠这个人。1932年6月,当她悄然到达美国时,她刚刚度过她的四十岁生日。在此之前,全家人访问了加拿大。在那里赛珍珠会见了她的出版商沃尔什先生,并由沃尔什出面同记者、编辑、公关人员、热心读者打交道。沃尔什把她的日程安排得很灵活,并亲自护送赛珍珠一家到洛辛父母位于波基普西(Poughkeepsie)的农场。8月3日,在纽约华尔道夫酒店(Waldorf Astoria Hotel),赛珍珠第一次出现在美国公众的面前。二百名贵宾被精心推选为纽约知识界最有名望的精英代表,他们身着低胸晚礼服或者白色无尾男礼服见到了赛珍珠。赛珍珠穿着开口很低的V形袖裙,几乎没有化妆,头发随便绾成圆髻状。她看起来非常紧张,以至于在场不止一个人怀疑她是否要逃走。她很害羞,简单讲了一些表示感谢的话,然后读了一段文字,这吸引住了观众。这段话写在《水浒传》的前言中,原话是三百年前的原著作者施耐庵说的:"吾呜呼知后人之读吾书者谓何!且未知吾之后身读之谓何,亦未知吾之身后得读此书者乎?吾之安所用其眷念哉!"

她对美国已经很不了解、很不适应了。就像她说的,从电影到银行系统,一切的新生事物对她来说都是陌生的。赛珍珠被人恭维,接受出版社和电台的宴请、拍照、采访。在那年秋天,教堂、俱乐部、学校组织的各种各样的文学午餐会、茶会和鸡尾酒会让她应接不暇。她只接受了其中很小一部分的邀请,包括哥伦比亚的中国留学生为她举行的欢迎晚宴。中国留学生请她为中国的声誉着想,不要翻译《水浒传》,否则的话,西方读者会认为他们国家的文学遗产描写的中国人是野蛮、没有开化的。《大地》三部曲的第二部《儿子们》在9月份出版,新书反响不一,但是销量节节攀升,在发行后首月售出八万本。小说在出版前连载于《世界主义者》,稿酬是前所未有的三万美元,这也使得赛珍珠在1932年的总收入高达十万美元左右。这部小说从王龙的葬礼开始写起,通过描写王龙三个儿子的生活表现了20世纪初的中国社会现实。三个儿子都无

情地压榨从他们父亲那里继承的土地,大儿子沉溺于放纵的空虚生活中,二儿子对金钱的贪婪吞噬了他自己,他当了一名商人和放高利贷者。小儿子搜刮本已不幸的国家,当了一名土匪头子。小说在形式上是先验主义的,本质上是说教的。故事的重点和核心是孤独、有危机感的小儿子王虎,他是一个天生的叛逆者,个性坚毅,能够自我约束,从某种程度上说是作者的化身。四十岁之前他一直进行反抗权威的战斗,但是战斗多多少少把他和同时代的弱者和没有远大抱负的人完全隔离开来。

在继华尔道夫酒店的首次亮相之后三个月,即 11 月 2 日美国长老会组织的一次筹款活动上,赛珍珠发起了一场旨在反对美国社会根深蒂固的种族主义、盲目自大和文化帝国主义的运动。她已经是一名国际名人,无论她走到哪里都是公众注目的焦点。人们说如果不是在国外传教,她应该会更出名。她是普利策奖获得者,但是看起来更像一位普通的荷兰家庭主妇,她讲话没有气势,内容五花八门,这些特质让观众很困惑,也很着迷。赛珍珠受到来自教会的压力,不得不同意私底下为对外传教委员会有兴趣的委员作报告。报告定在阿斯塔饭店(Astor Hotel)的午餐会上进行,内容是赛珍珠讲述四十年来身为传教士的后代、老师的感受。但是当她到达酒店的大舞厅的时候,她发现私人报告变成了商业活动,她要面对的是两千名买票进场的观众。"我不知道做什么,也不知道说什么,除了之前为少数人而决不是公众而精心准备的演讲稿……嗯,我不得不硬着头皮走上前台讲了准备好的话。我讲完后坐下来。屋子里死一般的沉静。我感到忐忑不安。"最终大厅里爆发出雷鸣般的掌声,但是和赛珍珠坐在同一张桌子上的教会领导人脸色很不好看。委员会秘书克莱兰·博伊德·麦卡菲博士回忆说:"听她往下讲,我们的后背阵阵发冷。"他发现他主持的是一场从理论上和实践上对传教事业进行全方位控诉的大会,控诉人是很有发言权而且口才极佳的传教事业的亲历者。

如果麦卡菲博士或者其他任何一名委员会的工作人员在活动之前稍微回顾一下赛珍珠的职业生涯,他们就会对这次演讲的效果有更明确的预期。赛珍珠演讲的题目是《海外传教有无必要?》,这次演讲说出了她长期以来内心世界不断争论后得出的看法。在此之前的十余年间,她陆续把自己的想法发表在《教务杂志》上。最早是在 1923 年,赛珍珠同南京语言学校接受培训的传教士的谈话中就露出了一些端倪。那时候她还是年轻的传教士妻子,她依然试着接受父亲被迫离开镇江的事实。她提

醒年轻的传教士们要反对老一代传教士的偏狭,但是也要理解、体谅他们固执的自以为是。"通常要他们接受我们的观点是不太现实的。但是我们应该能够理解他们的观点。"赛珍珠敦促年轻的传教士要树立进取精神,以免陷入和前辈传教士同样的困境:"不要把心理上的想法和宗教情感或者神的启示混为一谈……不要把自己的愿望和上帝的意志相混淆……不要为了神圣的使命而坚持你的方式从而伤害你的虚荣心。"这是建立在个人痛苦经历基础上的明智、可行的建议。赛珍珠提倡的策略是要培养一种幽默感和分寸感;要认识到有一种观念是迷信的、荒谬的:世界上存在唯一的、确定不变的真理;如果前提不是完全公平的,不要被诱惑做任何事情。"如果我们内心隐藏着一丝种族优越感,我们就不能很好地传播福音……我们中任何人都不比他人更优越。"她说道。

　　四年之后,赛珍珠发表了题为《外国传教有无地位?》的文章,后来在纽约一个更大的论坛上,她又把这篇文章作为演讲的主要内容。她在文章中把侧重点从具体事例转移到一般原则上来,提出问题并给出解决问题的方法。经过严密、客观的分析,她得出的结论是基督教徒对中国哲学和文化的无知和敌视,使得传教士处在一个尴尬的位置,后者即便不被认为是邪恶的,也没有牢固的群众基础:"这种悲观主义中更加险恶的地方在于……人们是否有权利把自己国家的文明强加到其他人身上,况且这种强加的文明是否是宗教的形式?"赛珍珠已经预料到传教士将会引起和中国人之间越来越多的冲突。他们对中国的影响力已经不容小觑,他们傲慢的面孔下隐藏着贪婪、恐惧和不安全感。"我们有意或者无意踏上异国他乡的土地,我们在心中说着要无私地奉献一切。我们没有……尝试着去理解我们与之打交道的文明……我们内心很厌恶,但表面上还装作喜欢的样子,即使我们曾经为这个事业流过血,伤过心。"1932 年 6 月启程前往美国前,赛珍珠在《教务杂志》的"读者来信"专栏发表了措辞更为激烈的文章。就好像是分量很重的临别赠言,她在文章中批判了加尔文主义教条中有关原罪、过失、判罪入地狱等观念。在她童年时期,这些观念一直悬在她的头顶,长到十多岁的时候,她已经很排斥这些观念了。"我从小就知道了类似的东西,我很了解它们。"她辛辣地讽刺了中国壁垒森严的白人社区,住在里面的人除了僵化的思维和行为模式之外,看不到别的东西。他们宣称要拯救异教徒,但是对于任何试着了解或者倾听这些异教徒的心声的行为,他们都嗤之以鼻。

这封充满火药味的长信是赛珍珠 11 月份在华尔道夫酒店演讲的底稿。后来这篇讲话被刊登在 1933 年 1 月份出版的《哈泼斯杂志》上，约翰·戴公司出版了发言的单行本推向市场，居然也很畅销。这篇文章有见地，语气亦庄亦谐，但是对传教士漫画式的描写入木三分，把要传达的信息讲得很透彻。赛珍珠说她一生看待传教士的感觉就是好奇中掺杂着勉强的敬慕和彻底的厌恶。

我认为传教士心胸狭隘、不知感恩、缺乏同情心，而且很无知。在我眼中……他们对应该救助的人缺少爱心；除了他们自己的文明之外，他们看不上其他任何文明。他们相互之间很刻薄，在一群敏感、有教养的人中间，他们显得多么的迟钝和粗俗，以至于我都为他们感到耻辱。我从来没有停止向中国人民表示歉意，因为我们以基督的名义给他们的国家派来了这样的人。

听众主要是一群体面、保守、充满善意的人，要站在他们面前并且说正是他们的平庸和自命不凡加剧了中国穷人的不幸，这是需要勇气的。赛珍珠坚持认为只有一颗真诚的心是不够的，一个人庄严地宣布他听到了上帝的召唤是不够的，教会紧接着说这人已被正式尊为圣徒也是不够的，"那个可悲的词语……被用来掩饰了多少缺点和草率的决定。"她在演讲的最后提出了具有建设性的意见，即恳请教会派遣数量更少，但是更具智慧，能够更好地完成传教使命的人。她认为理想的传教士不应是《启示录》中牧师的形象：头脑闭塞，思想越来越空虚、荒芜，布道越来越枯燥，同中国人除了表面上的接触之外，不能建立更深厚的关系，不能够从中国古老文化的河流中汲取养料以滋润自身日渐枯萎的灵魂和智力。"众多的人口，悠久的历史，各个民族之间的千差万别，甚至是无数的机会被浪费，彻底的失败让他变成一个矮人。在许多事例中，他的过去和现在都让人联想到一个渺小的、站在悬崖边上的人，下面是万丈深渊。他迷失了……他一遍又一遍呼喊着上帝的名字，唯恐迷失在现实中。"

在华尔道夫酒店的舞厅里，观众们对赛珍珠的演讲首先是震惊，紧接着拍手叫好。随着新闻媒体的广泛报道，全国各地谴责赛珍珠的信件潮水般涌来。赛珍珠被认为是一个亵渎神灵、下流、贪婪、哗众取宠的人。没有读过她作品的人斥责她的小说是粗鄙的，他们敦促教会要严惩赛珍珠。一位长老会的牧师提议将她的畅销书重新命名为《肮脏的泥土》,另一位牧师为她的"无情无义、疯癫、偏执、知识分子式的愤世嫉俗"感到惋惜,并且预言,当愤怒的基要主义者像爱动私刑的暴民一样对她进行人身攻击的时候,"布克夫人只能祈求她的'大地'将她吞噬"。赛珍珠的演讲恰逢《重新审视海外传教活动》一书的出版。这本书中包含一个委员会的报告(赛珍珠的老朋友厄内斯特·霍金任这个委员会的主席),报告中列举了可靠的证据和统计图表,得出的结论和赛珍珠的观点很相似。赛珍珠的演讲和霍金的报告在全国范围内引起了争论,赛珍珠成了争论的焦点。她在讲话中毫不掩饰对她丈夫的赞美,称赞他是默默无闻的"农业传教士"的典范。他们渴望从当地农民那里学习,教给农民实际的事工,布克夫妇一致认为这才是教会未来唯一可行的选择。11月2日赛珍珠演讲的时候,洛辛陪伴着她,但是他没有参加接下来的媒体论战。他回到位于伊萨卡的康奈尔大学准备他的博士论文;他忙着为土地调查收集材料,招募队员。因为劳累过度导致视疲劳,精力和时间都不够用,所以不太情愿作为妻子的跟班再去纽约参加公共集会。他很乐意把保护妻子的责任交给她的出版商沃尔什先生。

理查德·沃尔什和洛辛正好相反。他品味高雅,风趣幽默,学识非常渊博。他认识纽约知识界所有的名人,和著名幽默作家罗伯特·本奇利是哈佛大学的同班同学。赛珍珠对他的第一眼印象是木讷、保守、不容易亲近,但是随着接触增多,她感觉到他是一个谦逊、热情、容易相处的人。他叼着石楠木烟斗,穿着发皱的花边衬衫和拷花皮鞋,是20世纪30年代典型的学者打扮。他缺少精明商人身上咄咄逼人的气势,但他是一个天生的营销专家,很擅长宣传、交际和开拓市场。赛珍珠说他的笑容很迷人,思维敏捷,眼睛很逗人,"很可惜它们生在一个男人身上,因为它们是纯洁的紫罗兰色,还带有长长的乌黑的眼睫毛。他负责处理所有赛珍珠不愿意去做的事情,包括同社会名流的交际应酬,行程的制定,同出版社和电台签订合同,保护她免受不必要的打扰。他和赛珍珠达成协议,由约翰·戴公司专门负责赛珍珠所有演讲事宜。在刚到美国的几个月里事务繁多,他几乎寸步不离赛珍珠左右。他带着赛珍珠出入高级饭店,把她介绍给其他文化名流,陪她去剧院看《大地》的演出(改编自《大地》的同名话剧,于1932秋天在纽约上演,话剧很失败,演员都是美国白人)。在余下的时间里,

他们呆在她的宾馆房间里工作,翻阅通讯报道,敲定未来合作细节,编辑她的第一本短篇小说集。他们共同合作编辑出版两卷本的《水浒传》英文稿,尽管1933年年初英文版本的《水浒传》推出后销量比所有人预计的都要好,但是出版公司为它花费巨大,几乎耗尽了公司所有资源。赛珍珠从来没有得到过像理查德·沃尔什给予她的这么多、这么贴心的关怀。她在11月3日写给他的信中说:"默契和发自心底的欣赏让人很受用。我还有点不太习惯——但是感觉很不错。"

对于很有抱负的沃尔什来说,赛珍珠的职业能力和人格魅力都深深地吸引了他。她差不多是在一夜之间使他的小公司扭亏为盈。公司中断和其他作家的合作,专门经营赛珍珠的文学事业。他逗她开心,而她身上笨拙、天真和超强的洞察力结合在一起,让他为之着迷。他们彼此对对方的感觉像是一对在舞池中热舞的搭档。赛珍珠很欣赏他,她后来回忆说:"沃尔什是作家及其作品的经理人,能体会到作家们细致入微的需要,并且毫不做作地帮助这些有才华的人……他从来都不是一个服从者,但是你又从来觉察不出他是在发号施令,他总是不着痕迹地点中要害。"赛珍珠身上的变化很明显,她穿着更得体了,身材又苗条了,看起来比以前年轻十岁,而且变得更有自信。冬天的时候她哥哥埃德加给妹妹格蕾丝写信说:"前几天赛珍珠来到我的办公室,我以前从来没有看到她有这么漂亮。她似乎把整个世界都握在手里,但是她还是原来的她,一点没有变。我开始意识到她是一个多么优秀的女人,而这一切对她来说才刚刚开始。"

沃尔什当时是一个有家室的男人。他善良的妻子和三个十多岁的孩子都卷入了这场"赛珍珠战役"。沃尔什的女儿娜塔莉说:"他把她看作是他的星星。"沃尔什一家和赛珍珠的关系一度很融洽、很轻松,这跟她自己家庭成员的关系很不一样。赛珍珠周末外出的时候,理查德的妻子鲁比负责照看詹妮丝,而洛辛也被邀请参加沃尔什家的野餐活动。为了往返纽约和瓦恩兰学校的方便,赛珍珠在公园大道的默里山饭店租了一套房间,她每周抽出一两天时间陪伴卡洛尔。卡洛尔已经很好地适应了瓦恩兰学校的新生活,她的母亲计划为她建造一座房屋——卡洛尔之家。这座房屋要特殊设计以满足卡洛尔的需要,还要有一群年龄相仿的人陪伴她左右。她不再为卡洛尔的将来忧心忡忡,也不在意陌生人异样的眼神和议论。卡洛尔在身边她很开心,也很为卡洛尔的幸福感到骄傲,无论卡洛尔需要她做什么,她都乐意去做。为了防止特教学校被曝光后孩子们受到侵扰,她常规性的探访事先都有严密的计划,母女见面地点有安全预防措施(理查德的确擅长转移媒体的注意力)。赛珍珠偿还了当初借的学费,给特教学校的校长开了一张四万美元的支票。在她生命中卡洛尔固然是最重要的,但是过了四十年拮据的生活,她现在很高兴能够慷慨大方一些。她为洛辛买了一部别克轿车,而且往中国邮寄了很多包裹:为两位上了年纪的中国阿妈买了价值不菲的羊毛外套,为外甥们买了玩具,为格蕾丝买了一大箱衣服。为公婆粉刷了屋子,还修建了新的门廊,添置了一套新家具,果园里新栽了果树。1933 年夏天返回中国时,她买下了公婆一家租种的农场并且送给他们作为老年的依靠,外加每人四千美元的养老金。

1933 年 3 月 7 日,美国最著名的幽默作家威尔·罗杰斯出人意料地在《纽约时报》的头版为《大地》做宣传。他认为《大地》是他一辈子读过的最好的小说,"所以请去买一本看看吧。读了这本书,你就不会干坏事,你也能了解有关中国的一切事情,最后还会因此感谢我呢。"罗杰斯的话影响了其他任何评论家都无法触动的全新的读者群。4 月初,《大地》的销量在新一轮的争议中更上一层楼,但是以一位坚定的基要主义者 J. 格雷沙姆·麦臣博士为首的保守势力把这次争论演变成一场对异议人士的迫害。麦臣博士是费城威斯敏斯特神学院的教授,他指责对外传教委员会对神职人员的放纵致使教会蒙羞。他认定 J.L. 布克夫人就是事件的元凶并要求她作为不信教者立即辞去教职。麦臣的指责标志着新一轮的控诉和反控诉,也有人呼吁洛辛和他妻子辞掉教会工作。赛珍珠在《世界主义者》月刊上发表了一篇文章使冲突进一步升级。她在文章中质疑教会信奉耶稣基督为唯一真神的做法,并坚持说耶稣的教义之所以有影响力不是因为他被认定是想象中的神。新闻界批评了私刑、殉教、宗教法庭等落后的东西,还有大量报道说赛珍珠将会因为异端邪说面临教会的审判。她丈夫对媒体说他不发表意见,理查德建议她先躲起来避避风头。

对于如何处置赛珍珠,对外传教委员会内部出现两种相反的意见。以麦卡菲博士为首的人主张应采取措施减少事件对教会的负面影响。他们忍受误解和谩骂,澄清媒体的猜疑,并表示坚决支持赛珍珠,温和地驳斥赛珍珠是叛教者的说法。麦卡菲的目的是妥协,为了达到这个目的,他使用了技巧和手段。他受到的最猛烈的批评来自赛兆祥在中国传教的前同事。他们和赛珍珠本人的说法一样,说她的言论只代表个人观点,而且是对自身强烈的背叛。赛兆祥的老朋友、长期的对手、继赛兆祥之后镇江教区的牧首詹姆斯·格雷厄姆在清江浦看着赛珍珠长大，他在提交给对外传教委员会的报告中认为"她最近说的每一句话都败坏了她父亲和福音的名声"。他斥责赛珍珠神经错乱，举止不像女人，有意利用中国淫秽小说中腐朽的东西来媚俗："一个女人在出版的书中写了令人憎恶的东西，难道我们传教士不会感到困惑、烦恼和愤怒吗？……在传教工作应该如何进行、什么样的传教士应该被派往中国的问题上，难道她的言论应该被各方当作权威吗？"

不可思议的是，赛珍珠居然同意他的观点。她拒绝同麦卡菲或者任何他派出的密使进行谈判，因为谈判的前提是请她不要插手教会的内部争论。她坚持说已经受够了教会的荒谬和混乱，在4月28日递交了辞职信。赛珍珠的辞职引发了又一轮的抗议风潮，学生、教会自由派领导人、黑人、国内外妇女团体力挺赛珍珠的做法。家住北卡来罗纳州的J.M.格里斯夫人在一封义正辞严的谴责信中说出了支持赛珍珠的读者的心声。她反对一群无知的狂热信徒把持教会，排除异己，说她有生以来第一次因为忠于长老会而感到羞耻："我只是一个不起眼的农妇，但是只要这件愚蠢的事情受到更多的关注，将会有很多像我一样的妇女奋起反抗。"

赛珍珠在计划生育、种族关系、妇女和黑人歧视等问题上发表看法，她的立场越来越鲜明，关于她的很多争论主要都是由此而引发的。她在一位哈莱姆黑人画家的画展上看到的画面让她感到震惊，因为她看到美国南方的黑人被处私刑或者烧死、家破人亡，因为种族隔离过着悲惨的生活。那年冬天她在纽约全国城市联盟会议上的演讲表达了这种感情，其中有一句话是这样说的："我见过的有些白人男女愚蠢而不可一世，我为自己与他们肤色相同而感到羞耻。"非裔美国人办的《芝加哥卫报》引用了她的话，还附加了一则评论说"从此以后，她注定要和教会势不两立"。世界范围内的报纸报道了她的讲话。5月初《马德拉斯邮报》以"猎杀异端的结果"为标题刊登了赛珍珠的照片。这篇报道在照片的说明文字中把她受到的攻击归因于"她对有色人种持有客观、公正的立场"。她2月份在康奈尔大学同美国新当选的第一夫人、尊敬的埃莉诺·罗斯福同台发表演说，6月份在伦道夫—梅肯女子学院的毕业典礼上作为杰出校友代表发表演讲，随后接受耶鲁大学授予她的荣誉学位。

1933年6月，赛珍珠夫妇启程返回中国。他们一行人队伍庞大，同行的有詹妮丝、艾德林·布赫、沃尔什夫妇、刚刚离婚再娶的埃德加·赛登斯特里克和妻子菲里斯,以及康奈尔大学年轻的统计学家阿德隆·B.刘易斯。刘易斯新近被洛辛说服参加他的土地研究团队。他们绕道欧洲,到达英国的时候队伍分开了。洛辛的研究三人组(伊利诺伊大学的农业专家查理斯·斯图沃特也加入了进来)驾驶别克车对农田种植和农业部门进行科学调查。他们在英格兰、威尔士、苏格兰、爱尔兰、瑞典、德国和法国展开调查。赛珍珠和理查德的行程相对轻松,他们参观访问了英国和欧洲大陆的风景名胜和出版社。夏末的时候,两队人马在巴黎见面,埃德加和沃尔什夫妇经大西洋返回美国,布克全家和艾德林·布赫以及阿德隆·B.刘易斯到意大利坐船回中国。他们从巴黎出发向南走,四五个人挤在一辆车上,由洛辛开车。这是一段闷热的长途旅行,司机和他妻子之间很沉默,凝重的气氛使得后排调皮的詹妮丝也不敢吵闹了。

　　赛珍珠和理查德之间彼此的爱慕之情在离开美国之前就有了苗头。在欧洲旅行期间双方感情进一步发展,虽然身边还有其他人,但已是情难自禁。他们在巴黎分别时心底都想着至少应该试一试是否能够离得开对方。赛珍珠在别克车到达尼斯(法国东南部的港市——译者注)的时候终于下定决心,在那里她向洛辛提出离婚。她后来宣称洛辛对她从来没有怀疑过:"他很吃惊,说'我原以为我们的婚姻是成功的。'"洛辛本人坚持说他当时非常清楚接下来会发生什么,但是没有采取措施去阻止,因为他关注的是别的事情。"我真的很忙,很忙,满脑子都是有关土地利用的数据。"据刘易斯说,洛辛很伤心。他们从威尼斯登船后,洛辛反应很迟钝,对刚刚发生的事情不愿意多讲。赛珍珠在旅途中给埃玛写信说她已经尽力挽救她的婚姻,但是她忍受不了丈夫的做事方式:"坦白地说,如果还让我跟洛辛住在同一座房子里,我无法生活下去……一想到这里,我的身体和内心都不舒服。"1933 年 10 月 2 日,他们抵达上海。人们甚至在她走下轮船之前就采访了她。中国人第一次,也是最后一次在中国的土地上设宴款待赛珍珠。以讽刺见长的周刊《中国评论》做东为赛珍珠接风洗尘。在欢迎晚宴上赛珍珠第一次见到了《中国评论》富有才华的专栏作家林语堂。10 月 5日是中国农历中秋节,上海文学界以欢迎赛珍珠为名举办招待会,赛珍珠发表演讲(是年春天的时候,他们以同样的方式接待了萧伯纳)。

　　紧接着赛珍珠最后一次回到南京。洛辛已经先期返回并且一心扑到工作上。他最关心、最紧迫的任务是研究中国当前的货币问题。欧洲和美国的大萧条造成的破坏加剧了他的担心,而中国流通的银元和银价上涨的趋势绑在一起,足以引发很多经济问题。1933年冬天,洛辛的研究报告在金陵大学出版后直接影响了蒋介石的决策,他决定取消银本位制以确保国民经济健康发展。阿德隆·B.刘易斯是统计研究报告《银子和价格》的合著者之一,那时候针对土地利用的调查很盛行,刘易斯也参与了调查项目。他说:"布克博士在南京国民政府中享有很高的声望。"在计算机问世之前,要对史无前例的从全国范围内收集的田野调查数据进行分类、归档、核对,工作量是很大的。一摞摞的材料堆在学校讲演厅中间的桌子上,统计学家、办事员、毕业生都在埋头工作。刘易斯教授半个世纪之后回忆这项工作时说:"要了解这个项目,你需要运用科学的想象力。"他很佩服洛辛的远见卓识、组织能力和渊博的学识,"如果没有他,很难想象这个项目会如何进行……到今天为止,它依然是唯一的有关中国农业结构的权威资料……它是所有学科研究的基准。"影响深远的三卷本《中国土地利用》在1927年出版后,洛辛本人在第一卷第一个注解中承认《大地》和他的研究工作有共生关系。《中国土地利用》出版后立即获得社会各界的认可,《纽约时报》评论说它"毫无疑问是迄今为止对中国人生活的各个方面的最细致的研究"。后来中日战争爆发,紧接着是国共内战,洛辛的土地调查项目不得不停下来。1949年之后洛辛的调查被认为是形式主义和资产阶级科学,是无用的精英教育的产物而不得不停止了几十年。直到现在,他的调查工作才在中国国内得到客观公正的评价。2008年为了纪念J.L.布克教授的贡献,南京大学举办了一场学术会议,崔泽春教授在会上说"(调查项目)为中国的农业发展和研究打下了坚实的基础,布克教授是中国农业经济的奠基人。"

到1933年秋末,赛珍珠夫妇婚姻已经名存实亡。赛珍珠重新过上家庭主妇的生活,只是这次她没有工作可以打发时间。赛珍珠发现自己处于一种度日如年的境地。她给埃玛写信诉苦:"这种压力在以前几乎不可能出现,现在完全……我很绝望。"她的老朋友们认为她看起来有点矫情,告诉她在这件事情上不会体谅她。玛格丽特·汤姆森用嘲讽的语气问她:"哦,那我们现在多了一个秘书,不是吗?"这句话让赛珍珠记恨了一辈子。她对美国的印象模糊了,又变成她整个童年时期都在幻想的遥不可及的梦境。她原来计划写完《大地》三部曲,但是现在放弃了写作的尝试,只是答应出版公司年底交稿。她每天只是做做家务、整饬花园,每天精神恍惚。当年她父亲在事业上遇到挫折时,也是这个样子。

她低落的情绪因为理查德的一封电报得以好转。理查德接受了《亚洲》杂志的编辑一职,他的第一项任务就是到杂志关注的地区做长途旅行,而他旅行的第一站就是赛珍珠在南京的家。理查德在年底的时候来到中国,他的身上还带着曼哈顿清新的气息。赛珍珠去上海接他,两个人又变得形影不离。当他们回到保守、传统的南京后,人们带着惊愕的表情看待他们亲昵的举动。与洛辛关系最亲密的中国同事 R.H.徐(音)曾经看到过洛辛开着别克车驶过身边,赛珍珠和"出版商沃尔什"紧挨着坐在后排谈笑风生。徐先生说他永远也不会忘记自己当时有多么震惊。理查德到他家后不久,洛辛带队远赴西藏进行野外考察工作。他说:"他们真的是肆无忌惮。"赛珍珠明确表示她也正准备远行,等到丈夫回来后,她和理查德两个人开始了亚洲之旅(三十多年后赛珍珠回忆说,当她们乘坐的中国船只到达某个地方的时候,她褪下婚戒,扔进了河里)。他们一路向南,先去了赛珍珠的妹妹格蕾丝家(当时在湖南岳阳)并把理查德介绍给她们,接着逛了广州老城,然后又折回福建游玩。离开福建后,两个人到越南、柬埔寨、泰国、缅甸和印度观光旅行,最后穿越大半个中国来到北京。谈到这次旅行时,赛珍珠说:"我让自己尽可能不跟白人联系在一起。"她有机会让理查德认识到什么是她感到自在的世界,就像理查德在纽约时让她在文学界没有拘束一样。

他们又一次讨论了写作、政治和历史、文化的联系。他们回到美国后要以此为出发点,全面改造《亚洲》杂志。在此之前的三十年,这份杂志一直面向高收入阶层,宣传定义模糊的博爱思想,最近又为东方度假和豪华游艇做广告。理查德担任编辑后的第一期杂志于 1934 年 1 月出版,当时理查德不在美国。杂志风格变得更关注现实,特别重视新型写作、严肃分析和多文化背景的专家客观、深入的观点。新管理从一开始就是联合式的,理查德聘请《曼彻斯特卫报》驻亚洲的著名记者 H.J.田伯烈担任《亚洲》杂志驻北京的时事评论员。赛珍珠把林语堂的文章推荐给《亚洲》杂志,还把他本人引荐给理查德(1935 年林语堂的《吾国吾民》在约翰·戴公司出版后很畅销,一时间洛阳纸贵)。在北京,赛珍珠给一对年轻的美国作家夫妇埃德加·斯诺和海伦·福斯特·斯诺打电话,斯诺夫妇刚刚度蜜月回来,他们答应给《亚洲》杂志供稿。几年后,斯诺在《西行漫记》正式出版前从书中抽取部分章节在《亚洲》杂志上发表,曾引起新闻界的轰动。他们五个人在斯诺北京的家里度过了一段快乐的时光,而且这段时期大家都写了很多文章。

来自堪萨斯州的埃德加·斯诺是一个有远大抱负的、精力充沛的独行者。斯诺娶了聪明、个性坚强的海伦,而后者是叛逆的摩门教徒。在中国的十年中,海伦在夫妇两人的事业中起主导作用(有人说她是两个人写作的大脑)。他们不懂汉语,也不了解中国,但是立志自行学习中国文化,以期打破在西方盛行的东方文化神秘莫测的论调。国民政府的独裁统治导致很多人对社会现实很失望,政局紧张,审查制度非常严格。越来越多的中国作家被迫转入地下斗争或者离开祖国。斯诺夫妇收集了一大批被国民党视作反动作品而遭查禁的书籍、小册子和期刊。他们的长远目标是请助手帮助把这些书刊杂志翻译成英文,说服美国人用中国人的视角来看中国。

赛珍珠见到埃德加·斯诺时,他正在翻译鲁迅著名的讽刺小说《阿Q正传》。这也许是当时以至后来中国人写的最著名、最有影响的作品。鲁迅住在上海的法租界,赛珍珠从美国返回中国后,在上海受到隆重的欢迎,鲁迅在写给朋友的信中不无轻蔑地说:"有关中国的主题还是由中国的作家来反映更好一些,只有这样才可以更加接近真相。即使是布克夫人……她恰巧在中国长大,然而看她的作品,只不过是一位生长在中国的美国女教士的立场而已……只有我们中国作家自己来写,方能留下一个真相。"鲁迅五十多岁就去世了,无论是在1949年共产党夺取全国政权之前还是之后,他对赛珍珠的看法广为流传并对赛珍珠在中国的声誉造成了无可挽回的损失(尽管鲁迅本人后来好像后悔说过那些话)。赛珍珠本人很欣赏鲁迅的作品,她在小说、评论和演讲中多次提到这一点,《阿Q正传》的英译本在美国出版后,赛珍珠热情地写了评论文章。

正是埃德加·斯诺1935年刊登在《亚洲》杂志上的介绍文章和两则英文版的短篇故事,美国读者才第一次认识了鲁迅的作品。外国读者很少知道这些同时代的中国作家——他们在道义上赞成共产主义,批评当政的政府;在国民党法西斯统治下,白色恐怖日益严重,他们盼望社会改革。鲁迅就是林语堂介绍给斯诺夫妇的众多作家中的一位。斯诺夫妇又把这些作家推荐给《亚洲》杂志的编辑们。如同当初赛珍珠涉足文坛时一样,埃德加·斯诺迷上了同时代的白话小说,而且他们喜欢的原因也一样:"它为了解和我年龄相仿的无数中国人的想法提供了诸多的途径,也让我认识到作家们是在什么样的条件下写作的——他们几乎总是过着半温半饱的生活,长期处于恐惧之中,失望中掺杂着希望。赛珍珠和迪克·沃尔什(理查德·沃尔什)……鼓励我介绍、翻译更多这样的作品。"

海伦第一次见到赛珍珠和沃尔什时，对这对中年夫妻之间流露出的幸福留下了深刻的印象。他们相互吸引而且总是互相说一些多余、肉麻的恭维话。赛珍珠很容易脸红，略带沙哑的嗓音很性感，"语调轻快但不失教养"。她穿着蓝色的绉绸，披着流行的打褶形大樽领，脚穿高跟鞋和丝绸质地的长筒袜(当时在上海还很少见)，阔气得令人嫉妒。"她灰褐色的眼睛很漂亮，清澈得像一汪秋水，眼神中透着率性和睿智，那不是一双普通的眼睛，你不能说它们没有魔力……她仪态大方，一种很女人的、母性的仪态……她的高贵是骨子里散发出来的，也可以说是瓦尔基里式(北欧神话中奥丁神的婢女之一——译者注)的……她的嘴唇微微凸起，就好像富有表情的脸上裂开的口子。她很友善、随和，引人注目但是很好相处，但是我感觉她已经不再年轻了。"

理查德赠送给赛珍珠的礼物之一，是她从来没有真正尝过的激情澎湃、无拘无束的青春的滋味。二十年后她追述了这一段浪漫的岁月，就好像在描写一个不会在现实中发生的爱情喜剧："追求阶段……是漫长的。我们第一次见面时已经青春不再。我们想着，虽然对各自的婚姻不满意，但是都早已接受了现实……我在纽约、斯德哥尔摩、伦敦、巴黎和威尼斯数次坚决拒绝了他的追求，然后经印度洋航线回到南京的家中。"赛珍珠在回忆两人的亚洲之旅时一笔带过，只是说她在上海又一次拒绝了理查德的求婚。"我这次彻底拒绝了他，独自一人来到北京……到那之后不到一个星期，从戈壁滩刮来的沙尘暴肆虐北京城，理查德出人意料地出现在我面前。之后我们再一次永别，他去了满洲里，我回南京收拾行李计划回美国避暑。"

赛珍珠打算回到美国后先同卡洛尔呆上几个月，冬天的时候再返回中国，但是无论她有什么借口——也不管她和理查德是否是严格意义上的情人关系——她当时一定知道这个举动从某种程度上说意味着同洛辛婚姻已经走到尽头。在名义上她还是基督徒和传教士妻子，当时她已经只身走向未知的生活了。私通在当时被全社会唾弃，也会被革除教籍。玛格丽特·贝尔说当她听说赛珍珠和她的出版商私奔到印度的消息时差点晕了过去。莉莉丝·贝茨四十年后依然不相信这回事。当赛珍珠最终离开南京的房子和花园时什么也没有带走，直到最后一刻还假装有一天也许会回来。1934年5月30日，她和詹妮丝、艾德林·布赫一起踏上了驶往日本横滨港的轮船。理查德又一次突然现身。"他站在那儿，瘦高个子，褐色的皮肤，外表俊朗，叼着石楠木烟斗……尽管如此，在船上的每一天，我对他说的都是'不'，在温哥华，在纽约

的整个冬天,都是如此。可是当春天来到那个神奇的城市后我的态度就没那么坚决了,而我们终于在 1935 年 6 月 11 日结婚了。"

赛珍珠童话般的描写跳过了整整一年。在这一年里,他们的生活和事业都遭遇了严重的危机。赛珍珠和理查德在温哥华上岸后,他的助手告诉他出版公司濒临破产。罗斯福总统令人吃惊地下令关闭银行,这一举措让人们深切感受到世界范围内经济危机的来临。约翰·戴公司前一年在挣扎中度过,在四个季度里不得不一再推迟应该支付给赛珍珠的一大笔版税,1934 年初再一次请求延期支付。为了解决实际困难,赛珍珠不得不勉强写完《母亲》,并在《世界主义者》上连载,获得三万五千美元的稿费。《母亲》出版后三个月内售出八千本。形势的发展证明这些只是暂时缓解了出版公司的窘境,因为公司老板跑到世界的另一端躲了半年债。6 月份的时候,约翰·戴公司的会计员发布了最后通牒。

为了避免公司被清算的命运,理查德解雇了所有员工,只留下一个秘书。他四处筹钱,取出养老保险金,还把前妻和孩子住的房子作抵押从银行贷款,并且说服印刷厂接受公司股票以代替现金支付。《亚洲》杂志的编辑部也搬到了四十二号大街约翰·戴公司的办公室里。但是,这份期刊也出了问题。新的办刊理念提升了《亚洲》杂志的影响力,但是刊物广告收入剧减,同时发行量没有相应的提高。这种情形又让赛珍珠想起当年她父亲的战斗精神。她放弃了剩余的版税,只是在需要用钱的时候才从公司取一些。她以出版社顾问的身份顶替了理查德办公室的职员,高效率地干着她们的编辑工作。除了自身繁重的创作任务,每天还要抽出很多时间在约翰·戴公司工作。她每天从上午九点写到下午一点,评论和故事被源源不断地写出来。同时,她经常出现在不同的场合发表公共演说。

在投身工作之余,赛珍珠把自己特有的精力和决断力用于解决一系列家庭灾难上。卡洛尔在瓦恩兰特教学校过得很好,身体比以前更健康了,话也说得更流利了。但是特教学校的老校长在退休之际似乎失去了对学校的控制力。赛珍珠不相信老校长的代理人有能力取代他的位置,她发动学校理事会和学生家长寻找合适的校长继任者。她在遗嘱中强调了对特教学校的重视,因为她把她所有财产留给两个女儿,而特教学校就是她的剩余遗产继承人。她在遗嘱中加入了妹妹格蕾丝第三个孩子的名字,那个小女孩出生的时候因为母亲难产而神经系统受损,无法治愈。"埃玛,我现在要再一次为卡洛尔作打算了,我必须使出浑身解数挣尽可能多的钱,"她又加上这句很有不祥之兆的话,"从此以后,你会读到更多粗制滥造的作品了。"她向美国顶尖的医生询问在哪里可以接受最好的舒缓疗法,花钱观看为介绍将要出口到中国的技术而特别制作的影片,劝说格蕾丝一家返回美国,甚至为她选定了未来的职业——依靠自身努力当一名作家。赛珍珠长期以来一直扮演着把赛登斯特里克家族联系起来的母亲的角色。她帮助妹妹,并安排了很多时间和她们的兄长在一起。埃德加的第一次婚姻也不幸福,他长时间酗酒,糟糕的身体状况加剧了婚姻的不和。

赛珍珠忙得焦头烂额的时候,还要为1934年冬天洛辛的来访而忐忑不安。因为有过成功担任中国政府顾问的经历,洛辛这次受美国财政部邀请,回国探讨金本位取消后银子在货币流通中扮演的潜在角色(令赛珍珠感到吃惊的是,经过这次咨询后,洛辛被财政部长亨利·摩根索聘请为中国事务方面的私人顾问)。赛珍珠在洛辛宽敞的办公室里感到很局促不安,他在华盛顿又受到众星捧月般的礼遇,赛珍珠于是找机会向他提出离婚。洛辛有条件地同意了她的要求——根据摩根索的建议在离婚协议里列入一项附加条款——由她的妻子,而不是他,向内达华州里诺市的离婚法庭提出离婚诉求。显而易见,鲁比·沃尔什也只能同意跟理查德离婚。为了尽量减少捕风捉影的媒体跟风炒作,很可能由理查德策划了一次奇特的离婚演习。两个妻子一起坐火车去里诺。为了取得当地居民的身份,她们在同一家旅馆住了六个星期。除了走一些必要的程序之外,没有什么具体的事情。赛珍珠利用这段时间把过去一年增加的体重又减了下来,她每天喝白菜汤,还请女按摩师按摩。1935年6月11日早晨,她和理查德分别同原配离婚。仅仅过了一个多小时,两个人结为伉俪。多亏了赛珍珠肥壮的按摩师,两个人才逃过了媒体的狂轰乱炸。他们一登上汽车去度蜜月,按摩师就伸展双臂站在路中央拦住了试图赶上去追拍的摄影记者。

赛珍珠发现自己再一次处于全国舆论的风口浪尖之上,而且一度失去道德制高点。她感觉媒体关注的不是她本人而是她身上的新闻价值,所以选择了撤退的对策。1935年春天,她购买了位于宾夕法尼亚州巴克斯郡柏卡西(Perkasie)郊外一座石屋。赛珍珠最早移民美国的祖先菲利普·赛登斯特里克——很可能是来自德国巴伐利亚州的鞋匠——在十八世纪七十年代迁往弗吉尼亚州之前，曾在这里短暂住过一段时期。根据赛珍珠自己的描述，她首先在头脑中勾画出未来的房子，然后在纽约一家房产交易公司邮票大小的宣传图片上一眼就看到了她梦想中的房屋。她一直认为移居到一个新的环境后要想活下去，就必须像移植树木一样立刻扎下根来。她在新家周围种上了梧桐树，表明自己要在这里终老一生。据她说，之所以选择梧桐树是因为宾夕法尼亚州所有的农场都栽有这种树，"不是城市里整洁的白树，而是虬枝盘旋的古老的梧桐树，夏天枝繁叶茂，冬天还投下飘忽的影子。一阵风吹过，斑影婆娑，滚圆的果实在每一个枝头摇晃。"这是赛珍珠第一次拥有自己的家，在未来的三十年里，她不断改善居住条件，屋子里通上电和自来水，新修了卫生间和厨房，扩建了厢房作为她和理查德的办公室（她的办公室正对着花房，里面全是山茶花），改建了马厩，还买下了石屋周围的农场。花园紧挨着山坡，小溪从花园中穿流而过，远处还有一片竹林，很像赛登斯特里克家在镇江的小平房上看到的风景。这样赛珍珠就可以在情感上跟中国离得尽可能近一些。自从她和妹妹把牯岭的别墅卖掉后，她们已经永远失去了中国。

赛珍珠把青山农场变成了幸福的家园和健康的大家庭。她从小就梦想自己能生活在那样的家庭里，下一步她用自己惯常的高效率实现了这个梦想。同十一岁大的詹妮丝（已被送往寄宿学校）商量后，沃尔什夫妇在 1936 年春天领养了两个刚满月的孩子，次年，他们又领养了一个男孩和一个女孩。一开始夫妇两人亲自照料新的家庭成员。赛珍珠在青山农场没有请住家保姆，只有一个农妇会在中午过来为他们做饭，当地一些女孩子偶尔过来帮他们做家务或者带孩子。全家人每周有三天时间住在公园大道 480 号的公寓里。夫妇两人开着凯迪拉克车往返于青山农场和纽约之间，四个孩子被并排放在后排车座上的购物篮里，而孩子们永远是他们快乐和满足的源泉。理查德的女儿娜塔莉当时已经长大成人，她回忆说："她（赛珍珠）为拥有这样的四个购物篮感到骄傲，当他们带这么多的孩子去公园大道的公寓时感觉真的很棒。"赛珍珠天生喜欢孩子，她常常在起居室里一边抱着赤裸的婴儿，一边自在地同客人聊天，很像她小时候舒服地坐在王阿妈的膝盖上。多年以后，她和理查德再一次收养了两个女孩，使小孩总数达到七个。算上早夭的和成人的孩子，赛珍珠兄弟姐妹也有七个人住过母亲的房子。赛珍珠不顾朋友和家人的质疑，一个人平静地驾驶着生命之舟。格蕾丝说："她生活很忙碌，我想我们都多少问过她为什么这样做，但是一

切都在她的掌控中,她一向如此。"

在青山农场扎根的第一年里,赛珍珠从极度错位中慢慢恢复过来。今天从很多方面来看,她初到美国时在政治上是幼稚的,在面对大的挑战时准备非常不充分。在华尔道夫酒店发表完轰动全国的演讲后的第二天上午,她对理查德说自己演讲的过程中有两次差点卡壳。她第一次通过哈莱姆的画展了解了南方人惨不忍睹的生活后深受震撼——"我一直不能从这次打击中恢复过来"——为了抚平创伤,她连续好几天把自己一个人关在屋子里。她的两个世界差别是如此之大,转变又是如此突然,同她的过去切断得是如此彻底,以至于不能轻易找到什么立足点来走出混沌和迷茫的状态,总之她需要很长时间来适应新的世界。忙碌的生活可以逃避绝望的情绪,而治愈绝望的真正良药是平静、隔绝的乡村生活。除了来家中或者农场工作的当地人之外,沃尔什夫妇没有什么认识的邻居。他们从零开始建设有着郁郁葱葱的庭院的典型美国家庭:赛珍珠在农场崭新的大厨房里准备一大家人的周日早餐,为家人和客人举行盛大的圣诞派对,孩子们还拥有小马和游泳池。但是来到青山农场的访客只有至亲的亲人:格蕾丝和丈夫约基,埃德加和菲里斯,理查德的母亲和女儿娜塔莉,还有就是夫妇二人在亚洲旅行时认识的作家朋友,他们被全家人称作"约翰·戴请来的中国客人"。理查德在纽约的朋友中也有几人来过青山农场,他们中有的人离过两次婚,对针对此的流言蜚语已经能够极其世故地应对。尽管她能应付得来,但还是因此放慢了写作进度:"1935年我没有写一部长篇小说。"

赛珍珠这段时期写的都是不宜出版的东西。她告诉理查德说传教士演讲为她打开了一扇之前从没有打开过的门。很多因为压抑、焦虑和恐惧而长期紧锁的大门,随着回到美国定居后着手写的第一部小说而敞开了。《正午时分》写于1935年,但是直到1966年才出版。小说用刻薄、报复性的笔调影射了赛珍珠的父亲、刚刚同她离婚的前夫和前夫家人的生活,同时也刻画了一些不重要但是同样给他人造成过伤害的角色。赛珍珠给哥哥埃德加·赛登斯特里克写信的时候,他已经病得很严重了(1936年初,埃德加因为心力衰竭而英年早逝)。《正午时分》中女主人公的哥哥是一个英俊、热情、有才华的小伙子,但是最后却是生活中耻辱的失败者。母亲的去世、父亲的无能毁了他,他不得不依靠强势的妹妹。然而他的命运悲剧在于总有一些跟他完全不相配的女子爱上他,所以他最后走上自杀的不归路。女主人公的妹妹生性悲观,她草率地决

定从事海外传教这一不切实际的工作,但是最后被发动暴乱的异教徒杀害,而不是像格蕾丝夫妇一样被迫放弃传教事业回到美国。有人抱怨赛珍珠的小说在这一点上太接近现实了,她只是做了简短的回应。埃玛给她写信说不喜欢《傻瓜的牺牲》这篇小说,因为其中讲述了一位长期生活在痛苦中的女人最终成功摆脱了不合格的丈夫。"关于我的作品,我肯定有自己的判断。像洛辛这样的丈夫太常见了,要是我的书中一直没有像他这样的人物,我会很难写下去……但是我一直都是为了写作而写作。"

尽管理查德有一些疑虑,《正午时分》的出版计划还是照常进行。他很固执,背着赛珍珠把小说的校样拿给"每月图书"俱乐部的评审多萝西·坎菲尔德·菲舍尔女士审阅。菲舍尔当年看中《大地》后和理查德成了好朋友,她很肯定地说如果出版这本书,不仅对作者的隐私有负面影响,而且会严重损害作者的职业声誉。赛珍珠回忆说:"我什么也没有说,只好接受了他们的建议,尽管我知道这本书是为我自己写的。我不得不割断同以前的生活的联系——不是我在中国的生活,而是我本人经历的岁月……我现在看不到前方的路,我不确定在自己的国家能否过得很好,或者能否适应这里的生活……我现在承认,在回到美国定居的头几年,我每时每刻都在怀疑这一点。《正午时分》就是在这种背景下写成的。"

约翰·戴出版公司迫切需要赛珍珠写一部新的畅销书来帮助公司克服资金上的困难。《大地》三部曲的最后一部《分家》千呼万唤始出来,终于在 1935 年 1 月出版发行,但是销量让人失望。这本小说的故事构思不够新颖,说教的意味太明显。赛珍珠在回忆创作初衷时写道:"我想既然是系列小说,那么每一部都应该展现中国人生活中实质性的东西。"但是开始写这本书的时候正值作者的人生发生重大转折的时期,作者返回南京后情绪很低落,一度放弃了写作,此番重新拾起也是为了挽救约翰·戴出版公司,因此比起《大地》三部曲中的前两部,《分家》写作时缺少计划性和连贯性。《分家》讲述了王虎的独子、也就是王龙最小的孙子王源的故事。王源拒绝过父亲亦兵亦匪的生活而立志当一名前途未卜的作家。全书分为四个部分,第二部分主要讲述了王源在美国留学时候的生活。从某种程度上说,这部分表达了赛珍珠本人对美国人奢侈浪费、讲究排场的生活的看法。从城市里的摩天大楼到农村一望无垠的田地,"看上去足有几个县的面积,为了有个好收成,农业机械像巨型野兽一样在肥沃的土地上耕作。"王源生性胆小,优柔寡断,总害怕失去纯真的天性,一遇到困难就要嚎啕大哭，长到二十出头时还会从梦中哭醒。但就是这样一个女子气重得令人难以置信的主人公正是作者的化身。作者通过王龙的三个孙子王源、时髦诗人王盛、充满理想的革命军官王孟的眼睛观察中国社会现实，是一份有关中国革命和暴乱的第一手的报告，而且是很有影响力的报告。在小说的结尾，王孟加入了共产党，他发动农民以阶级斗争的名义收集并烧毁地主的财产，当然王家老宅也没能幸免。

林语堂的《吾国吾民》是一部由一位不出名的作者翻译成英文的书，书的主题也被人们普遍认为没有市场。但正是这样的一本书超出了约翰·戴公司的预期，成了1935年的第一本畅销书。海伦·福斯特·斯诺说："赛珍珠慧眼识珠，沃尔什把它润色得更符合西方人的口味。巨大的成功让林语堂以及其他所有人都觉得不可思议——大部分功劳应该归于沃尔什。"理查德·沃尔什是一名很有才华的编辑，他谨慎、敏感，办事讲究方式方法。赛珍珠说："我曾见过他拿着一堆杂乱的手稿，并把它们整理得有条有理。他本来能够成为一个很出色的评论家……他也很有当编辑的天赋，总能诱使那些没有发现自身创作才能的人为他写一些书……他理解问题很全面，总是能博采众家之长，然后做出中肯的评价。"他的手法很高明，尽管有时候他对作品做了全面的改动，但是即便是在作者看来也是为了让作品更出色而不是删减或者妨碍作品意图的表达。赛珍珠的作品写完后，他总是第一个读者，而她毫无保留地信任他。同理查德结婚的二十年里，每当赛珍珠几乎没有预先构思就写出作品时，理查德很大程度上扮演了艺术良知的角色。他的一个老朋友说他用"审视的思想做出具有批判性的评价"，他们收养了三个男孩，其中的一个说"他是家中唯一可以批评她的人"。

理查德最终不同意出版《正午时分》，赛珍珠有些迟疑地拿出了尘封在抽屉中长达十五年的《异乡客》的手稿。这一次理查德没有犹豫，这本关于赛珍珠的母亲的传记先是在《妇女家居之友》上连载（赛珍珠得到两万五千美元稿酬），后于1936年1月成功出版，约翰·戴出版公司也据此站稳了脚跟。《异乡客》出版后引起广泛关注，好评如潮，于是赛珍珠抓住机会迅速推出了关于她父亲赛兆祥的传记。赛珍珠本人说尽管父亲在人生的暮年和他们全家一起住在南京，而她也在心理上重新接受了他，但是直到返回美国后才真正了解了父亲。在那之前，父亲和她过去的生活紧密绑定在一起，以至于不能客观地描述他。"他的身影总在我眼前晃来晃去，甚至他和我们同桌吃饭时也有这种感觉。"现在她在美国的新家安顿下来，理查德又给了她鼓励和自信，低落的情绪已经在《正午时分》中得到排解,所以可以带着坦诚、幽默的态度和分寸感,来研究她父亲极度分化的性格。她也建议同时代的研究者用同样的方式来理解早期的传教士。《战斗的天使》从某种程度上有助于我们了解主人公注定失败的悲剧性事业的有趣的一面,以及这种悲剧性事业对主人公最亲近的人造成的伤害。

《战斗的天使》描写了赛兆祥的高尚品质,但是丝毫没有避讳他的缺点。赛珍珠遗传了她母亲待人热情、仁爱、正直的性格,就像《大地》中阿兰把"像岩石般坚定的眼神和倔强的嘴唇"遗传给了她最勇敢的孩子一样。但是在写作《战斗的天使》的过程中,她也许是第一次意识到自己在性格上是像父亲的。她从自己身上看到了父亲的高傲和无所畏惧,看到了他的崇高理想和受到挫折后的悄然离去。她慢慢学着以崇敬的心态接受父亲对理想的执着:

> 我一刻也忍受不了那些令人作呕的解释,说正是他的宗教信仰使他充满力量。宗教跟这没有关系。如果他头脑没有开化,他可能会崇拜一个地位较低的神;如果他出生在现代社会,他可能会信仰另一位神灵……但是尽管如此,他做事情的出发点是虔诚的信仰,这种发自心底的、如同剑锋一样的虔诚。他带着那个时代特有的战斗精神,选择他所知道的最伟大的神,奔赴异域,让人们承认他的神是真正的神,所有人都要在他的神面前顶礼膜拜。这种精神上的帝国主义是崇高的,除非从小生活在这种精神熏陶中而且现在又超越了这种认识,否则令人很难相信。

《战斗的天使》是赛珍珠送给父亲的最后一件礼物。在此之前她还送给他一件礼物(赛兆祥肯定会喜欢)——他主持编订的中文版《圣经·新约全书》在他去世之后由赛珍珠出资、金陵神学院出版发行。1936 年 10 月,《异邦客》和《战斗的天使》两篇传记双双被"每月图书"俱乐部选中,并以《灵与肉》为书名合集出版发行。除了《大地》之外,这是赛珍珠的著作中发行量最大的作品。格蕾丝看过《异邦客》后给她姐姐写信说:"读这本书我真的很兴奋,好像母亲也不曾想到她的人生也是这么有意义。"这部传记所带来的影响甚至连赛珍珠本人也没有预料到。1976 年后,中国人开始反思把所有传教士看作帝国主义文化上侵略中国的工具的做法是否客观公正。《异邦客》

在大到概念、小到细节上起到了纠正错误认识的作用,但是赛珍珠对父亲一生的简单记述的意义不仅仅在于还原历史真相。《战斗的天使》具有 20 世纪经典著作的所有特质:真实而简洁,新奇的主题,像雕琢宝石一样精确而优雅的写作风格。除了《大地》,这是另一部在压力之下,经过长期的构思后一气呵成的作品。她把冷静的思考、细致入微的观察、出色的理解力和激情融合在一起,而此后她再也没有这种体验。从这个意义上说,也许《战斗的天使》是赛珍珠最好的作品。

赛登斯特里克家当年的传教士同事们对这两本传记提出了异议。他们指责书中的描写充满了无情的诽谤,严重歪曲事实真相。内蒂·鲍斯·琼金的父亲在赛珍珠的父母初到中国时就认识了他们,内蒂本人作为传教士的妻子,又和赛登斯特里克家在牯岭做了邻居。内蒂写道:"凯丽·赛登斯特里克是……一个性格温和的人……一个敬慕丈夫、对丈夫忠贞的妻子,她用自己的智慧帮助丈夫实现他的理想……直到生命的最后一刻,她都过得很快乐,很幸福。"琼金女士的评论不是唯一对赛珍珠所作的传记提出抗议的人。他们不仅反对赛珍珠在《异邦客》中有关她母亲的描写,而且为赛兆祥辩护,说他是模范丈夫和模范父亲。詹姆斯·贝尔是另一位从小就和赛登斯特里克家很熟的传教士的儿子,他坚持认为凯丽·赛登斯特里克是一个再平凡不过的女人("她只不过是一个不起眼的传教士,虽没有卓越的才能,但是完成了她的职责"),并且为赛珍珠"对她父亲缺乏了解"而感到深深的失望。一些同赛珍珠关系亲密的朋友坚持说赛珍珠在描写她父母苛刻的性格时语气已经很和缓了。莉莉丝·贝茨说:"她母亲是一个很严厉的女人。赛珍珠讲了很多关于她父亲的事情,如果人们以前就了解了一切,那么他们更应该感到吃惊。"

如果说《异邦客》是赛珍珠在心情愤懑的情况下为驱除过去的梦魇所作的一次尝试,那么《战斗的天使》则充满了赛珍珠演讲和随笔中很常见但是很少在她的小说中体现出来的冷静和明澈。从此以后,她应当利用遗传自父亲的渊博的知识和敏锐的头脑,像身为牧师的父亲一样用犀利的言辞,加上从襁褓中就被母亲灌输的理想主义来拷问美国社会的现实问题。在美国政界,她在三十年中一直表达着清醒、客观的声音。她发起运动倡导和平、宽容、自由、民主,她为儿童和少数族裔的合法权益奔走呼告,为结束种族和性别歧视而努力。在中国国民党败退大陆之前,赛珍珠很早就发表文章深刻分析国民政府为什么是失败的政府。她是最早一批认为 1937 年日军侵华战争将使世界范围内的战火燃烧到顶点的人。她为了让全世界人民更真实地了解中国人遭受的苦难,为了呼吁全体美国人反对日本侵略而不懈奋斗。但是在她为影响华盛顿决策者的思想和对华政策做过的所有努力中,最终还要数她的小说要比其他任何单一的因素更能改变中国人在美国人心中固有的形象,唤起后者对前者更多的同情。她努力把她的两个世界连在一起,逐渐变成美国前总统理查德·尼克松所说的"一座沟通东西方文明的人桥"。这种努力用去了她后半生的大部分精力。

第二次世界大战的爆发以及 1949 年共产党新政权的建立,使她永远也没有机会再回到中国。20 世纪 30 年代和 40 年代,《大地》在中国总共出版了八个版本的中译本,但都没有取得版权许可,其中一个盗版还先后出版了十一个修订本。中国赛珍珠研究的权威专家刘海平写道:"在中国还没有其他外国作家的作品能够像《大地》一样这么受欢迎。"但是赛珍珠同潜在的中国读者的关系从一开始就蒙上了一层阴影,这一点她能够从《分家》中王源表现出的愤怒和焦虑的情绪看出来。美国一家电影公司为了拍摄由《大地》改编的电影,试图在上海附近拍摄真实的中国农村风貌,但是遭到中国当局的百般阻挠。公司剧组完成拍摄任务离开中国时,胶片被人做了手脚,回到美国后因为曝光严重而不能使用。1937 年,在中国人的防卫和好莱坞的商业主义结合下,《大地》被制成电影。影片中有 12 分钟真实的长江流域的镜头,演员全是美国人,剧情围绕一个浪漫爱情故事展开,同原著的主题毫不相干。

中国评论家严厉批判赛珍珠的《大地》缺乏政治倾向,没有涉及意识形态的斗争,对农民的贫困生活描写得像档案一样精确。反对的意见在《大地》发表后不久就出现了。著名学者江亢虎教授曾在晚清和北洋政府任职,游访北美、西欧多国。他在《纽约时报》上发表文章,认同鲁迅所讲的"中国人的事情还是留给中国人来做"的观点。江教授质疑土匪横行、无法无天的故事背景是否真的存在,谴责作者随随便便地描写无足轻重的下层人民的可悲生活,这是很令人愤慨的。"他们或许占中国人口的大多数,但是他们根本不能代表中国人。"赛珍珠礼貌但是坚决地回应说她只写亲身经历过并且真正了解的世界。

她性格直率,又不愿意替国民政府掩饰统治上的缺点,所以成为一名不受中国政府欢迎的作家。1938 年她荣获诺贝尔文学奖,中国当局承认她作为独立的社会评论家的重要性,但是官方代表缺席了在斯德哥尔摩举行的颁奖仪式。廖康教授评论

说："中国官方代表没有出席颁奖典礼，预示她将在很长的一段时期内被大陆和台湾忽视，中国旅美学者也不会关注她。"共产党政权认定她没有在作品中提及帝国主义和资本主义分子，实质上是认同他们对中国的剥削压迫，"布克夫人把中国的穷人和富人看作个体而不是看作两个对立的阶级，这同马克思主义理论是相矛盾的。"就连她的中国名字"赛珍珠"也为她招来非议。"赛"是她父亲根据家族姓氏的中文发音挑选的中国姓氏，"珍珠"虽然听起来有点俗气和自负，却是"Pearl"的中文直译。前后两部分合起来有点像清末民初京城名妓赛金花的名字。赛金花是外国军官的小妾和情人，在大多数中国人眼中是通敌叛国的青楼女子。

赛珍珠提出了太多令人感到难堪的问题，暴露了现实中太多的黑暗面。她从不轻信盲从别人的观点，以至于无论是左派还是右派的理论家拿她都没有办法。20世纪50年代她在美国被人诬称为共产主义嫌疑分子，但是同时她的作品在中国大陆被列为禁书。到那时候为止，她已经习惯了来自意识形态的两极夹击。她写道："共产党的理论中最让我生气的是托洛茨基谈到农民时竟然毫无同情心。他说农民是'国家的驮马'……是谁让他们成为驮马的？在中国生活的这些年，我看到一些农民背负着甚至连牲畜也负担不起的重担，他们麻木的脸孔纯粹是因为生理上的痛苦而严重变形。每当这些时候，我自身也能感受到无法忍受的苦痛和愤怒。"

自从赛珍珠1925年在康奈尔大学获得研究生论文奖，就标志着她文学生涯的开始。她在这篇论文中发表了对中国的看法，从此以后这种看法再也没有改变过："在未来中国注定要领导亚洲，她拥有无穷的资源，无论是人口资源还是自然资源。作为一种强大力量的存在，她将对世界的未来产生重大影响。"中国的劳苦大众接连被西方资本主义剥削，被国民党效率低下的官僚政府和残暴的军阀压迫。她比以往花费更多的时间为普通人着想，为他们说话。她的立场不受意识形态左右。她很小就清楚地知道某些人打着教育民众的旗号发动意识形态运动其实是为自己谋利益，她排斥所有诸如此类的运动。1954年她在回忆录中写道："昨天在纽约，一位年轻的中国女士……激动万分地告诉我说中国发生了伟大的、翻天覆地的变化，共产党建立了新政府。"这位女士的话让赛珍珠想起了她父亲以及父亲的同事们曾经设想过的光荣的变化。

▲ 1959 年时的赛珍珠在书房写作。

后记

纸人

1934 年赛珍珠最终离开中国定居美国。她奋笔疾书,为父亲和母亲创作传记以纪念人生最后一次的重大迁移。在关于父母的两本传记以及在此之前和之后创作的三部小说《正午时分》、《这颗高傲的心》、《别的神》中,赛珍珠回顾过去,展望未来。这些是她最早以美国为题材进行著述的小说,她倾诉并反省了自己的过去,明确了未来努力的方向。她磨练自己的控制力,甩掉身上背负的沉重而且有潜在危险的包袱和累赘,试图开辟出一片新天地。

从此以后,讲故事成为她的一种解脱方式。她很小的时候就发现一遍又一遍地阅读查尔斯·狄更斯的作品能够让她忘掉忧愁。赛珍珠说她的每一部小说都有一个人物是她的化身,她虚构的梦想世界、设想和存在看起来都变得和现实世界中的一样真实。她的头脑中有一个位置是专门为写作准备的,那是像南京家中的阁楼一样的心理空间,是"她能够和书中的人物单独相处"的安全的地方。孩提时她曾经走进了其他人用故事构造出的世界,而现在已经是成年人的她也在编织这种贴近现实的世界:"在心理的阁楼上,她书中的人物越来越成为她唯一的伴侣。"

1938 年出版的《这颗高傲的心》是赛珍珠特意为自己、也为她最亲近的人做的画像。故事女主人公苏珊·盖洛德嫁给了当地大学的一个男生。他们住在家乡小县城里一所很普通的小房子里,苏珊满心希望成为一个好妻子、好母亲。她上学的时候曾经担任年级长,毕业时还作为学生代表致毕业辞。她会唱歌、弹钢琴、洗衣做饭、相夫教子,她做的比同时代的家庭主妇出色得多,足以令她们嫉妒。但是苏珊的婚姻从一开始就因为她心中的愿望而蒙上了一层阴影。这种愿望不是她的丈夫和他所处的狭隘世界所能满足的。在狭小的房子里，她也开辟出临时的工作空间并悄悄过着另一种生活："她的内心激起一股无名的欲望，这种甜美、隐秘而孤独的欲望强烈得难以抑制。她深切地感受到这种欲望，但是无法跟他人分享。她站起身来慢慢爬上楼梯，穿过卧室来到阁楼上。"

为了排解心中莫名的冲动，苏珊制作了一个泥娃娃。"她在阁楼上做的东西还放在那里。它属于她，但是又离开了她。"赛珍珠在她生命的尽头用了类似的话语回忆起她创作的小说中的人物："每当我谈到我作品中的人物，他们就站在我面前，就好像一直呆在屋子里一样……也许是因为有这些角色陪伴着我，我也不需要其他人……在我看来，他们似乎是真实的……我真的分不清书中的人物和书本外的人之间的区别。他们对我来说是一样真实的。"苏珊生下第一个孩子后和赛珍珠一样放弃了她认为非常具有强迫性的活动。几个月来阁楼的门一直锁着，里面的作品落上了一层灰尘。最后，尽管她尽了最大的努力，还是没有抵制住内心的欲望，又回到了一度被冷落的阁楼。没有受过训练，没有事先准备，她在心醉神迷的状态下用泥土迅速做成一个女人。她摸索研究，修修补补，慢慢地一个人体塑像在她手中成型。"每天她打开阁楼的门，就走进一个让她沉醉的世界；走出阁楼，就走出那个不为人知的沉醉的世界。"她写道。

从技术上说，这种事情是荒诞的。她不可能仅凭一时兴起就制作出一具真人大小的泥塑像，而且塑像没有安装内部支架或者外部支架就能独自站立。像苏珊这样没有见过世面的家庭主妇，没有资金，也没有接受过正式的培训，竟然赢得了纽约一家大医院的合同。为了变得更职业，她后来远赴巴黎求学。她曾经在一位获过奖的美国雕塑家的工作室实习。这位雕塑家的座右铭是"美滋养我的灵魂"，他当时正在为伽利略、达·芬奇、拿破仑、托马斯·爱迪生等二十一名伟人塑像。他称这些伟大的男人是他的提坦神，这些雕塑群是"用石头表现历史的展览馆"。巴黎的雕塑艺术风格正进入布朗库西(Brancusi)和年轻的贾克梅蒂(Giacometti)的时代，雕塑艺术的目的和手段也被一些抽象的词语和马蒂斯(Matisse)、毕加索(Picasso)、朱里奥·贡萨列斯(Julio Gonzalez)等人用石膏、纸型和铁丝创作的作品重新定义。苏珊·盖洛德成为学术型的实践者，她的梦想是用青铜或者石头制作雕塑纪念品。然而，当有人对她说极少数伟大的艺术家还依然用大理石雕刻时,她感觉她的人格受到污辱。"像一头雄狮一样,她高傲的心在她女性的身体里跳动。它反问:'你怎么知道我不是伟大的艺术家?'"

苏珊是很有赛珍珠风格的人物形象,是一代家庭妇女的希望和追求。因为从事家务劳动,她们失去了外出工作的机会:"她还没有劳累够。不管有多忙,她知道自己总是有没用完的精力,总有重要作用没有发挥出来。"一些潜在的问题——照顾孩子、经济不独立、家人和朋友的疑虑、她丈夫致命的自卑感、感觉自己像是别人的陪衬——都好像施了魔法一样消失了。在她得知她已经赢下第一笔大合同消息的那一天,她丈夫染上了伤寒,之后不久就去世了。丈夫的英年早逝方便地解决了让苏珊进退维谷的问题。她后来嫁给了一个比第一任丈夫世故得多的纽约人,但是她很快结束了这段婚姻。离婚之后,苏珊选择过独立、单身的生活。她以她的清洁女工为原型,用黑色的大理石创作雕像。后来她又以此为开端,创作了一组题为《美国人在前进》的爱国主义群雕,受到全国性的称赞。像书中的女主人公最著名的作品一样,《这颗高傲的心》是写给美国女性的书,也说出了美国女性想说的话。它用一种老套的、安慰性的叙述方式传达了最新、最及时的信息,用赛珍珠自己的话说,就是一种梦想变成现实了。

赛珍珠的官方传记说:"这本书(《这颗高傲的心》)说出了成名背后的艰辛。"她接下来以美国为题材的小说《别的神》也是这样的主题。《别的神》像《这颗高傲的心》一样连载于《好管家》杂志,后于1940年出版发行。这本小说的女主人公基特·泰朗特(Kit Tallant)的名字很有暗示性[Tallant 听起来像 Talent(天才)——译者注]。泰朗特可爱、腼腆、敏感,喜欢读书,作者通过她表现了一夜成名造成的不良后果。像《正午时分》和《这颗高傲的心》的中心人物一样,基特嫁给了一个农民的儿子,名叫伯特·荷姆。伯特身上有洛辛·布克的影子,乏味、粗俗、善良、迟钝。他是业余登山家,有一次意外登上喜马拉雅山一座尚无人征服的山峰后迅速成为社会名人。赛珍珠说她自己意外出名后平静生活被打破,众人都把她当作目标和新闻人物。这种经历她小时候在镇江经历过,当时走在街上时很害怕被中国人围住并咒骂她洋人才有的白皮肤、黄头发和"野兽一样的眼睛"。

赛珍珠在这几年写的书中,字里行间都表露了曾经遭受过的可怕的经历。记忆中辛亥革命后走在大街上不时地遭受辱骂、呵斥和吐口水,以及 1927 年战乱中不得不逃命的情景——"我之前已经刻意忘掉它们"——又出现在像《别的神》之类的小说中。伯特被媒体记者围追堵截,他的粉丝疯狂地发出尖叫声。庆祝的队伍在军乐队的伴奏下浩浩荡荡地走过百老汇大街,沿街的居民洒下彩色纸带。他的妻子被这阵势吓住了:"她精神有点恍惚——一种无法控制的情绪占据了内心。她的双膝开始打颤……她用舌头舔了舔嘴唇……喧闹的声音这会儿已经变成了狂热的嚎叫。"基特躲到乡下娘家附近的图书馆,那里很安静,有成排的图书。"她一度头脑空白……她长久地坐在那里做着白日梦,调整着自己的情绪,她的思绪激荡着,直到慢慢形成几个押韵的词语,一行,两行,想到想不动为止。她现在不清楚当时是否创作了一首完整的诗歌,但是至少结束了,因为她感到精神放松了,浑身自在了。"

这似乎非常如实地记录了赛珍珠在青山农场工作的方式。为了逃避外界的喧嚣,她更加深居简出。作为一名作家,她有一套小时候就很管用的诀窍——从时间上和空间上把自己藏起来:"我再一次独自躲在一个秘密的居所,没有其他人相陪。"她每天上午坐在书桌前会见书中的人物或者现实中的人,茫然发呆,精疲力竭。她用普通书手法写作,不做修改和检查,也很少停顿,以很快的速度写满一张又一张面积不大的稿纸。每一次提笔大多写够两千五百个单词。"然后就再也不看写过的稿子了,"她对海伦·福斯特·斯诺说,"我的秘书把手稿打出来,然后由我丈夫来编辑。在作品出版之前跟我没有关系了……让我把自己写的东西再从头到尾看一遍,我会受不了的。除了初稿之外,我丈夫替我负责所有的事情。他就在不远处的另一间屋子里工作。"

赛珍珠停留在她用小说构建的世界中。理查德和隔壁的两个打字员一起工作,并且用赛珍珠所缺少的批判的眼光来审视她的作品。他对她的书做了很大改动,赛珍珠的文学代理人戴维·劳埃德对她的短篇小说做了同样的事情。劳埃德的女儿安德里亚说:"要用两副锚才能锚住她的文学之舟。我父亲和沃尔什先生……必须有两个男人,一个人还不能系住她……她的作品总是喷涌而出。"在四十年的文学生涯里,她每年都出版一到两本书,此外还写随笔、演讲稿,同时还为杂志写故事。她挣钱的能力让人惊叹。有十多年时间,在诸如《世界主义者》、《星期六晚邮报》、《妇女家居之友》之类的杂志上,她每发表一个故事就能得到五千美元的稿酬。换句话说,把版

税、翻译和故事连载的稿酬加在一起,她的年收入在六万美元到十万美元之间。但作品的高产难免影响她亲密接触的要写的世界。赛珍珠对英语习语的本质含义或者美国人的思维模式了解很少。她不知道美国普通人的行为方式,也没有见过美国人如何随意聊天。1928年住在上海的时候,一位陌生人有一次指着卡洛尔说:"The kid is nuts"("这个小孩疯了"——译者注),赛珍珠听得一头雾水。十年之后在宾夕法尼亚州,由理查德解释一番后,她才理解了其中包含着她不知道的美国俚语。("他说跟我结婚很有意思,因为可以跟我讲很多老套的美国笑话,而我是多么无知,一个也没听过。")

作为名人,她很少同他人交往;因为工作需要,她也必须离群索居。如果有很少的空闲时间不是花在写作上,她也用来出席公开活动、发表演说、旅行,或者为很多她大力支持的事业募集资金。赛珍珠长期以来一直担心第二次世界大战的爆发,日本偷袭珍珠港后,美国介入了战争。无论是珍珠港事件之前还是之后,赛珍珠都投入大量精力在各种不同层次的场合替亚洲人民说话,表达他们的观点。1941年,赛珍珠和沃尔什在约翰·戴出版公司的办公室里成立"东西方联合会 (East and West Association)"。"东西方联合会"运行了十余年,是一个民间的跨文化机构。它旨在通过广泛开展谈话、翻译、广播、学习和演出交流等活动推动东西方之间的友谊、对话和理解。赛珍珠为中国筹集赈灾资金,经常在《亚洲》杂志上发表书评,直到1946年杂志停刊。她为中国人民做的最大的贡献之一是促使美国政府废除《排华法案》。她在约翰·戴出版公司的总部发起的一项运动呼吁终止实行这项存在六十多年的限制中国移民的法案。《排华法案》在赛珍珠出生前就实施了,一直到"二战"才被废除。

在刚住进青山农场的几年中,日常家务劳动由赛珍珠的秘书、打字员负责。几年以后,她雇了一名专职保姆照看孩子。她和孩子们之间没有建立亲密的关系,孩子们认为赛珍珠很认真负责,对她们也很有感情,但是她的感情总是含蓄的,就像她的母亲在她面前一样。大家在钢琴的伴奏下一起唱歌、晚上围着火炉讲故事取代了个人的交流。赛珍珠喜欢也需要屋子里充满年轻人的欢声笑语,但是孩子们太多了,彼此的年龄又很接近,所以每个孩子不得不轮流等着同她单独谈话。因为她那时候太忙了,总是忘记或者取消这样的接触。她的女儿詹妮丝说:"没有一个孩子真正走近她。我从来没有真正了解过她。"

理查德扮演了双重角色。作为出版商,他保护着她;作为丈夫,他又要保护自己。婚姻对他的意义就是能让赛珍珠离群索居,同她的物质世界保持距离。洛辛·布克能够给她的是相反的东西。即使他有很多缺点,譬如说除了自己关注的事情,余则漠不关心;醉心在单调乏味的科学研究上,但是他让赛珍珠加深并且丰富了对世界的认识,以至于她创作《大地》时发挥想象力能够游刃有余。理查德在这方面唯一能够给她的是《小镇人》的创作来源。《小镇人》以理查德的家乡堪萨斯为故事背景,讲述了一个多少有些俗套的草原拓荒者的英雄传说。赛珍珠陪着他去过几次堪萨斯,走亲访友或是收集真实的历史资料。1945年当赛珍珠以笔名发表充满浓郁地方色彩的《小镇人》时,《堪萨斯城星报》坚持认为小说真正的作者一定是一位终生住在堪萨斯的人。

《小镇人》具有典型的赛氏写作风格,固定的人物形象、松散的故事结构、积极向上的结局。这部小说在次要情节中融入可信性很低的反种族主义元素。赛珍珠的幽默感很少压过她作品中的说教意图。到现在就连有关中国的最直观的知识也变得模糊或者成为空白了。她忠实地执行自己的计划——用小说消除西方人的无知和偏见。此类作品有反映中国人革命斗争的《爱国者》(1939)和《亲友们》(1949),描写中国抗日战争的《龙子》(1941)和日军企图侵略缅甸的《诺言》(1943)、企图吞并朝鲜的《不死的芦苇》(1963)。《北京来信》(1957)和《梁太太的三个女儿》(1969)中已经出现了危险和比较明确的迹象,这些迹象表明赛珍珠对毛泽东领导下的中国人的生活所知甚少。上述作品在政治上引起了争议,人物心理刻画简单直率,描写的社会环境通常是过时的,但是它们给读者展现了一个不同凡响而且几乎不为人知的世界,其生命力在于作者利用娴熟的写作手法让读者相信她书中的人物是有血有肉的。赛珍珠从20世纪30年代就参加了一项运动,用廖康教授的话就是“通过文学作品单枪匹马地改变了美国人对中国人的歪曲认识”。赛珍珠在这场运动中取得了巨大的胜利,美国人改变了长期以来对华人移民根深蒂固的排斥,美国公众也开始转而支持中国人民为反对日本侵略而进行的长期而艰苦卓绝的斗争。

赛珍珠能让美国公众接受由他们不熟悉的题材写成的作品,其中一个关键因素是文化上的时代错误。赛珍珠惯常的做法是把西方低俗小说中的描写手法放在具有异域风情的东方背景中。情窦初开的少男少女、偷偷的亲吻、幽会、神圣的誓言、老套

的爱情故事在《分家》中已经初露端倪,在自《龙子》往后以亚洲为背景的小说中更是越来越露骨。海伦·福斯特·斯诺说:"赛珍珠有很出色的头脑,但是她没有好好利用。"或者换句话说,她具有丰富的想象力,但是她希望读者得到的主要不是文学上的东西。她的目标一直是让作品拥有尽可能多的读者。中国小说长期以来被西方文学精英组织蔑称为低俗的话本小说,赛珍珠为中国小说正名,也用同样的理由为她自己的作品辩护。她的小说发行量动辄以百万计,被翻译成无数其他国家的语言,恰恰是因为她的小说通俗易懂,符合广大读者的阅读趣味。然而,她焦虑地认识到,即使是她从前的崇拜者也很难忽视文学评论家对她的作品越来越多的批评。她在1940年写道:"事实上如果我不在大众阅读的杂志上发表故事,我就不应该感到满足。人民大众身上或许不具备最好、最美的东西,但是他们是生活的根和来源。一个像作家一样离群索居的人千万不要同人民大众失去联系。我很看重他们写给我的、通常很幼稚的信,我能感觉到他们。他们的想法影响了我的想法,我也试图让我的思想影响他们的思想。"不管评论家怎么看,广大读者的肯定是她力量的来源,就像她为《长恋》中的小说家写的辩解性的话,从某种程度上说,书中的小说家就是作者的他我。

她的畅销小说里蕴含了幻想、美梦成真等催眠式的元素,也稍稍暴露了隐匿在程式化的浪漫背后的黑暗现实。现实偶尔从浪漫中分离出来,如同赛珍珠小时候从山脚下捡到的尸体残骸。赛珍珠的小说像她的人生一样患上一种不间断的健忘症,不断重复确定自己是否记得尸体埋在哪里,同时不断承认或者否认现实痛苦得让人不敢直接面对。赛珍珠在《羞涩的花朵》中描写了一位来自亚洲的母亲在洛杉矶的一家公立医院偷偷地生下一个女儿的故事。孩子的父亲是个美国人,抛下她们母女跑了,而母亲也不想要这个孩子。"她没有想过,也没有感觉到,也不会记得,"赛珍珠在书中写道。《羞涩的花朵》发表于1952年,很大程度上是为"欢迎之家"儿童收养机构做宣传。"二战"以后,出于对美国政府收养政策歧视少数族裔和混血裔儿童的义愤,赛珍珠创立了"欢迎之家",接纳不符合政府收养政策的儿童。主要是亚美人(这是赛珍珠新造的词)——数万名美国大兵先后在日本和朝鲜同当地女子所生而被遗弃的儿童。《羞涩的花朵》的开始描写了一段快乐的异族恋。故事发生在风景如画、具有东方神韵的日本东京,后来这对年轻的夫妻来到气氛凝重的纽约和弗吉尼亚。他们避免同固执的南方人产生任何严重的冲突,最后在荒谬的弥赛亚式的美好结局中得以解脱。小说详细描写了作为女主人公的日本女子在两种强大、相对立又不肯和解的文化中受到的煎熬。

赛珍珠在作品中的自我映射,从苏珊·盖洛德到作者很容易认同的聪慧、强势的中国女子,大都非常干练、足智多谋而且做事很有分寸。《群芳庭》(1946)中的吴太太,《慈禧太后》(1956)中的慈禧,《梁太太的三个女儿》(1969)中的梁太太,都被身边的人羡慕、尊重。众人服从她们的命令,但是没有一个人亲近她们。她们有着钢铁般的意志,都很能克制自己。在赛珍珠年轻时候就认识她的人发现她的父亲中年以后性格变得很恬淡、谦恭。赛珍珠在一篇文章中分析了赛兆祥自觉意识和难以驾驭的本能之间的裂痕:"如果有人对他说他很傲慢、专横,他会很痛苦、很震惊。事实上他不是那样的人。他的神情很和蔼、端详,走路步子很轻,说话很和气,做事总是很克制,除非实在抑制不住心中突然出现的莫名怒火需要暂时地发泄。"

当赛兆祥伤害他的孩子们的感情时,他们感到是一种非人性的狂怒挣脱了心底的束缚,这种恐怖的时刻让赛珍珠的内心很受伤。半个世纪之后,她在《家声》中用戏剧化的手法表达了这种伤害带来的恐怖的后果。《家声》中的两个主要人物分别是赛珍珠的两个化身。一个是有见识的威廉·阿协尔,他是很有教养、婚姻幸福、富有、成功的刑事律师。和赛珍珠一样,他形成了职业性的"自我悬停"的习惯,以避免内心世界经常性地暴露在目无法纪和野蛮的公众面前。他的这种习惯是对疯癫和混乱的秩序的戒备,一种隐藏在"日常生活"里的潜意识的思考方式。可以肯定的是阿协尔平静的生活被他的厨师兼管家的女儿杰西卡打破。杰西卡非常漂亮,敏感,爱好幻想。作为一个女孩(像作者一样),她经常沉溺在虚幻的、童话般的私人世界中。

杰西卡一直梦想着英俊、富有而且彬彬有礼的男士向她求婚,但是现实无情地嘲弄了她。母亲逼迫她嫁给了阿协尔家中一个脸色苍白、猥琐不堪的仆人。结婚一年后,不幸的丈夫向吃惊不已的主人诉苦,他描述了每天晚上在他家的卧室上演的好戏:"要是一个女人一直不顺从,她丈夫该怎么办?她又咬又抓,我不得不摁住她的手,把我的胳膊架在她脖子上让她抬不起头,我用身子死死地压住她,以免她乱蹬乱踹的腿脚踢伤我的要害部位。"这样的情景很可能是赛珍珠当年身为女传教士时从她辅导的不幸的妇女们那里听来的故事,甚至更早。她记得当她还是一个十多岁的

女孩子时,一些被非法卖到上海从事性交易的女孩子在"希望之门"救助站对她讲过这些。杰西卡弄来一条半驯化的巨型红眼睛藏獒,把它用绳套系在狗舍上,还把狗舍安在她的床铺和丈夫的床铺之间。有一天晚上,杰西卡解开了绳套,藏獒嘴角挂着垂涎,发疯般地撕咬杰西卡的丈夫。惊恐万分但是又欲火烧身的丈夫唤来藏獒以前的主人,后者赤手空拳就把它掐死了。赛珍珠长期以来一直担心自己被当作物体而不是当作人来对待,她在藏獒死后发生的婚内强奸中给读者一种强有力的隐喻。

　　杰西卡没有屈服。她从床上跳到地板上,牢牢地抓住窗帘。她试图从窗户上跳出去,但是窗户早被她丈夫钉死了。窗帘被她扯下来紧紧地裹在身上,又被她丈夫一条条撕下来。她又抱住桌子,抱住床,她丈夫用握紧的拳头猛砸她的指关节,直到把她的手扳开。他从破旧的椅子上卸下一根横档击打她的身体,杰西卡痛得发出阵阵哀号,不停在地上翻滚。因为她很瘦,看起来就像是一捆扭曲的电线在蠕动。他用庞大的身躯压在她身上使她动弹不得,有力的手掌扼住她的手腕。他紧绷的嘴唇迎上去贴住她背过去的脸,浑圆的腰身紧紧地压着她的腰。

杰西卡被剥去贴身内衣,惨遭蹂躏。她患上了严重妄想狂,像疯狗一样狂吠、撕咬。人们试图为她治病,但是以失败告终。阿协尔的家人忍受着杰西卡骇人的幻想,最终只是勉强适应她的歇斯底里。"那是一种诡异的声音,扰乱、腐蚀着她们平静的生活",杰西卡生在一个没有地方让她倾诉希望和理想的世界,她从小就被要求不要沉溺在梦想中,威廉认为那种诡异的声音正是杰西卡的梦想黑暗的另一面。

《家声》发表于1953年,那一年赛珍珠的丈夫沃尔什先生得了中风。经过治疗他只能暂时性恢复健康。刚得病时,他的身体和思维已经不能协调,半身不遂,卧床不起,眼睛也几乎失明。他不得不依靠别人照料,后来他丧失了说话能力,甚至连他的妻子也认不出来,最终于1960年去世,享年七十三岁。赛珍珠失去了事业上的顾问和支持,更重要的是,她失去了生活上的伴侣,这对她意味着无法弥补的损失。她怀念他的热情,他的大度,他的冷静,他敏捷的才思和永远潇洒的仪态。他是女作家伴侣的理想人选——"对任何作家来说,他可能是我想到的唯一人选。"理查德的身体

迅速而痛苦地衰弱下去,这让海伦·福斯特·斯诺想起了她第一次婚姻的失败。她悲伤地说:"男人对女人做的最残酷的事情就是收回了对女人身体上的和精神上的爱但是还同她在一起。"赛珍珠在理查德去世前对一个年轻的朋友说:"就像是发自心底的哭泣,让人完全没有料到。"

赛珍珠有一位至交好友是演员保罗·罗柏林,他在浪漫爱情剧《沙漠事件》中出演主角。赛珍珠多年来都在试着征服百老汇,但是一直没有成功,《沙漠事件》就是此类剧作中最糟糕的一部(演出几场后不得不在1959年停演)。尽管赛珍珠在世界范围内比任何其他在世作家卖出的版权都要多,但是她在美国的影响力已经没有前些年强了。约翰·戴出版公司仍然出版她写的每一本书,而她本人仍旧是全国知名人物。她的观点,特别是有关亚洲的看法还是很有分量的。但是以前一直付给她顶级稿酬的杂志社,尽管发行量还是很大,却很少刊发她的文章了。美国顽固的右翼势力在"二战"后对她大肆攻击,刻意诋毁她的声誉。美国联邦调查局(FBI)在1937年对赛珍珠立案调查,对她进行断断续续的监视,因为她言辞激进,支持非美国式的民主平等和种族正义,所以一度被怀疑是"亲共分子"。《时代》杂志的创办者亨利·卢斯(也是一位中国通,曾经恶毒地攻击共产主义)禁止他的杂志刊登赛珍珠的文章。赛珍珠猜测,她像很多著名作家一样都上了参议员约瑟夫·麦卡锡的黑名单。为了改变不利局面,赛珍珠在50年代中期离开了为她服务近四分之一个世纪的戴维·劳埃德文学代理公司。"沃尔什和劳埃德离开后就没有锚了,"劳埃德的女儿、也是劳埃德生意上的合伙人安德里亚说,"父亲永远起着稳定大局的作用。"

现在办公室里没有人同赛珍珠讨论她的决定,或者从写作上或公共事务上保护她。詹妮丝早已长大并且离开了家。理查德刚患病时,四个十几岁的孩子已经将要上大学,赛珍珠教育孩子们要学会自立,她坚持要他们在接受大学教育的同时掌握一些实际技能(赛珍珠在佛蒙特州买下一块地,她的三个养子假期经常下地干活。他们清理地面,搅拌混凝土,在树林里建造了一座小房子,后来成了全家在佛蒙特州避暑时居住的房子)。赛珍珠在私人生活出现困惑和灾难时的应对策略是干更多的事情,现在有可能成为单身母亲的她选择再收养一个孩子。几年以前,当时理查德还没有中风,赛珍珠夫妇收养了一个有一半德国血统、一半非洲血统的美国女孩。1957年,赛珍珠收养了第七个女孩。这个女孩五岁大,是来自日本的亚美混血儿童。当时除了

赛珍珠、奄奄一息的理查德和他的护理人员外,房间里显得空荡荡的。两个小女孩和她的朋友们又重新让屋子变得有了生气。

就像是有赛兆祥在她身边一样,这些年一些英俊、有才华、有前途的人陪伴在赛珍珠左右,担任她的保镖,陪着她旅行,说服她赞助一些没有结果的项目。赛珍珠认为能够从他们身上得到或多或少的安慰。赛珍珠和这些年轻人之间所有的是是非非不外乎逢场作戏,双方各取所需而已。她甚至在厄内斯特·霍金暮年时同这位多年老友谈起一场柏拉图式的恋爱。霍金说赛珍珠让她想起亚里士多德和荷马,读着她写的炽热的情书感觉自己更像个情窦初开的少年而不是一个年逾九旬的著名哲学家。赛珍珠说性爱只在他们的头脑中发生。她开始模仿她作品中的故事。《群芳庭》中的吴太太不堪丈夫每夜需索无度的要求,决定不在床上侍奉丈夫。她在她四十大寿的筵席上宣布为丈夫迎娶一位年轻的姨太太。后来吴太太与一位有学问的传教士(后被认为是免去圣职的天主教神父)擦出爱情的火花。但是自从她的情人死后,她们的爱情只有在天上才能继续。对于赛珍珠在《群芳庭》中的情节设置,《纽约客》严厉地批评说:"她失去了对现实的认识基础,即便是关于东方的现实。"

她的幽默和感知力、洞察力以及不偏不倚的判断越来越多地倾注在非小说类的作品上,譬如《永远长不大的孩子》。为了在经济上援助瓦恩兰特教学校,赛珍珠在1950年发表了描写她和卡洛尔的随笔《永远长不大的孩子》。赛珍珠是那个年代美国极少数公开承认家族中有智力不健全者的名人之一,而这本书给社会造成的影响跟它的篇幅完全不成比例。在书中,作者用简洁、清晰的语言,时而充满激情,时而非常冷静地恳求公众关注特殊儿童面临的残酷的现实问题——那些与她的小说中的情节相反的现实问题。四年之后,她在自传《我的几个世界》中延续了这种写作风格。作者在这本自传中用清新、明快的笔调描绘了一幅幅略带忧伤但并不哀怨的生活图景。她在现实中的美国生活和头脑中的亚洲生活之间转换自如,但是她的回忆永远不能摆脱 20 世纪中国那段动乱的历史。

回忆对赛珍珠来说是充满了创造性的素材。记忆的阀门时而开启,时而关闭,就像流沙淹没了记忆的碎片,把它们吞噬、消化,十年或者二十年之后又在小说或者非小说类的作品中表露出来。但是有的时候赛珍珠先后用这两种体裁来体现她的记忆。在赛珍珠的第二次婚姻走向终点的过渡时期,记忆的流沙变得异常活跃,它吞噬、反刍过往的经历，好像已经为不确定的未来做好了准备。苏珊·盖洛德在《这颗高傲的心》中说："我所有的创造都来自我的生活，这是我唯一的素材。"赛珍珠也是这样做的，甚至有关慈禧太后的同名传记体小说《慈禧太后》也融入了作者很多个人经历。理查德刚得病的几年，赛珍珠焦虑不安，她投身到《慈禧太后》的创作中。她查阅历史和传记资料，像那个时代很多描写慈禧太后的书一样，《慈禧太后》在很大程度上参考了濮兰德(J. O. Bland)和埃德蒙·巴克斯(Edmund Backhouse)对慈禧太后怀有敌意的描述。但是直到赛珍珠去世后，濮兰德和巴克斯关于慈禧太后的传记才被人揭发出来是有悖史实的。正是凭着赛珍珠的直觉，《慈禧太后》描写的东西还是相对可靠的。安德里亚·劳埃德说："在那本书中你能看到赛珍珠，她好像在写她自己。"赛珍珠在青山农场的秘书莎拉·罗说："她很像过去的女王。那里发生的事情没有她不知道或者不是经过她同意的……当你取得像她那样的成功时，或许你的想象力就枯竭了。我感觉她越来越难以区分现实和理想的不同。"

在所有吸引赛珍珠并为她排解寂寞的优秀的年轻男子中，最有恒心也最能让赛珍珠开心的是长着一头红头发的舞蹈老师——西奥多·哈里斯。哈里斯是一个天生的谄媚者，他热情、勤勉，为人很谦恭。赛珍珠说他很有魅力，是希腊神话中的神祇和肯尼迪总统的结合体。哈里斯原名弗瑞德·L. 海尔，1931年出生在南卡罗莱纳州的一个小乡村。他辍学后在宾夕法尼亚州离青山农场不远的珍金镇(Jenkintown)上的阿瑟·莫里舞厅(Arthur Murray Dance Studios)担任舞蹈教师。1963年7月赛珍珠聘请哈里斯教她两个最小的女儿学跳舞。她们不喜欢哈里斯，但是后者第一次见面就用魅力征服了她们的母亲。哈里斯成了青山农场的常客，他们在交往的前三个月内就在青山农场的仓库里举办慈善舞会，为"欢迎之家"筹集善款。这是一项雄心勃勃的筹款运动的第一站，后来又先后在全国二十六个城市举办过舞会。理查德的女儿娜塔莉说："哈里斯先生为赛珍珠做的事情是理查德·沃尔什三十年前为她做过的。"所有的事情因为哈里斯变得可能起来，这让赛珍珠激动不已。哈里斯和赛珍珠一样感到很满足，理想和现实居然这么轻易连到一起。他充沛的精力、机智的头脑和慷慨的花费不能让"欢迎之家"委员会的委员们动心，因为大家认为他既没有经验又没有受过专业培训，所以不能为他提供职位。赛珍珠绕过委员会的反对，于1964年1月成立了赛珍珠基金会，她自任基金会主席，任命哈里斯为基金会经理。

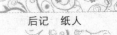

　　赛珍珠基金会的宗旨是从韩国开始，救助那些依然在家乡过着贫穷生活的亚美混血儿童，并让他们接受教育。赛珍珠基金会的工作人员大部分是舞蹈老师。泰德(西奥多)和他年轻的朋友们，"阿瑟·莫里舞厅的同事们"从此以后走进了赛珍珠的工作和个人生活的各个层面中。基金会在成立之初全是赛珍珠自掏腰包，它下设的董事会却是名人云集。大批的募捐信被寄给社会各界名流，从琼·克劳馥到怀特·埃森豪威尔和罗伯特·肯尼迪，赛珍珠劝说每一个她能够说服的人向基金会捐款。哈里斯建议赛珍珠把她作品的版权转到基金会名下，基金会用她的版税来做投资，而她要求利润回报都可以。赛珍珠还立遗嘱把包括青山农场在内的所有的不动产留给赛珍珠基金会，这就意味着(除了养子女外)哈里斯是主要的遗产继承人。在赛珍珠的示意下，董事会投票通过一项决议，即无论将来哈里斯是否在基金会任职，他可以一直获得高达四万五千美元的年薪。

　　哈里斯彻底改变了赛珍珠，他像对待皇家成员一样为赛珍珠服务。一个陪伴在晚年赛珍珠身边的年轻人，看着她在哈里斯的影响下蜕变成她小说中的一个角色，他说："她把自己想象成女王或者王后。"很久以来赛珍珠往往沉醉在幻想中，用她南京时说话尖刻的老朋友玛格丽特·汤姆森的话说，她在幻想着"帝国的富丽堂皇"。现在她的一个值得信任的侍从能够让她找到《慈禧太后》的女主人公慈禧的感觉，"一个真正的统治者，美丽、强势的女人，她不惧怕任何人，所有人都为她的魅力和权势所折服。"筹款舞会成为在正式场合举行的某种典礼。赛珍珠佩戴名贵珠宝，身着一袭粉色、白色或者灰色的舞会袍，单手搭在哈里斯的胳膊上缓缓步入舞场。她还有一件白色貂皮大衣，大衣上缀着狐狸皮做成的白色饰边。她的座驾是克莱斯勒豪华轿车，车门用银子镶着由赛珍珠名字的首字母组成的图案(哈里斯也有同样款式的汽车，不过车门上镶着的是他本人名字的首字母)。他们把赛珍珠基金会总部设在费城市区一座高大的楼房里，两人分住的楼层都摆放着名贵家具。在一间装修得很豪华的房间里堆满了各种荣誉、奖状，放置在最显眼处的就是赛珍珠获得的诺贝尔奖金质奖章。玛格丽特的儿子詹姆斯·汤姆森曾经在肯尼迪的第一届总统任期内担任副国务卿切斯特·鲍尔斯的助手。当他看见赛珍珠乘坐具有个人风格的豪华轿车来拜访鲍尔斯时感到很吃惊，"它看起来……是国务卿的座驾的两倍长"。詹姆斯说如果把赛珍珠设在费城的基金会总部的排场比作是几乎不可能复制的清政府也不为过。

一个像她小说中的慈禧太后一样强势的人物是这个朝廷的中心，她具有天生的威信、想象力、勇气、抱负和像老虎一样的雄心，"她一直都有皇家风范"。

哈里斯的职责之一是重新塑造赛珍珠的形象。赛珍珠曾经委托她的妹妹格蕾丝为她创作传记《流放者的女儿》，赛珍珠亲自编辑并以科妮莉亚·斯宾塞为笔名发表于1944年。此举是她立志把格蕾丝引上文学创作道路计划的一部分。《流放者的女儿》的主题已经被反复探讨过，这也许部分解释了为什么它虽然受到人们的赞赏但是读起来平淡无味。有意思的是，在回忆父母的生活时，格蕾丝偶尔有一些不同于她姐姐的看法。哈里斯在赛珍珠的帮助下写的三卷本传记问题就更多了：《茫茫天宇》用很大篇幅记述了他们坐在由私人司机驾驶的豪华轿车上一起去旅行的经历，此外两卷本的《赛珍珠》则充满了告解性的、东拼西凑的奇怪字句。它的叙述前后不一致，没有可靠性，特别是哈里斯为了巩固自己的地位，大肆诋毁赛珍珠的第二段婚姻。这些书出版的时候，赛珍珠已经七十多岁了，她对过往岁月的记忆也因为时间的流逝而模糊，有的经历已经淡忘，有的经历却清楚得令人吃惊。她透露了很多不为人知的事情，都是一些散发着原始新鲜气息的真实回忆。哈里斯对她的鼓励没有恶意，也不是剥削性地探秘，只是为了给她安慰和信心。赛珍珠的心中有道限制她回顾过去的经历的阀门，哈里斯抚慰她的心灵，缓解她内心有时候无法承受的情感压力，来试着开启她心中的那道阀门。如果说哈里斯是一个没有道德感的人，那也仅限于这层意义。他的原则就是幼稚地逢迎讨好她，他的判断带着偏见，他的理解有局限性，但是他总能敏锐地觉察出什么事情让她难过。

哈里斯为赛珍珠写的第一本传记在1969年由约翰·戴公司出版，但是这一年对他们来说是不幸的。FBI针对哈里斯管理赛珍珠基金会的调查报告已经被搁置了好几年，但是先是韩国的报纸，后来是美国的报纸在这一年陆续有文章质疑哈里斯的行为。《费城杂志》在7月号中刊登一篇经过详尽调查、有众多证据支持的新闻报道。这篇报道语气很强烈，指责哈里斯滥用基金会善款，同基金会救助的韩国儿童发生不正当性关系。哈里斯立刻辞去职务，他否认了对他的指控，并从公众视线中消失。在哈里斯事件被媒体曝光之前，赛珍珠基金会至少有一名董事退出以示抗议，现在则有更多的董事选择退出基金会。赛珍珠感到自己像父亲先前一样遭到欺骗、背叛和公开的羞辱，她竭尽全力为哈里斯辩解并暂时掌管基金会的运作。她断然否认媒

体对哈里斯的指责,还威胁说要起诉刊登造谣文章的媒体。她已经在宾夕法尼亚州住了三十多年,她的生命之根早就扎在那里,但是在刚刚过完七十七岁生日之后,她选择了离开——离开她的家人、房子、花园、农场、仓库、书籍和日常用品,她喜欢的成排的梧桐树和白蜡树,同泰德住在佛蒙特州。她在《慈禧太后》中描写慈禧太后的很多次逃命时说:"命运迫使她向前走,她必须把自己的命运抛在身后。"

在人生的最后几个年头,赛珍珠一直在佛蒙特州过着自我流放式的生活,她处在某种与世隔绝但又不是默默无闻的状态。"这位太后是独居的,她住的皇宫外的围墙异常坚固而且不容侵犯,皇宫的围墙上也没有门。"为了躲避风头,她和哈里斯一开始住在当年青山农场的孩子们修建的避暑房子里,这让她想起庐山牯岭的别墅。后来他们搬到附近一个叫做丹比的市镇住了下来。赛珍珠买下一片老旧的房舍,资助哈里斯和他的舞蹈界朋友们开了一家古玩店并顺带出售当地的工艺品。他们寄予厚望的古玩生意最后失败了,古玩店更像是一个出售赛珍珠作品珍本的旧货摊。他们原计划依靠他们的努力为丹比镇创造美好未来,但是现在这项宏伟的计划遭遇了更大的挫折。赛珍珠住在古玩店的上面,人们常常看见她身穿丝绸质地的旗袍临窗而坐。作为丹比镇唯一的旅游招牌,她每年夏天都能吸引五六千名游客到此参观。很多年前一位妇女曾提醒她说,如果在像费城会议厅那样不时髦的地方举行慈善舞会,即便是愿意捐款的有钱人都不会去参加的。赛珍珠自负地回答她说:"无论我到哪儿都会有人捧场的。"赛珍珠的孩子们还是很难见到她,他们常发现母亲身边的人缩短他们和赛珍珠之间的会见时间,有时候甚至拒绝他们的见面要求。她的子女们和哈里斯等人围绕财产和探视权,瞒着赛珍珠展开了丑陋的争吵。赛珍珠已经是八十高龄了,她虽然在名义上掌控一切,但是她的身体变得更加虚弱,就连打电话也很难找到她了。

她偶尔也会暂停在丹比镇的流放生活,在一队护从的陪伴下出现在赛珍珠基金会位于费城的办公室。她在那里参加会议,处理(有时候几乎是被引导着)同基金会相关的国际事务。赛珍珠基金会经过一番深入改革后,重建很见成效,运作比以前更出色,并最终同"欢迎之家"合并。赛珍珠接受采访,撰写文章,还在波士顿的一家电视台做了一周的嘉宾主持。她告诉一位美国记者她从来都没有习惯美国的生活,到目前为止还不能在美国找到家的感觉。她渴望去寻根,渴望去看一看她父母的坟墓,渴望重新回到养育她的国度。随着中美关系的升温,她的渴望之情更加强烈。她说:"从血统和出身看,我是美国人……但是从同情心和感情来说,我是中国人。"1972年2月,理查德·尼克松总统宣布说他打算访问北京,赛珍珠计划随美国代表团访问中国,或者如果不能随团访问,她也希望在代表团之后能够成行。她甚至制定一套方案,包括为中国之行创作小说和纪实性的作品,和媒体合作报道新中国的面貌,拍摄电视纪录片等。她给每一个能帮助她成行的人写信或者发电报,包括尼克松总统和中国总理周恩来(周的故乡是赛珍珠早年生活过的清江浦)。经过数月的等待,她收到了中国派驻加拿大的一位级别较低的外交官的简短回信。信中列举了一些令人难以接受的原因,并明确表示不能接受她的访华申请。"赛珍珠承受不了这个打击,从此一病不起。周恩来总理托尼克松转送给赛珍珠一套精美的漆盒作为纪念礼物,想以此抚慰她忧伤的心,然而这并不能挽救她的生命。

赛珍珠在她的读者中还保持着、甚至扩大了影响。她每年都收到数千封的读者来信,有的向她倾诉自己遭遇的偏见和不公,有的在信中讲述自己的人生故事并寻求她的建议。谈起这些读者来信时,她说她都会认真回复,"这是我书中的人物给我写的信,我也要好好地给我的人物回信。"她整个一生都心不在焉地逃避现实,朋友和家人常常觉得赛珍珠做着一名她自己的想象力的囚徒,生活在真实的外部世界中的只是她的身体,心却在别处。"欢迎之家"的经理和她天天在一起共事,她说:"我从她身边路过,她仰着头直走过去,根本没有发现我。"娜塔莉·沃尔什为赛珍珠做了很多年的打字员,她说:"她有时候完全走神,有时候你以为她会看见你,但是她又顺着你的肩膀看着远方,似乎没有意识到你的存在。这不是没有礼貌,她只是独自过着一种内修式的生活。"她越来越习惯低调地住在佛蒙特州,在那里她可以同她书中的人物交流而不受打扰。有时候她很难分清哪些是她头脑中的角色,哪些是受角色影响给她写信的读者。她在佛蒙特州的秘书贝弗利·德雷克说总有一些或真实或虚构的隐形人陪伴着赛珍珠:"我把她称作'纸人'。她常常谈起她小说的角色,就好像这些角色是真实存在的一样。这些角色走出书本,触动了作者的情感。作为回应,作者的灵魂暂时离开躯体,和她创造的角色进行交流。这一轮交流完成后又开始进行下一轮的交流。"

从表面上看,赛珍珠越来越像晚清朝廷里"令人尊敬的老祖宗"慈禧太后。赛珍

珠小时候就相信慈禧跟她有血缘关系。詹姆斯·汤姆森最后一次见到赛珍珠时，她已经有八十高龄了。当时赛珍珠身披织锦袍，被众多侍女簇拥着。"我记得有一两个侍女穿着长裤套装……似乎跟赛珍珠的皇家长袍不相协调。"在一楼的觐见室，詹姆斯很别扭地和赛珍珠一起坐在两个紧紧相邻的、类似王座的大椅子上。她像王后一样被太监保护着、宠爱着，而她又依靠精明而善于弄权的太监替她掌管朝政、国库，通过太监来了解帝国的情况。在赛珍珠的书中，愤怒是慈禧太后政治上的动力，权力是她的目标，孤独是权力带给她的诅咒："她的心灵是孤独的，但是她已经习惯了这一切。这就是伟大所要付出的代价，她无时无刻不在付出这样的代价。"

1972 年赛珍珠暂时回到青山农场，同她妹妹、子女、以及孙辈们一起庆祝她的八十大寿。此后不久她病倒了。接连两次手术都很成功，1972 年秋天的大部分时间都在医院度过。到了 1973 年元旦，她回到了丹比镇的家中，因为是肝癌晚期，所以继续接受重病监护。她不再接待访客，因为经常陷入昏迷状态，甚至辨认不出家人。1973 年 2 月 21 日，她挣扎着坐了起来，把照料她的人召集起来，要来纸笔写下她一生中最后一封信。作为她的女护理之一的德雷克女士说："那场景是美丽、狂野而矛盾的。如果不是亲眼所见，我真不敢相信这会真的发生。几分钟之后，她又处于无助的状态。过去的耀眼光芒熄灭了。我希望整个家庭、整个世界都看见过这个不可思议的女人身穿白色绸缎、傲慢地坐在王座上发号施令的情景。"

1973 年 3 月 6 日，赛珍珠在丹比镇去世。遵照她的遗愿，人们把她安葬在青山农场的一棵白蜡树下。她的墓碑上只刻有三个中国汉字"赛珍珠"。在她生命的最后时刻来到佛蒙特州看望她的访客中有她南京时的好朋友伯莎·芮思娄。伯莎带着一队慕名而来的游客拜见美国的"令人尊敬的老祖宗"。"在见到赛珍珠之前我们已经听过太多关于她的事情了。在激动人心的时刻她走了进来：她显得很平静，老态龙钟但是非常引人注目。她很具有东方韵味，让人感到很神秘。她在那儿，让人感到很亲近；但是她又不在那儿，让人感到遥不可及。不能确定她是否被什么事情迷住了。"

演出之剧单成福被剧美在「地大」

▲ 1933 年 2 月份文学杂志《良友》上发表的百老汇编演的《大地》剧照。

▲ 1934 年 5 月《良友》杂志，米高梅公司在上海附近拍摄《大地》。

参考资料及致谢

洛杉矶艺术批评家爱德华·高曼这样描述 2007 年在北京举办的录像装置作品《为了忘却的记忆》(*Staring into Amnesia*)：参观者被邀请登上一节 20 世纪 50 年代的火车，在车厢昏暗的灯光下观看安装在每个车窗上的屏幕，"屏幕上反复播放着反映上个世纪中国历史的黑白纪录片，特别表现了二战和'文革'时期中国人民经受的苦难……大批参观者排队登车欣赏邱黯雄的《为了忘却的记忆》"。从某种程度上说，撰写这本书也有类似的体会。赛珍珠留下了大量自传性的回忆录、散文、随笔、小册子、序言。作为一名小说家，她经常从个人经历中选取写作素材，有时候这些素材几乎不加改动，以至于很难分清她的作品中哪些是事实，哪些是虚构性的。她分别为她的父亲和母亲的一生写过传记，也参与了两本有关自己的传记的编辑和写作工作。所有这些作品几乎都存在选择性失忆，但是我把这些传记作品想象成考古发现：复杂，层次多，信息量大，有些部分精雕细琢，而有些部分很简单，没有价值。随着岁月的流逝，书中人物的宝藏也被压缩、腐蚀或者扭曲。

赛珍珠的各种作品几乎全部出自她的回忆。她的回忆一直具有高度的创造性，在半个多世纪里，她过去经历过的大小事件、变故在她的脑海中激荡着，并被不断创作和再创作。她有关童年的回忆大多是她母亲告诉她的，当然根据她自己的说法，还有一些是她出生后睁开眼就有的生动、断断续续的孩童记忆。她在时间上的观念是有弹性的，两个月可以被拉长到十个月，若干年则可能被压缩成一年或者干脆跳过。她几乎不依靠档案资料写作，而她提及的家族文件(她母亲的日记和信件，她的哥哥埃德加小时候办的报纸,她父亲回忆录中的若干章节)似乎都查无可考。

在有关赛珍珠童年生活的相关记载中,我找到了一些在某种程度上完全被忽视的外围材料,其中有一些是她的父亲和妹妹留下的相对真实的记述:赛兆祥所著的简短但可信的回忆录《我们在中国的生活和工作》。这本书写于上个世纪 20 年代,后来经他最小的女儿、赛珍珠的妹妹格蕾丝·约基的编辑、修订和补充后,最终于 1978 年出版。格蕾丝自己也写了一部有关赛珍珠的传记《流放者的女儿》,经过赛珍珠的大幅度编辑、润色后于 1945 年出版发行。在这部简略的传记中格蕾丝使用了笔名科妮莉亚·斯宾塞。赛珍珠在世时支持并协助她人生最后十年的密友西奥多·哈里斯撰写了两卷本的赛珍珠官方传记。哈里斯把她已经发表的和尚未发表过的回忆性的文章串在一起,并选录了她的部分信件,偶尔还加入自己英雄崇拜式的评论。

本书最原始的参考资料来自在叙述上常常互相矛盾的赛珍珠以及其家人的文章,但同时根据三种主要的档案材料进行补充、核实和修改。位于弗吉尼亚州林奇堡市的伦道夫学院（前身是伦道夫—梅肯女子学院）的利普斯科姆图书馆(Lipscomb Library)藏有大量的赛珍珠文献。事实证明,利普斯科姆图书馆的赛珍珠文献是一个丰富的资源库,主要是因为它包含赛珍珠第一个独立的传记作者诺拉·斯特灵收集整理的文件。赛珍珠去世后不久,斯特灵女士对传主的家人、朋友、助手和工作上的朋友进行了一系列全面深入的采访。诺拉·斯特灵的采访资料非常独特,对我来说特别珍贵,因为它重点突出了关于赛珍珠在中国时期的第一手资料。然而,斯特灵女士的传记《赛珍珠:一个矛盾的女人》中有很多问题,全书采用了感情色彩浓厚的通俗小说般的写作风格,此外还包含了大量的谈话记录。这些谈话来源庞杂,缺少历史语境,所以在人们的印象中这本书的可信度要比它实际的真实性要低。因为《赛珍珠:一个矛盾的女人》中的引言在措辞上不同于作者原始的采访手记,而后者可能更接近事实,所以我引用的是采访手记上的原话。本书的撰写得益于诸多人士慷慨而富有学术性的支持,其中有利普斯科姆图书馆馆长西奥多·霍斯特拉,参考书阅览室管理员弗朗西丝·E.韦伯,档案管理员艾德里安·布拉夫曼以及为赛珍珠文献编制目录的伊丽莎白·约翰斯顿·利普斯科姆女士。

位于费城的"长老会史协会"全面保存了较为完整的海外差会的记录。通过私人报告、信件以及上海南长老会的年度报告,我们能够非常清楚地查找出赛兆祥的职业轨迹。我非常感谢"长老会史协会"允许我查阅并引用它名下的档案资料,同时也很感激艾琳·斯克拉以及她的同事们引导我穿行在档案室里迷宫一样的过道上。位于宾夕法尼亚州青山农场赛珍珠故居的"赛珍珠国际"精心保存了大量的档案材料,虽然大部分是关于赛珍珠后半生在美国生活的资料(不是本书关注的重点),但是也给了我很多偶然性的启发。在此我要向"赛珍珠国际"的主席珍妮特·L.明泽和资料馆馆长唐娜·C.罗德斯深表感谢。最后我要感谢彼得·康教授。他学术上无可挑剔的权威著作《赛珍珠传》(1996)为研究赛珍珠的后来者打下了坚实的基础。从开始写作到成书,我不仅经常从康教授这部开创性的作品中获得帮助,而且直接受益于他本人的鼓励和建议。

我非常感谢赛珍珠的女儿詹妮丝和儿子埃德加·沃尔什耐心地回答我的问题,感谢赛珍珠家族信托基金授权本人引用赛珍珠作品中的话,感谢格蕾丝·约基的后人以及洛辛的儿子保罗·布克允许我引用格蕾丝和洛辛的作品中的话。衷心感谢我的向导和文化沟通助手、西弗吉尼亚州的苏·史蒂芬森女士的真知灼见和对我的热情招待,感谢劳埃德和伊丽莎白·利普斯科姆带我参观了西弗吉尼亚州希尔斯伯罗市的赛珍珠故居,感谢故居的管理员安妮塔·维诗罗亲自为我讲解,感谢贝特西·埃德加女士为我收集有关斯塔尔汀家族的第一手资料(斯塔尔汀家族的房子被转卖给埃德加女士)。刘易斯堡格林布赖尔历史协会的档案管理员詹姆斯·E.塔尔伯特在此一并表示感谢。

我更要感谢南京大学刘海平教授给我精神上的鼓励和实际上的帮助。感谢他介绍他的学生胡静、李庆栓(音)特别是姜庆刚协助我在中国进行赛珍珠研究,感谢金陵协和神学院的罗伯特·里格、凯瑟琳·哲曼德和陈泽民牧师。南京农业大学的叶公平(Ernie Yeh)先生研究约翰·洛辛·布克的著作,他长期不懈的研究具有很大的价值,更加难得的是叶先生为我翻译资料并同我分享他的大量关于洛辛的资料。感谢镇江市赛珍珠研究会会长许晓霞女士,副会长、赛珍珠纪念馆馆长李进法先生,研究会秘书长纪东先生,镇江市文化局副局长、市文管办主任王玉国先生,江苏科技大学赛珍珠研究所所长周卫京教授,安徽宿州学院赛珍珠研究所邵体忠教授和常洪教授,庐山文联副主席穆德华(音)先生等。感谢众多人士在我到中国进行实地采访、收集资料期间给予我的热心帮助和陪伴。

　　同时还要感谢我的经纪人布鲁斯·亨特先生，无与伦比的安德鲁·富兰克林先生，以及为了能使本书在 Profile 图书公司顺利出版做出贡献的其他人士：彭妮·丹尼尔、彼得·戴尔、安娜—玛丽·菲兹杰拉德和凯特·格里芬。

　　最后我要感谢所有在本书写作期间为我提供住宿便利的朋友，她们是：埃伦·瓦格纳(纽约)，苏·史蒂芬森(林奇堡)，苏西·赖利和尼克·赖利(上海)，希拉里·塔洛克(威斯敏斯特)，伊恩·赖特和莉迪亚·赖特(伊斯灵顿)，艾佛·考克斯和希拉里·考克斯(比尤拉)，杜·海因茨夫人，马丁·盖斯凯尔博士以及苏格兰霍索恩登堡国际作家疗养院的全体员工。

希拉里·斯波林
2010 年 2 月写于皇家霍洛韦学院

参考资料说明

除非特别标明，赛珍珠所有作品最初均由纽约约翰·戴公司出版。本书如果引用其他出版商出版的作品将在方括号中注明。

AS   Absalom Sydenstricker
      赛兆祥

BP   *A Bridge for Passing*, 1962
      《跨越鸿桥》1962 年。

CR   *The Chinese Recorder*, Shanghai
      《教务杂志》上海

CS   Carie Sydenstricker
      凯丽·赛登斯特里克

CWNG *The Child Who Never Grew*, Vineland Training School,
      New Jersey, 1950
      《永远长不大的孩子》新泽西州瓦恩兰特教学校 1950 年。

ED   *The Exile's Daughter: A Biography of Pearl S. Buck*, by
      Cornelia Spencer (Grace Yaukey's pseudonym), New York, 1944
      《流放者的女儿》科妮莉亚·斯宾塞(格蕾丝·约基的笔名)纽约，1944 年。

EDts   passages deleted by PB from the typescript of *The Exile's*

Daughter in the possession of Randolph College Archives

《流放者的女儿》打印稿中被赛珍珠删去的段落,存于伦道夫学院档案馆。

EW   Emma Edmunds White, correspondence with PB in

          Randolph College Archives

          埃玛·埃德蒙兹·怀特同赛珍珠的通信,存于伦道夫学院档案馆。

EWWW   *East Wind, West Wind*, 1930 [Moyer Bell, New York,1993]

          《东风·西风》1930 年。(纽约梅耶·贝尔公司 1993 年再版)

Ex   *The Exile*, 1936

          《异邦客》1936 年。

FA   *Fighting Angel*, 1936

          《战斗的天使》1936 年。

FW   *The First Wife and Other Stories*, 1933 [Methuen, London,1933]

          《第一位妻子与其他的故事》1933 年。(伦敦梅休因公司 1933 年再版)

GE   *The Good Earth*, 1931 [Pocket Books, 2005]

          《大地》1931 年。("袖珍丛书"机构 2005 出版袖珍版)

GY   Grace Yaukey (née Sydenstricker)

          格蕾丝·约基(娘家姓是赛登斯特里克)

HD   *A House Divided*, 1935 [Moyer Bell, New York, 1994]

          《分家》1935 年。   (纽约梅耶·贝尔公司 1994 年再版)

IW   *Imperial Woman*, 1956 [Moyer Bell, New York, 1951]

          《慈禧太后》1956 年。(纽约梅耶·贝尔公司 1951 年再版)

JLB   John Lossing Buck

          约翰·洛辛·布克

KL   *Pearl S. Buck: A Cultural Bridge across the Pacific*, by

          Kang Liao, Greenwood Press, Connecticut, 1997

          廖康著:《赛珍珠——横跨太平洋的文化桥梁》格林伍德出版社,1997 年。

MGC   Marian Gardner Craighill

          玛丽安·加德纳·克里格希尔

MO   *The Mother*, 1934 [Moyer Bell, New York, 1993]
《母亲》1934 年。（纽约梅耶·贝尔公司 1993 年再版）

MSW   *My Several Worlds*, 1954
《我的几个世界》1954 年。

NS   *Pearl Buck: A Woman in Conflict*, by Nora Stirling, New York, 1983
诺拉·斯特灵 著:《赛珍珠:一个矛盾的女人》纽约,1983 年。

NSC   Nora Stirling Collection (typescript interviews
conducted by Stirling with Pearl's friends and family, as well as
miscellaneous documents), Lipscomb Library,
Randolph College Archives
诺拉·斯特灵所收集材料(斯特灵女士对赛珍珠的家人、朋友的采访手
记和其他大量材料)存于伦道夫学院档案馆和利普斯科姆图书馆。

OLW   *Our Life and Work in China*, by Absalom Sydenstricker,
West Virginia, 1978 年。
赛兆祥著:《我们在中国的生活和工作》西弗吉尼亚州,1978 年。

PB   Pearl Buck (née Sydenstricker)
赛珍珠（娘家姓是赛登斯特里克）

PC   *Pearl S. Buck: A Cultural Biography*, by Peter Conn,
Cambridge, UK, 1996
彼得·康著:《赛珍珠传》英国剑桥大学出版社 1996 年。

PHS   Presbyterian Historical Society Archives, PCUSA,
Philadelphia
费城"长老会史协会"档案馆

PSBI   Archives of the Pearl S. Buck House, Pearl S. Buck International
赛珍珠国际　赛珍珠故居档案

RCA   Randolph College (formerly Randolph–Macon Woman's
College) Archives
伦道夫学院档案馆(前身是伦道夫—梅肯女子学院)

| Sons | *Sons*, 1932 [Moyer Bell, New York, 1994]
《儿子们》1932 年。(纽约梅耶·贝尔公司 1994 年再版) |
| SS | *For Spacious Skies: Journey in Dialogue*, by PB with Theodore F. Harris, 1966
《茫茫天宇:遨游谈笑间》(赛珍珠与西奥多·F.哈里斯合著)1966 年。 |
| THi and THii | *Pearl S. Buck: A Biography*, by Theodore F. Harris in consultation with Pearl Buck, volume 1, 1969 [London, 1970], Volume 2, 1971, Creativity, Inc. [London, 1972]
《赛珍珠》1969 年哈里斯在赛珍珠协助下完成第一卷（伦敦 1970）;《赛珍珠》第二卷 1971 年写完,伦敦 Creativity 出版集团 1972 再版 |
| TN | *The Time Is Noon*, 1966 [Methuen, London, 1967]
《正午时分》1966 年。(伦敦梅休因公司 1967 年再版) |
| TPH | *This Proud Heart*, 1938 [The Book Club, London, 1939]
《这颗高傲的心》1938 年。(伦敦图书俱乐部 1939 年再版) |
| VH | *Voices in the House*, 1953, [in American Triptych: Three "John Sedges" Novels, 1958]
《家声》1953 年。(《美国三折书牒:三部"约翰·沙杰士"小说集》1958 年出版。) |

赛珍珠国际

赛珍珠理解不同文化的价值观和特性,毕生致力于保护儿童权益、构建东西方交流的桥梁。"赛珍珠国际"由赛珍珠生前创办的众多慈善组织合并而来,它通过三个子项目构成:"赛珍珠故居"(The Pearl S.Buck House)、"欢迎之家"(Welcome House)、"机遇之家"(Opportunity House),旨在对全世界范围内因异族通婚、饥饿、疾病、贫困和其他不利因素而被社会边缘化的儿童帮助。

赛珍珠慈善事业的遗产时至今日仍然发挥着巨大的影响,更多相关信息请登陆 www.pearlsbuck.org 进行查询。